내 일생을 흔드는 학교 괴롭힘, 내 가정도 흔드는 직장 내 괴롭힘

서유정 지음

박영story

들어가며

    직장 내 괴롭힘을 연구한다는 사람이 왜 학교 괴롭힘을 언급하는가 의아함을 느끼시는 분도 계실 겁니다. 하지만 연구를 수행하다 보면 자연스럽게 그 둘의 연관성에 대해 깨닫게 됩니다. 학교 괴롭힘이 학창 시절만의 피해로 끝나는 것이 아니며 성인이 된 이후의 사회생활에도 영향을 미친다는 것을 말입니다. 또한 부모가 겪는 직장 내 괴롭힘 역시 결국 가정을 불안정하게 만들어 자녀마저 학교 괴롭힘에 노출될 가능성을 높이기도 합니다. 하나가 시작되는 순간부터 마치 끊어지지 않는 악순환의 고리처럼 다른 괴롭힘으로, 또 다른 괴롭힘으로 이어지는 것입니다.

    물론 모든 학교 괴롭힘의 가해자와 피해자가 성인이 된 이후에 사회생활 적응에 어려움을 겪는 것은 아닙니다. 직장 내 괴롭힘을 겪는 부모의 모든 자녀가 학교 생활에 어려움을 겪는 것도 아니고요. 하지만 최소한 통계적으로 유의한 수준의 영향은 여러 연구를 통해 확인되었습니다. 특히 북유럽에서는 17년간의 종단 연구를 통해 학교 괴롭힘에 연루된 사람들이 성인이 된 이후 감옥에서 죄수로 복무 중이거나, 한 일자리에 정착하지 못하고, 복지 서비스에 의존하여 살아갈 가능성이 컸다는 결과가 확인된 바 있습니다. 즉, 가해 학생들은 학교 괴롭힘을 통해 다른 학생들의 일생뿐만 아니라 본인의 일생도 망가뜨릴 수 있는 것입니다. 또한 다른 학생이 성인이 되어서 꾸려나갈 미래의 가정과 본인의 가정 역시 망가뜨릴 수 있고요.

    피해자와 가해자뿐만 아니라 목격자 역시 그 영향에서 자유롭지 못합니다. 학교에서 발생한 한 건의 괴롭힘이 소중한 아이들의 미래에도 영향을 주고, 직장에서 발생한 한 건의 괴롭힘이 여러 가정을 뒤흔들 수 있는 것입니다.

내 자녀가 학교 괴롭힘에 직접적으로 연루되지 않았다고, 내가 직접적으로 직장 내 괴롭힘을 겪지 않고 있다고 해서 나와 내 가정이 그 악영향에서 완전히 자유로운 것은 아닙니다. 간접적으로도 영향을 받을 수 있습니다. 그렇다면 우리 모두가 함께 나서야겠지요. 학교 괴롭힘과 직장 내 괴롭힘 모두를 타파하기 위해서요.

우리나라의 부모님 중에는 자녀를 위해서는 못할 것이 없는 분들이 많으시지요. 그토록 소중한 자녀의 현재와 미래에 안 좋은 영향을 미칠 수 있는 뭔가가 있다면, 그것이 내 행동이나 과거와 관련이 있다면, 또는 내가 지금 하는 조치로 해결할 수 있다면 정리하고 싶지 않으실까요? 그런 부모님들의 의지와 자녀들을 향한 애정을 믿으며 이 책을 쓰게 되었습니다.

가정에서부터 시작해서, 유치원과 어린이집, 학교, 학원으로 이어지고, 부모들의 직장도 동참하고, 사회 전반적으로 함께 하는 괴롭힘 예방 교육이 실현되기를 기대하며, 그 시작점에 이 책이 있을 수 있다면 좋겠습니다.

차례

제1부

대물림되는 괴롭힘의 굴레 깨트리기

대물림되는 괴롭힘의 굴레 깨트리기

I. 학교 괴롭힘과 직장 내 괴롭힘, 서로 관련 있다?

안 내 문

본 장은 학교 괴롭힘과 직장 내 괴롭힘 사이의 연관성을 분석한 연구를 바탕으로 작성되어 다분히 학술적인 내용을 담고 있습니다. 학술적인 글과 통계 자료를 보는 것을 지루해하는 독자들을 위해 핵심 내용을 아래와 같이 요약해 드립니다. 아래만 보시고 바로 다음 장으로 넘어가셔도 책의 내용을 이해하는 데 지장이 없습니다.

어린 시절 접한 학교 괴롭힘 경험은 성인이 된 이후에도 사회 적응을 방해하고, 직장 내에서 고립되거나 괴롭힘을 겪을 위험을 키웁니다. 또한 부모가 겪는 직장 내 괴롭힘은 자녀의 정서를 불안정하게 하고, 자녀가 학교 괴롭힘에 연루될 위험을 커지게 합니다. 괴롭힘 가해자, 피해자, 목격자와 그들의 자녀 모두 위험군에 포함됩니다.

또한 괴롭힘을 목격한 목격자가 피해자를 위해 행동한다면 피해자를 보호하고 가해자의 행동을 중단시킬 수도 있습니다. 반면 목격자가 방관하거나 가해자에게 동조한다면, 가해자의 가해 행위는 더욱 심각해지고, 결국 목격자조차 피해자가 될 위험도 커집니다.

한 번 시작된 괴롭힘은 본인의 일생을 뒤흔들 뿐만 아니라, 성인이 되어 이룬 가정의 평화마저 해칠 수 있습니다. 괴롭힘에 효과적으로 대응하기 위해서는 학교 괴롭힘 예방과 직장 내 괴롭힘에 대한 대응이 동시다발적으로 함께 이루어져야 합니다.

괴롭힘 연구의 시작은 학교 괴롭힘으로부터였습니다. 직장 내 괴롭힘 연구가 본격화된 건 해외에서도 90년대부터였고요. 학교 괴롭힘은 아동과 청소년, 직장 내 괴롭힘은 성인으로 주요 대상이 다르다 보니 상당히 오랫동안 독립된 연구 분야로 분리되어 있었습니다.

표면적으로는 학교 괴롭힘과 직장 내 괴롭힘 사이에 큰 차이가 있는 것처럼 보이기도 합니다. 우선 주요 괴롭힘 행위의 유형이 그렇죠. 학교 괴롭힘에서는 폭력이나 폭언 등 직접적이고, 눈에 명확하게 띄는 공격적인 행위가 자주 확인됩니다. 반면 직장 내 괴롭힘에서는 상대적으로 애매하고 눈에 띄지 않는 행위들, 구체적으로 어떤 것이라고 묘사하기도 난해한 그런 행위가 더 흔하고요. 또한 학교 괴롭힘에서는 신체적인 힘이 가해자의 주 무기였다면, 직장 내 괴롭힘에서는 가해자가 차지한 조직 안팎의 입지가 주 무기입니다. 표면적인 차이점이 보이니 마치 그 둘이 전혀 다른 독립된 현상인 것처럼 생각되기도 쉬웠죠.

하지만 더 많은 연구가 진행되면서 상황은 바뀌기 시작합니다. 학교 괴롭힘 행위 유형을 분석했을 때, 지적으로 빨리 성숙한 학생일수록 성인과 같은 '애매하고', '간접적인' 가해 행위를 선호한다는 결과가 확인되었습니다[1][2]. 지적 역량이 일찍 성숙한 가해 학생일수록 처벌받을 위험을 줄이기 위해 눈에 띄지 않는 방식으로 가해 행위를 하는 것입니다.

마치 직장에서 성인들이 하는 것처럼요.

즉, 학교 괴롭힘의 주요 행위가 직장 내 괴롭힘과 다른 이유는 '가해자가 아직 처벌 가능성을 고려하며 타인을 괴롭히고 싶은 충동을 조절할 만큼 지적으로 성숙하지 못했기 때문'으로 볼 수 있습니다. 가해자가 성장하면서 직접적인 괴롭힘 행위를 할 때의 위험을 자각하고, 간접적이고 눈에 띄지 않는 유형의 행위 중심으로 바뀌게 되는 것이라고 말입니다.

1. 학교 괴롭힘과 직장 내 괴롭힘의 유사성

이런 관점에서 생각하면 학교 괴롭힘과 직장 내 괴롭힘 간의 유사성이 보이기 시작합니다. 첫 번째 유사성은 바로 힘의 불균형입니다.

1) 피해자와 가해자 간의 힘의 불균형

가해자의 주요 '무기'가 '육체적인 힘'이건 '조직 안팎의 입지'이건, 가해자와 피해자 사이에 '힘의 불균형'을 만든다는 점은 유사합니다. 불균형 상태가 심할수록 피해자는 가해자에게 저항할 의지를 잃게 되지요. 그 때문에 극심한 괴롭힘 가해자는 오히려 신고 되는 일이 드뭅니다. 그들이 강한 괴롭힘으로 피해자를 굴복시키고, 반항할 의지를 완전히 꺾어놓기 때문이죠.

가해자와 피해자 간의 힘의 불균형이 언제, 어떻게 시작되고 유지되고 더 심해지는지는 사례마다 다릅니다. 첫 시작은 그야말로 가해자 마

---

1) Björkqvist, K., Lagerspetz, K. M. J., & Kaukiainen, A. (1992). Do girls manipulate and boys fight? Developmental trends in regard to direct and indirect aggression. Aggressive Behavior, 18(2), 117-127.
2) Woods, S. & Wolke, D. (2004). Direct and relational bullying among primary school children and academic achievement. Journal of School Psychology, 42(2), 135-155.

음대로일 때가 많습니다. 학교 괴롭힘의 경우, ① 가해자 집단 중 1인과 말다툼을 해서, ② 가해자가 불쾌한 기분일 때 눈에 띄어서, ③ 가해자가 갖고 싶은 물건을 소유한 것이 질투 나서, ④ 이미 괴롭히고 있던 다른 피해 학생과 같이 있는 모습 눈에 띄어서, ⑤ 다문화 가정 자녀인 피해자의 피부색이 마음에 안 들어서, ⑥ 피해자가 공공임대주택(또는 부촌)에 살아서, 심지어 ⑦ 그냥 하고 싶어서 등 이성적으로 이해하기 어려운 이유도 포함이 됩니다.

첫 시작 때는 한번 툭 건드려 보는 정도인데 피해자가 두려워하고 저항하지 않으면 가해자는 힘을 얻습니다. 피해자가 두려워하고 저항하지 못한다는 것은 이미 힘의 불균형이 생겼음을 의미합니다. 때로는 피해자가 저항해도 가해자가 판단하는 본인의 '힘'이 그것을 무시해도 될 정도라면, 괘씸죄까지 더해져 가해 행위의 질이 더 악화 됩니다. 행위의 강도가 세지고, 피해자는 더욱 저항하지 못하고, 불균형의 상태는 더 심각해져 갑니다. 피해자는 절망해서 아무것도 하지 못하게 되거나, 또는 극단적인 선택[3]을 하기도 합니다.

성인 가해자는 학생 가해자와 비교하면 좀 더 '교활'한 시작을 보입니다. 가해자 스스로 인지하지 못할 수도 있지만 피해자의 성격, 나이, 직급, 연차, 지연 및 학연, 집안 배경 등 다양한 요소들을 고려하여 건드려도 괜찮겠다는 판단이 되면 첫 시작을 감행합니다. 때로는 첫 시작을 한 뒤에도 피해자의 입지가 생각보다 만만치 않다는 판단으로 중단하기도 하고요.

직장 내 괴롭힘의 가해자가 첫 시작을 하는 이유는 개인적인 이유와 조직적인 이유로 나눠서 살펴볼 수 있습니다. 먼저 개인적인 이유는 ① 피해자의 업무 역량이 낮아서/뛰어나서, ② 사이가 좋지 않은 동료가 피해자를 아껴서, ③ 피해자가 회식에서 가해자의 술잔을 거절해서,

---

3) 자해 및 자살, 또는 가해자에게 흉기 휘두르기 등

④ 가해자의 이성적 접근을 피해자가 거절해서, ⑤ 피해자가 가해자가 해야 할 업무를 대신하는 것을 거절해서, ⑥ 과거 회의에서 가해자가 냈던 의견에 피해자가 반대해서, ⑦ 가해자가 상납금을 요구했는데 피해자만 거절해서 등이 있었습니다.

조직적인 이유로는 ① 조직이 일상적으로 해오던 비리 및 부조리에 저항해서, ② 조직의 보신을 위해 개인 직원에게 문제의 책임을 떠넘기려고 했는데 거절해서, ③ 조직의 내부 비리를 고발하려고 해서, ④ 과거에 노조 간부로 활동해서, ⑤ 조직의 문제점을 지적해서 등이 있었고요. 개인적인 이유는 다양한 패턴을 보이고 있지만, 조직적인 이유는 대체로 조직의 적당주의, 보신주의, 권위주의식 경영과 이기적인 경영진에서 시작됩니다.

개인적인 이유로 시작될 때는 학교 괴롭힘과 유사한 패턴으로 힘의 불균형이 시작, 유지, 악화합니다. 하지만 조직적인 이유로 시작되었을 때는 조직 자체가 가해자이기 때문에 처음부터 극심한 힘의 불균형 상태가 성립하게 됩니다.

2) 방관하는 목격자로부터 힘을 얻는 가해자

두 번째는 방관하는 목격자로 인해 가해자가 더욱 힘을 얻는다는 점입니다. 목격자가 어떻게 행동하는지에 따라 피해자와 가해자 간의 힘의 역학관계가 바뀔 수 있습니다. 목격자가 방관하면 가해자는 더욱 힘을 얻습니다[4]. 목격자도 자신을 두려워해서 아무 행동도 하지 못한다고 생각하기 때문이죠. 이때, 가해자가 생각하는 역학관계는 가해자 본인과 목격자가 한 편, 피해자가 반대편입니다.

반면 목격자가 가해자를 말리면 피해자 쪽으로 저울이 기울어집니다. 가해자는 자신을 두려워하지 않는 목격자들이 있고, 발각된다면 피

---

4) Cowie, H. (2000). Bystanding or standing by: Gender issues in coping with bullying in English schools. Aggressive Behavior, 26(1), 85 − 97.

해자를 위해 진술할 증인도 생겼음을 깨닫게 됩니다. 타인의 두려움에서 힘을 얻던 가해자가 힘의 원천을 잃게 되는 것이죠. 힘의 불균형이 해소되고, 피해자와 목격자 쪽으로 저울이 기울면 가해자는 가해 행위를 멈추게 됩니다.

그림 I-1 | 목격자의 역할에 따른 피해자와 가해자의 힘의 역학 관계 변화

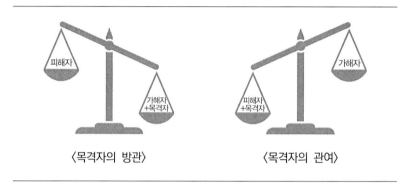

〈목격자의 방관〉　　　　　　〈목격자의 관여〉

　목격자들이 나서만 준다면 이런 이상적인 상황이 될 수 있지만 안타깝게도 현실은 그렇지 않습니다. 많은 목격자가 '내가 피해자가 아니니까, 내 일은 아니니까, 괜히 가해자 심기 거슬러서 좋을 게 없으니까' 하면서 보고도 못 본 척 방관합니다. 목격자들의 그런 태도는 학교와 직장의 괴롭힘을 더욱 악화시키는 데 기여합니다. 어느 순간 목격자도 피해자가 될 수 있지요.

3) 학교/조직의 적당주의와 무책임으로 인해 강화되는 괴롭힘

　세 번째는 학교나 조직의 적당주의와 무책임으로 괴롭힘이 더욱 강화된다는 점입니다. 우리나라는 집단주의의 영향으로 다수의 편안함을 위해 조직 차원에서 개인이나 소수를 희생시키는 일이 흔합니다. 학교

괴롭힘5)6)과 직장 내 괴롭힘7)8)이 발생했을 때도 마찬가지입니다. 학교에서는 다수인 가해자보다는 소수인 피해자를 전학시키려고 하고, 조직에서는 힘이 약한 피해자만 다른 부서로 이동을 시킵니다.

학교나 조직이 대충 조사하고 대충 가벼운 처벌을 하면, 가해자는 가해 행위가 발각되어도 치러야 할 대가가 크지 않음을 깨닫게 됩니다. 신고한 피해자에 대한 분노를 풀고, 다른 사람들이 더욱 본인을 두려워하도록 만들기 위해서도 더 극심한 가해 행위를 하게 됩니다. 진술했던 목격자도 피해자로 만들기도 합니다.

학교나 조직의 방관은 그들이 괴롭힘 행위를 교정할 의지가 없음을 보여줍니다. 한 명의 가해자가 괴롭힘을 하고도 대가를 치르지 않는 것을 봤기 때문에, 가해자의 '자질'이 있었던 다른 사람들도 가해 행위에 동참할 가능성이 커집니다. 또한 그들로부터 괴롭힘 당하는 피해자가 화풀이로 자신보다 더 약한 사람을 괴롭히기도 합니다. 결국 학교와 조직 전체로 괴롭힘이 퍼져가고, 반복되는 악순환의 고리가 생성됩니다.

2. 학교 괴롭힘에서 직장 내 괴롭힘으로

악순환의 고리는 학교나 조직 내에서 끝나는 것이 아닙니다. 연루된 사람의 전 생애에 걸쳐 반복됩니다. 학교 괴롭힘에서 직장 내 괴롭힘으

---

5) 경향신문 (2021.5.2.) "동급생에게 집단 괴롭힘 당해" 충북 제천 한 중학교서 학교폭력 의혹 제기…교육당국 조사. https://www.khan.co.kr/national/incident/article/202105021301001 (Retrieved on 11 Sep 2021).

6) 굿모닝충청 (2021.7.5) [속보] 집단 괴롭힘에 2차 피해까지 '이중고' http://www.goodmorningcc.com/news/articleView.html?idxno=253894 (Retrieved on 11 Sep 2021)

7) 미디어스 (2021.6.7.) 네이버 노조 "사측, 직장 내 괴롭힘 묵인·방조했다"http://www.mediaus.co.kr/news/articleView.html?idxno=215808

8) 메디컬투데이 (2021.5.22.) "직장 내 괴롭힘 묵인·방조한 오리온"…시민단체, 담철곤 회장 고발http://www.mdtoday.co.kr/mdtoday/index.html?no=387485

로, 직장 내 괴롭힘에서 또 자녀의 학교 괴롭힘으로 말이죠. 학교 괴롭힘과 직장 내 괴롭힘의 연관성을 확인한 초기 연구에서는 설문을 통해 학생 시절에 괴롭힘에 잘 대처하지 못한 피해자가 이후 성인이 되어서도 직장에서 문제를 겪을 가능성이 크다는 점을 확인했습니다[9]. 3년 뒤 발표된 다른 연구에서는 어린 시절 학교 괴롭힘을 겪은 피해자와 가해자 모두 성인이 된 이후에 직장 내 괴롭힘의 가해자가 될 가능성이 크다는 결과가 나왔고요[10].

노르웨이에서는 17년 간의 종단 연구를 통해[11] 만 13살 때 학교 괴롭힘에 연루되었던 학생들이 만 30살이 되었을 때 직장 내 괴롭힘을 겪을 가능성이 높다는 점을 확인했습니다. 그들은 성인이 된 후, 전과자가 되어 있거나, 일자리에 정착하지 못했거나, 사회복지에 의존하여 살고 있을 가능성도 컸습니다.

그럼 우리나라의 연구에선 어떤 결과가 확인되었을까요? 마찬가지로 통계적으로 유의한 연관성이 나타났습니다. 아래의 표(<표 I-1>과 <표 I-2>)에서 짙은 글씨는 유의한 연관성이 확인되었음을 의미합니다. <표 I-1>에서는 학교 괴롭힘의 피해자와 가해자 모두가 직장 내 괴롭힘의 피해자나 가해자가 될 가능성이 컸고, 학교 괴롭힘의 목격자는 직장 내 괴롭힘의 목격자가 될 가능성이 컸습니다. 학교 괴롭힘에 연루된 적 없는 경우에는 직장 내 괴롭힘에서도 연루되지 않을 가능성

---

9) Smith, P. K., & Shu, S. (2000). What good schools can do about bullying: Findings from a survey in English schools after a decade of research and action. Childhood, 7(2), 193−212.

10) Harvey, M. G., Heames, J. T., Richey, R. G., & Leonard, N. (2006) Bullying: from the playground to the boardroom. Journal of Leadership and Organizational Studies, 12(4), 1−11.

11) Hetland, J., Notelaers, G., & Einarsen, S. (2008, June). Bullying from adolescence into adulthood: A 17−year longitudinal study. 6th International Conference on Workplace Bullying: Sharing our knowledge. Montreal: Canada.

이 컸습니다.

표 I-1 | 학교 괴롭힘과 직장 내 괴롭힘의 연관성 (2010년)[12]

		학교 괴롭힘				x^2 (p)
		피해자	가해자	목격자	해당 없음	
직장 내 괴롭힘	피해자	22(57.9)	3(27.3)	5(23.8)	8(6.5)	92.3 (<.001)
	가해자	3(7.9)	4(36.4)	1(4.8)	1(0.8)	
	목격자	3(7.9)	0(0.0)	7(33.3)	3(2.4)	
	해당 없음	10(26.3)	4(36.4)	8(38.1)	111(90.2)	
계		38(100)	11(100)	21(100)	123(100)	

이후에 더 많은 데이터를 바탕으로 분석한 <표 I-2>에서 학교 괴롭힘의 피해자는 피해자가 될 가능성이 컸고, 가해자는 가해자가, 목격자는 목격자가 될 가능성이 컸습니다. 학교 괴롭힘에 연루된 상황 그대로 직장 내 괴롭힘으로도 이어진 것입니다.

표 I-2 | 학교 괴롭힘과 직장 내 괴롭힘의 연관성 (2014년)[13]

		학교 괴롭힘				x^2 (p)
		피해자	가해자	목격자	해당 없음	
직장 내 괴롭힘	피해자	7(70.0)	0(0.0)	0(0.0)	3(30.0)	95.4 (<.001)
	가해자	4(6.1)	14(21.2)	12(18.2)	36(54.5)	
	목격자	1(1.9)	1(1.9)	45(83.3)	3(13.0)	
	해당 없음	8(1.3)	18(2.9)	52(8.5)	534(87.2)	
계		20(2.7)	33(4.4)	109(14.7)	580(78.2)	

---

12) Seo, Y. N. (2010). in 서유정·신재한(2013). 학교 따돌림과 직장 따돌림의 연관성 분석과 따돌림 방지 방안 연구 (p. 7). 한국직업능력개발원.

이런 현상은 생애주기이론(Life Cycle Theory)[14]을 통해 설명할 수 있습니다. 사람은 어리거나 젊은 시절에 겪었던 경험을 나이가 든 이후 답습하는 성향이 있습니다. 따라서 학교 괴롭힘에 연루되었던 학생은 성인이 된 이후에 직장 내 괴롭힘에 연루될 가능성도 큰 것입니다. 유의할 점은 이런 설명을 바탕으로 괴롭힘이 발생하는 원인을 개인의 탓으로 돌려선 안 된다는 것입니다. 괴롭힘은 개인의 특성도 어느 정도 작용하지만, 주변 환경이 미치는 영향이 훨씬 더 크기 때문입니다.

위에서 봤던 가해자가 학교 괴롭힘을 처음 시작한 이유를 생각해보겠습니다. 피해자가 내가 원하는 걸 갖고 있어서, 기분이 안 좋을 때 피해자가 눈에 띄어서, 그냥 그러고 싶어서 등 다양했습니다. 직장 내 괴롭힘 역시 피해자가 일을 너무 못하거나 잘해서, 본인의 의견에 반대해서, 회식 자리에서 술을 거절해서 등 제각각의 다양한 이유가 확인되었습니다. 괴롭힘이 이런 이유로 시작되었는데, 피해자에게 문제가 있다고 볼 수 있을까요? 가해자에게 뭔가 문제가 있어서라는 게 차라리 더 타당성이 있어 보이죠. 하지만 과연 가해자만의 문제일까요? 가해자는 왜 그런 점이 거슬렸던 걸까요? 가해 행위를 시작할 만큼 거슬렸던 이유는 과연 뭘까요? 가해자의 안에 이미 폭발 직전의 분노나 짜증, 또는 다른 부정적인 감정들이 쌓여있었다고 볼 수 있겠죠. 그럼 그 감정은 왜 쌓이게 된 것일까요? 가해자 본인의 정신적인 불안정함 때문일까요? 그럼 그 불안정함은 어디서 오게 된 걸까요?

이렇게 '왜?'를 반복하다 보면 결국 가해자를 둘러싼 환경이 가해자를 불안정하게 만들었고 쉽게 분노하거나 악의를 표출하는 상태가 되었다는 결론에 이르게 됩니다. 소속된 조직의 분위기에 따라 괴롭힘이

---

13) 서유정 외 (2014). 직장 따돌림의 실태 조사와 방지 방안 연구: 제조업을 중심으로 (p. 108). 한국직업능력개발원.
14) White, S. (2004). A psychodynamic perspective of workplace bullying: Containment, boundaries and a futile search for recognition. British Journal of Guidance & Counselling, 32(3), 269–280.

나 비리를 저지르지 않던 사람도 다른 사람들을 따라 그런 행위를 저지르게 되기도 합니다. 반대로 괴롭힘과 비리를 저지르던 사람이 다른 조직에서는 전혀 그런 행동을 하지 않게 되기도 하고요. 환경이 사람의 생각과 행동에 미치는 영향은 그만큼 큰 것입니다.

그 환경이 가해자의 가정환경일 수도 있고, 조직(또는 학교나 학원)의 환경일 수도 있습니다. 어린 시절의 가정환경이 성인이 된 이후까지 계속 부정적인 영향을 줄 수도 있고, 가정환경은 바뀌었어도 조직(또는 학교나 학원)의 환경이 이어서 부정적인 영향을 줄 수도 있습니다. 부정적인 환경이 남아있는 한 가해자 안에는 계속 분노와 악의가 쌓이고, 또 쉽게 표출될 수 있습니다. 분노와 악의의 표출로 더 힘이 강한 사람의 눈 밖에 나서 본인이 피해자가 될 수도 있고, 화풀이로 또 다른 사람을 괴롭히는 가해자가 될 수도 있지요.

피해자가 반복적으로 괴롭힘에 연루되게 되는 이유는 어떻게 해석해 볼 수 있을까요? 바로 위에서 언급한 것처럼 본인이 괴롭힘 당한 것에 대한 화풀이를 더 약한 타인에게 함으로써 가해자가 될 수도 있습니다. 또한 과거에 괴롭힘 당한 경험으로 사람에 대한 두려움이 생기고, 다른 가해자의 눈에 띄기 쉬운 상태가 되어 다시 피해자가 될 수도 있습니다.

목격자에 대해서는 이런 해석을 해 볼 수 있습니다. 괴롭힘을 목격한 경험은 목격자에게도 영향을 미칩니다[15]. 목격자도 높은 스트레스[16]와 낮은 만족감[17], 그만두고 싶은 충동[18]을 느낍니다. 간접적으로

15) Hoel, H., & Cooper, C. L. (2000). Destructive Conflict and Bullying at Work. Manchester: Manchester School of Management, University of Manchester Institute of Science and Technology

16) Vartia, M. (2001). Consequences of workplace bullying with respect to well−being of its targets and the observers of bullying. Scandinavian Journal of Work, Environment & Health, 27(1), 63−69.

17) Hauge, L. J., Skogstad, A., & Einarsen, S. (2007). Relationship be−tween stressful work environments and bullying: Results of a large representative study. Work & Stress, 21(3), 220−242.

괴롭힘을 접한 경험은 목격자를 불안정하게 합니다. 불안정함과 함께 목격자들은 괴롭힘 행위에 대한 민감성이 높아지고, 이후에 목격하는 다른 괴롭힘을 인지할 가능성도 커지게 됩니다.

3. 직장 내 괴롭힘에서 학교 괴롭힘으로

괴롭힘은 한 세대에서 끝나지 않습니다. 부모의 직장 내 괴롭힘이 자녀 괴롭힘으로 이어지기도 합니다. <표 I−3>에서 짙은 글씨로 표시된 숫자들을 보시면, 그 패턴을 확인하실 수 있을 것입니다.

표 I-3 | 부모의 괴롭힘과 자녀의 괴롭힘의 연관성[19]

		자녀					x^2 (p)
		피해자	가해자	목격자	위기 집단[20]	없음/ 모름	
본인	피해자	34(10.7)	10(3.1)	29(9.1)	44(13.8)	201(63.2)	69.5 (<.001)
	가해자	11(12.8)	3(3.5)	6(7.0)	7(8.1)	59(68.6)	
	목격자	36(9.8)	7(1.9)	19(5.1)	49(13.3)	258(69.9)	
	해당 없음	84(7.7)	12(1.1)	32(2.9)	73(6.7)	889(81.6)	
계		165(8.9)	32(1.7)	86(4.6)	173(9.3)	1,407(75. 5)	

직장 내 괴롭힘 피해가 자녀의 괴롭힘 피해로 이어진 경험을 직접적으로 언급한 사례자도 있습니다. 사례자는 직장 내 괴롭힘으로 인해 극

---

18) Rayner. C. (1999). From research to implementation: Finding leverage from prevention. International Journal of Manpower, 20(1/2), 28−38.
19) 서유정·이지은(2016). 국내 직장 괴롭힘의 실태 분석 및 대응방안 연구(p. 74). 한국직업능력개발원.
20) 위기집단: 괴롭힘까지는 아니지만 소속된 집단 안에서 갈등을 겪고 있는 경우

심한 스트레스를 받으면서, 자녀에게 신경을 쓰지 못했고, 2-3일간 같은 옷을 입혀 보냈습니다. 자녀는 다른 아이들에게서 "냄새가 난다." 며 놀림 받았고, 학교 괴롭힘의 피해자가 되었습니다[21].

불안정하고 공격적인 가정환경이 아이의 학교 괴롭힘 연루 가능성에 미치는 영향은 이미 학교 괴롭힘 연구를 통해 확인된 바 있습니다 (e.g., Olweus, 1980; Patterson, DeBaryshe, & Ramsay, 1989). 그런 선행 연구들과 위의 통계, 사례를 합쳐서 생각해보면 하나의 결론을 도출해 볼 수 있습니다. 직장 괴롭힘을 겪은 부모의 불안정한 상태가 불안정한 자녀의 양육으로 이어지고, 불안정한 자녀 양육이 학교 괴롭힘으로 이어지게 되는 것입니다.

4. 정리하기

지금까지 학교 괴롭힘과 직장 내 괴롭힘이 서로 독립된 현상이 아닌, 유사성과 연관성을 가진 현상임을 살펴봤습니다. 그 과정 중에 목격자 역할의 중요성도 함께 확인했고요. 목격자가 가해자를 제지하고, 가해 행위를 입증하기 위해 적극적으로 증언한다면 가해자는 힘을 잃게 됩니다. 반면 목격자가 방관하면 가해자는 더 큰 힘을 얻고 피해자를 더욱 괴롭히며, 동시에 목격자도 자신을 두려워한다는 것을 알게 되어 목격자를 괴롭히게 될 가능성도 커집니다.

어린 시절 경험한 학교 괴롭힘이 직장 내 괴롭힘으로 이어지고, 성인이 된 후 겪은 직장 내 괴롭힘이 자녀의 학교 괴롭힘으로 이어질 수 있다는 점도 확인했습니다. 이런 연구를 고려할 때, 괴롭힘에 효과적으로 대응하기 위해서는 학교 괴롭힘과 직장 내 괴롭힘 모두에 대한 예방이 동시다발적으로 함께 추진되어야 합니다. 만약 성인이 겪는 직장 내 괴롭힘 예방이 우선시된다면, 학교에서 괴롭힘을 겪은 학생들이 성

---

21) 서유정·신재한(2013). 학교 따돌림과 직장 따돌림의 연관성 분석과 따돌림 방지 방안 연구. 한국직업능력개발원.

장했을 때 직장 내 괴롭힘이 재발할 위험이 커집니다. 학교 괴롭힘이 우선시된다면 부모가 겪는 직장 내 괴롭힘으로 인해 영향 받은 자녀들이 다시 학교 괴롭힘에 연루되게 됨으로써 효과적으로 학교 괴롭힘을 예방하기 어렵습니다. 따라서 괴롭힘의 예방은 가정에서부터 시작하여 부모의 직장도 함께할 때 진정한 효과를 발휘할 수 있습니다.

II. 가정에서부터 시작하는 괴롭힘 예방

모든 교육이 그렇듯이 괴롭힘 예방 교육 역시 가정에서부터 시작되어야 합니다. 가정에서부터 바로잡히지 않으면 학교에서 바로잡기 어렵고, 어렸을 때부터 교육되지 않으면, 성인이 되어서 배우기 어렵습니다. 가장 근본에서부터 시작하는 괴롭힘 예방 교육은 부모가 자녀 앞에서 어떻게 말하고 행동하는가, 어떤 표정을 짓는가에서부터 시작합니다. 그 점을 염두에 두고, 부모들이 하는 행동 중 괴롭힘을 유발하는 사례를 살펴보도록 하겠습니다.

1. 괴롭힘을 유발하는 부모

1.1 자녀의 신체적 특징을 놀리는 부모

우리나라의 대중매체는 티 없이 흰 피부, 날씬한 몸매와 팔다리, 큰 키, 작은 얼굴 등을 미의 조건으로 삼고, 다른 특성을 가진 사람을 비하하는 모습을 종종 방송합니다. 이런 방송만으로도 자칫 아직 가치관이 성립되지 않은 아이에게 그 조건에 부합되지 않는 외모를 가진 사람은 놀려도 된다는 위험한 생각을 심어줄 수 있습니다. 만약 부모가 장난삼아 이런 행동을 한다면 그 영향은 방송과는 비교도 할 수 없을 만큼 커지지요.

부모가 자녀를 "못~생긴 게.", "얼큰이.", "뚱뚱이.", "돼지.", "(피부가 까맣다고) 원시인.", "(키가 작다고) 쬐끄만 게."하며 놀리고, 싫어하는 자녀의 반응이 재미있다며 웃는 것을 주변에서 보신 분들이 있을 겁니다. 부모는 아이의 반응이 귀여워서 장난을 쳤다고 가볍게 생각할 수 있지만, 실상은 자녀의 마음에 쉽게 건드려져서는 안 될 약점을 만든 것입니다. 그 약점으로 인해 누군가에게 괴롭힘을 당하게 될 수도 있고, 약점이 건드려졌을 때 분노하며 타인을 괴롭힐 수도 있습니다. 또한 외모와 같이 겉으로 보이는 특징으로 누군가를 놀리고 괴롭혀도 된다고 학습하게 될 수도 있습니다. 어린 자녀의 눈에 항상 '옳은' 부모가 그런 행동을 하니까요. '미'의 기준에서 벗어난 외모를 바탕으로 놀리고 괴롭히는 것은 어린 아이와 학생에게서 흔히 보는 괴롭힘 행위입니다. 그들 주변의 성인으로부터 배웠을 가능성이 크지요.

1.2 자녀들 간의 갈등을 무마시키는 부모

"애기잖아.", "언니(오빠)잖아."하며 한 자녀가 다른 자녀에게 한 잘못을 사과 없이 넘어가게 하는 것도 이후의 괴롭힘을 유발하는 행위가 될 수 있습니다. 자녀의 잘못에 가르칠 때는, 잘못한 것 하나하나를 알려주고, 왜 하면 안 되는지 설명하고, 잘못한 것에 대해 사과하게 하는 절차가 필요합니다. 하지만 바쁘거나 귀찮다고 소리를 지르거나 아니면 적당히 무마시키며 피해를 본 자녀에게 참을 것을 강요하는 부모가 있지요. "애기잖아", "언니(오빠)잖아", "엄마(아빠) 바쁜데 꼭 힘들게 해야겠어?" 하면서요.

이 상황을 직장에 적용해보겠습니다. 선임 직원이나 후임 직원이 본인에게 잘못을 저지르고 피해를 끼쳤습니다. 그때 상사가 "에이, 같은 동료잖아. 적당히 넘어가. 적당히. 뭐, 별것도 아닌 걸 가지고."라고 하는 것입니다. 상사는 후임 직원의 권익을 보호하고, 쾌적하게 일할 수 있는 환경을 제공할 의무가 있습니다. 이런 말을 하는 것은 그 의무를 저버리고, 귀찮은 일에 연루되기 싫다며 피해를 방치하고, 근로자의 상처를 무시하는 것입니다. 관리자로서 구성원 간 갈등을 관리할 역량이 무척 떨어지는 상사임을 보여줌과 동시에 부당한 언행으로 2차 가해를 한 것이기도 합니다. "애기잖아.", "언니(오빠)잖아." 하며 자녀 간의 갈등을 무마시키는 것은, 이런 상사와 같은 언행을 부모가 어린 자녀에게 한 것과 마찬가지입니다.

이런 행동을 통해 부모는 갈등 상황을 적당히 무마시키고, 문제를 악화시키는 것을 자녀에게 학습시킵니다. 자녀에게 부당함에 대한 분노를 심어서, 언젠가 터질 수 있는 분노의 시한폭탄을 만들기도 하고요. 또한 잘못을 바로잡지 않는 부모의 모습을 보면서 자녀는 그런 잘못을 해도 상관 없다는 생각을 하게 됩니다. '터지기 쉬운 분노의 시한폭탄' 더하기 '누군가에게 잘못해도 상관이 없다'는 교육의 결과는 괴롭힘의 가해자가 되기 쉬운 상태가 되는 것이지요.

1.3 자녀들을 차별적으로 대하는 부모

자녀 중 첫째인가, 둘째인가, 막내인가에 따라 비교적 공통으로 공유하는 특성이 있습니다. 첫째는 의젓하고, 막내는 귀엽고 애교가 많고, 둘째는 눈치가 빠르지요. 왜 몇째냐에 따라 이런 차이를 보이게 된 것일까요? 부모들이 은연중에 자녀들을 차별적으로 대하기 때문입니다. 첫째에게는 의젓하게 행동할 것을 기대하고, 막내의 애교를 받아주며 자잘한 잘못은 그냥 넘어갑니다. 중간에 낀 둘째는 부모의 관심이 첫째와 막내에게 치우치는 동안, 틈새로 빠져나오는 관심을 받기 위해 눈치를 보게 되지요.

아예 대놓고 차별하는 부모도 있습니다. 자녀 중에 특정 '약자'를 만드는 방식으로요. 다른 자녀에게는 집안일 도울 것을 '부탁'하지만, '약자'로 지정된 자녀가 돕는 것은 당연하게 여깁니다. 자녀 중 하나가 아들, 하나가 딸일 때 이런 차별은 분명해지지요. 딸에게 "오빠(남동생) 밥 차려줘."하고 지시하는 부모는 흔합니다. 반면 아들에게 "누나(여동생)한테 밥 차려줘."하는 부모는 드물죠.

직장에서 겪는 스트레스를 한 자녀에게 집중적으로 푸는 부모도 있습니다. 그 자녀를 '감정 쓰레기통'으로 삼고, 온갖 부정적인 감정을 쏟아 붓는 것입니다. 자녀 앞에서 넋두리와 타인의 험담을 하거나, 또는 짜증내고 폭력을 행사하기도 합니다. '감정 쓰레기통'이 된 자녀는 집안에서 약자가 됩니다. 부모가 함부로 대하는 것을 본 다른 자녀도 그 자녀를 쉽게 보고, 함부로 대하기 쉬우니까요.

이렇게 한 명의 자녀가 '약자'가 되면, 남은 식구의 결속력은 높아지곤 합니다. 다른 자녀는 '난 쟤랑은 달라.' 또는 '난 쟤가 되기 싫어.'하는 생각으로 더욱 부모의 마음에 드는 행동을 하려고 노력하죠. 부모는 예쁜 행동만 하는 남은 자녀들에게 애정을 집중하고, '감정 쓰레기통'으로 삼은 자녀는 같은 행동을 하더라도 밉게 봄으로써 자녀에게 가하는 부당함을 정당화합니다. 가정에서 '감정 쓰레기통' 역할을 하던 자녀가 떠나도 상황은 중단되지 않습니다. 그땐 다른 자녀나 부모 중 한 사람이 그 역할을 하게 됩니다.

이런 행동을 통해 부모는 자녀에게 소속 집단 안에서 '약자'를 찾아내거나 만드는 것을 가르칩니다. 본인이 '약자'가 되지 않기 위해서 다른 사람을 '약자'로 만들고, '약자'를 괴롭히거나 괴롭힘을 방관하도록 학습시키는 것입니다.

'난 한 아이를 더 많이 때리거나, 그 아이에게 부정적인 감정 해소를 하지 않는다. 그러므로 난 자녀를 차별하지 않는다.'라고 생각하는 부모가 있다면 다시 생각해볼 것을 권합니다. 혹, 한 자녀에게만 심부름을 몰아서 시키고 있지는 않은지 말입니다. 그것 역시 한 자녀를 가정 안에서 '약자'로 만드는 행위에 해당합니다.

그런 부모들이 "시키는 대로 잘하니까 더 많이 시키게 되는 거다."라고 주장할지도 모릅니다. 그 상황도 직장에 적용해본다면 어떨까요? 상사가 일을 잘한다는 이유로 한 직원에게만 모든 일감을 몰아주고, 매일 혼자 힘들게 야근하는 것을 당연하게 생각합니다. 일을 잘 해내도 칭찬하지 않고요. 그런 상사를 관리자로서 역할을 제대로 하는 사람으로 볼 수 있을까요? 결코 아니죠. 관리자라면 모든 직원이 각자 받는 월급에 적합한 수준으로 일하도록 해야 합니다. 한 직원이 본인의 지시를 더 잘 따르고, 군말 없이 일한다는 이유로 일을 몰아 준다면 그 상사는 게

으르고 무책임한 사람이 됩니다.

직장에서 부당한 행위가 가정에선 부당한 행위가 아니게 될까요? 아직 어리고 가치관이 정립되지 않은 자녀가 대상이라면 그 부당함이 더 크게 다가올 수 있지요. 말을 잘 듣는다는 이유로 그 자녀가 심부름하는 것을 당연하다고 여기는 것은 자녀를 함부로 대하는 것입니다. 부모가 함부로 대하는 자녀는 가정에서 쉽게 '약자'의 위치로 몰리게 됩니다. '약자'가 된 자녀는 부당함에 대한 분노를 느끼거나, 또는 좌절하게 되지요. 하지만 가정에서 자신보다 '강자'인 부모나 다른 자녀들에게 그 분노를 표출하기는 어렵습니다. 그럼 학교나 직장, 또는 다른 곳에서 자신보다 '약자'인 사람을 찾아 화풀이하게 될 가능성이 커집니다. 또한 좌절감으로 깊이 가라앉은 탓에 학교나 직장에서 다시 '약자'로 몰릴 가능성도 커지게 됩니다.

1.4 자녀 앞에서 타인을 험담하고, 본인을 피해자로 만드는 부모

자녀 앞에서 시부모나 직장 동료, 또는 다른 아이들의 부모에 대해 험담하는 사람들이 있습니다. 피해의식 때문에 하기도 하고, 험담이 습관 되어 하기도 합니다. 부모가 타인에 대해서 하는 말은 자녀가 가정 밖의 세상을 판단하는 데 영향을 줍니다. 부모가 반복적으로 할아버지, 할머니, 다른 친척들에 대해 험담을 한다면 아이는 그 사람들에 대해 어떤 생각을 하게 될까요? 부모를 괴롭히는 나쁜 사람으로 생각하기 쉽겠죠.

자녀 앞에서 함께 보거나 들은 타인의 행동에 대해 부정적으로 험담한다면 자녀는 혼란도 겪게 됩니다. 본인은 별생각 없이 보고 들은 행동인데 부모가 그것을 악의적으로 해석하고 험담을 합니다. 자녀로서는 악의적으로 받아들인 부모가 옳고 본인이 착각한 것으로 생각할 것입니다. 이후 자녀 안에는 악의가 담기지 않은 중립적인 행동조차 악의적으로, 비뚤어지게 보는 시야가 만들어지게 됩니다. 자녀가 처음 학교에 갈 때, 이런 마음가짐으로 가게 된다면 학교생활에 적응하는 데도 더 큰 어려움을 겪게 됩니다. 학교 생활에 적응하지 못한다면, 나중에 직장에서도 적응하기 어렵게 되지요.

물리적인 공격을 하거나 폭언을 하는 것만이 괴롭힘은 아닙니다. 타인을 험담하는 것 역시 괴롭힘입니다. 자녀는 부모로부터 배운 '험담'이라는 행위를 쉽게 하게 될 것입니다. 타인의 험담을 습관적으로 반복하는 사람은 없는 말도 만들어내기 마련입니다. 없는 말을 만들어내고, 작은 일을 과장하는 언어 습관으로 자녀는 학교나 직장에서 갈등 상황에 부닥칠 위험도 커지게 됩니다.

1.5 타인을 겉으로 드러나는 특징(외모, 가정환경 등)에 따라 차별하는 부모

"공공임대 주택에 사는 아이들과는 못 놀게 한다."

"장애인인 아이와 내 자녀가 함께 있는 건 불편하다."

"외국인 근로자들 사는 지역이 우리 집 근처에 있는 게 싫다."

자녀를 가진 사람들이 이런 말을 하는 것을 직접 들은 적이 있습니다. 타인인 제 앞에서 쉽게 이런 말을 하는 부모라면, 자녀 앞에서 과연 말을 조심할 것인가에 대해 합리적인 의심을 해 볼 수 있지요. 그런 부모를 둔 자녀는 부모가 부정적으로 말하는 사람들을 직접 접하기도 전에 편견과 적대감부터 생성하게 됩니다.

또한 의도는 선하지만, 표현 방식이 적절치 않은 부모도 있습니다. 취약 집단이 도움이 필요한 사람들이라는 것을 자녀에게 알려주는 것은 좋지만, 부정적인 언어로 표현하는 것은 유의해야 합니다. "(개발도상국 국민에 대해) 못 사는 나라에서 사는 불쌍한 사람들이니까 도와줘야 해.", "(장애인에 대해) 혼자서 못 하는 사람이니까 도와줘야 해.", "(공공임대주택 거주자에 대해) 못 사는 애들이니까 잘 해줘야 해." 이런 방식의 표현은 취약 집단이 나보다 못한 사람들이라는 편견을 자녀에게 심어주게 됩니다.

같은 뜻을 담은 말이지만 "(개발도상국 국민에 대해) 저 친구가 살던 나라가 지금 어려운 일을 겪고 있어. 친구 아버지가 열심히 일해서 돈도 벌고, 친척들도 돕고 하려고 가족들이랑 같이 오신 거야. 우리 oo가 저 친구랑 사이좋게 지내고, 힘들어하는 게 있으면 도우면 좋겠지?" 이런 식의 설명이 편견을 줄이면서, 자녀에게 도움이 필요한 사람을 알려주는 방법이 될 수 있을 것입니다.

부정적인 편견을 갖고 있다면 상대방의 중립적인 행동조차 부정적으로 해석하게 됩니다. 시어머니가 마음에 들지 않는 며느리의 작은 언행 하나하나를 트집 잡고 오해하는 상황을 한 번 생각해보세요. 이미 눈 밖에 난 상대이기 때문에 그 상대방이 하는 모든 행동이 마음에 들지 않고, 무례하게 상대방을 대하거나, 괴롭힐 가능성이 커집니다. 또한 상대방이 괴로운 상황을 겪고 있을 때도, 무시하고 방관할 가능성도 커지지요. 편견 어린 언행을 통해 부모는 자녀가 괴롭힘의 가해자 또는 방임자가 될 가능성을 키우는 것입니다.

1.6 자녀 앞에서 타인에게 부당한 요구(갑질)을 하는 부모

"애기 먹이게 ~ 좀 주세요."

식당이나 카페에서 자녀 앞에서 자녀를 빌미로 부당한 요구를 하는 부모의 사례를 주변에서 간혹 접하게 됩니다. 아이를 호프집에 데리고 가서 아이에게 먹이게 황도를 무료로 달라고 한 부모, 김밥집에서 본인 먹을 김밥 하나를 사고 아이에게 먹일 속이 덜 들어간 김밥을 무료로 달라고 한 부모, 아이와 함께 식당에 가서 음식을 1인분만 주문한 뒤 부족한 음식을 무료로 달라고 요구한 부모.

이런 행위는 고객에게 약자일 수밖에 없는 가게 사장이나 점원으로부터 자신의 힘을 이용하여 원하는 것을 강탈하는 것을 자녀에게 가르치는 것입니다. 학교에서 가해 학생이 다른 학생의 물건이나 돈을 빼앗는 폭력 행위와 유사한 면이 있지요. 자녀를 빌미로 뭔가를 무료로 줄 것을 요구하는 것, 약자를 괴롭히는 것을 보여주는 것, 모두 자녀를 잠재적인 가해자로 키우는 행위가 됩니다. 부모는 '그까짓 거.'하는 가벼운 생각으로 하는 행동일 수도 있지만, 아이에게 미치는 영향은 절대 가볍지 않습니다. "애기 먹이게 ~ 좀 (무료로) 주세요." 하는 말은 부모가 자녀를 위해 추가적인 혜택을 얻어내는 행위가 아닙니다. 자녀를 빌미로 부당한 강탈을 함으로써 자녀에게 같은 행동을 학습시키는 것입니다.

1.7 자녀 앞에서 범죄/편법을 저지르는 부모

자녀 앞에서 범죄나 편법을 저지르는 부모가 있다면 과연 그 자녀의 인성 발달이 정상적으로 이뤄질 수 있을까요? 실제 사례를 들어보겠습니다. 자녀를 유모차에 태워 마트에 간 부모가 물건을 훔쳐서 유모차에 숨겼습니다. 유모차를 끌고 화장실에 들어가서 겉포장을 뜯고 내용물만 챙기는 것을 했고, 결국 의심을 사게 되었습니다. 유독 그 부모가 접근했던 선반의 물건 숫자가 잘 맞지 않았고, 그들이 다녀간 화장실에서 물건의 겉 포장이 잔뜩 발견되곤 했으니까요. 마트 측은 CCTV를 돌렸고, 부모가 유모차에 훔친 물건을 숨기는 순간을 확인했습니다. 그들 부모는 마트의 재방문이 금지되었고, 훔친 물건의 값 중 일부를 물게 되었습니다. 그들은 마트 측이 누명을 씌웠다고 주장했지만, 워낙 여러 차례 물건을 훔쳤기 때문에 고객 중에도 목격자가 여럿 있었습니다. 이후, 성장한 그들의 자녀는 같은 반 친구의 돈과 물건을 빼앗는 학교폭력 행위로 여러 차례 정학 처분을 받았습니다.

다른 사례자는 친구의 모친이 사례자의 어머니가 운영하시는 가게에 가끔 와서 외상으로 물건을 구매하고 돈을 갚지 않던 경험을 애기했습니다. 외상 준 것을 잊었을 것으로 생각했는지, 몇 달마다 한 번씩 자녀를 데리고 와서 다시 외상을 시도했습니다. 결국 사례자의 어머니도 외상장부를 그분 앞에 펼쳤습니다. 딸이 보고 있기 때문인지 외상값을 갚긴 하셨지만, 이후 그분은 어머니의 가게에 오지 않았다고 합니다. 다만 지인들을 통해 그분의 자녀가 성인이 되었을 때, 일이 잘 풀리지 않았다는 것만 전해 듣게 되었습니다.

외상을 하고 갚지 않는 것은 범죄가 아니라고 착각하는 사람들이 있습니다. 돈을 내지는 않았지만, 돈을 갚겠다는 거짓말로 주인에게 물건을 가져가도 된다고 승낙을 받았으니 범죄가 아니라고 착각하는 듯합니다. 하지만 엄연히 도둑질과 같지요. 부모가 그런 범죄를 저지르면서도 부끄러움을 모른다면, 자녀가 과연 사회에 잘 적응하는 정직하고 정상적인 성인으로 성장하게 될까요?

자녀의 행동은 부모의 행동을 닮기 마련입니다. 자녀를 둔 부모가 순간의 욕구, 눈앞의 이익을 위해 범죄를 저지르거나, 법과 제도를 악용한다면 자녀 역시 부모와 닮은 사람으로 성장할 가능성이 커집니다. 부끄러움을 모르고 자녀 앞에서 범죄나 편법을 쓰는 부모라면 이후에 자녀가 본인의 행동을 답습해도 문제라는 생각을 하지 못할 수도 있고요. 결국 그 자녀도 부모처럼 편법/불법 행위를 쉽게 생각하고, 작은 이익을 위해 기꺼이 양심을 저버리게 될 위험이 생기는 것입니다.

1.8 비일관적인 훈육을 하는 부모

자녀의 잘못된 행동을 훈육하지 않는 것이 문제라는 것은 모두가 아실 겁니다. 그 못지 않게 문제 되는 것이 비일관적인 훈육입니다.

자녀를 양육하면서 부모가 보이는 태도와 언행에는 일관성이 있어야 합니다. 특히 잘못된 행동을 바로잡는 것은 매번 하지 않으면 효과가 떨어집니다. 때로는 잘못을 훈육하고, 때로는 하지 않는다면 자녀는 어떻게 행동을 하는 게 옳은 것인지 혼란을 느끼게 됩니다. 간혹 부모는 매번 훈육을 하지만, 조부모 또는 다른 친척 어른들이 자녀를 감싸고 부모를 나무라는 언행을 함으로써 부모의 훈육을 무효화시키기도 합니다. 이런 경우에도 훈육이 비일관적이게 되지요. 아이는 이런 상황을 겪으면 잘못된 언행을 반복하면서 계속 부모와 주변 사람들의 반응을 관찰하려고 할 것입니다. 자칫 잘못된 행동이 습관으로 자리 잡을 수 있지요.

1.9 자녀의 요구를 무작정 들어주는 부모

자녀를 사랑해서, 바빠서 신경을 써주기 어려워서, 자녀가 당장 떼쓰는 것은 멈추게 하려고 등의 이유로 자녀의 요구를 무작정 다 들어주는 것도 자녀를 망치는 행동 중 하나입니다.

자녀 양육이나 발달 심리학 관련 책을 즐겨 읽으시는 분이 있다면, 1960년대에 스탠포드 대학에서 진행한 마시멜로 테스트[22]에 대해 보신 적이 있을 것입니다. 만 4세의 아이 앞에 마시멜로 하나를 두고, 연구자가 돌아올 때까지 기다리면 2개를 먹을 수 있게 해주겠다고 합니다. 연구자가 15-20분쯤 뒤에 돌아왔을 때, 충동적인 욕구를 이기지 못하고 마시멜로를 먹어버린 아이들이 있었고 먹지 않고 기다린 아이들이 있었습니다. 14년 뒤, 아이들을 추적조사한 결과, 인내하고 기다린 아이들은 어려운 상황에서도 더 긍정적이고, 진취적이며, 인내력을 발휘했고, 목표를 달성하기 위해 순간의 욕구를 참을 수 있었습니다. 또한 이후에도 더욱 성공적인 결혼과 만족스러운 직업, 더 높은 급여와 양호한 건강 상태를 보이기도 했습니다. 미국의 대학 입학시험인 SAT에서도 평균적으로 210점 더 높은 점수를 획득했습니다. 기다리지 못하고 마시멜로를 먹어버린 아이들에 비해서 말입니다.

요구를 무작정 들어주는 것은 자녀를 '순간의 충동을 참지 못하고 마시멜로를 먹어버린 아이'로 만드는 것입니다. 충동을 조절하지 못하는

---

22) Beacham, S. (2013). The Stanford Marshmallow Study. Delayed grati-fication (self-discipline) the key to long term success. Retrieved from www.parents-choice.org on 22 Sep 2021.

아이들은 성인이 되었을 때도 반사회적 성향을 보이거나 범죄에 연루될 가능성이 큰 것으로 확인되었습니다[23]. 어린 시절 항상 바로바로 욕구를 채워준다면, 아이는 성장한 후에 인내심이 요구되는 상황을 참지 못하고 분노하기 쉽습니다. 분노로 인해 주변에 부정적인 행동을 하고, 그것이 반복되면서 반사회적 성향을 형성할 가능성이 커지지요.

아이가 투정을 부린다고 해서 바로 스마트폰이나 태블릿 PC를 쥐어주고, 자극적인 영상을 틀어주는 부모. 최근 보기 드문 모습은 아니지요. 아이가 원한다며, 특별한 날도 아닌데 비싼 장난감을 선뜻 사주는 (조)부모도 있고요. 아이를 사랑해서 한다는 행동이 아이의 미래에 끼치는 악영향을 (조)부모들은 알아야 할 것입니다.

1.10 자녀가 어린 시절 보이는 공격성/폭력성을 방치하는 부모

뉴스를 떠들썩하게 장식하는 흉악범 중 상당수가 어린 시절 공통된 패턴을 보이곤 합니다. 바로 힘없는 작은 동물을 상대로 가학적인 행위를 행했다는 것입니다[24]. 처음엔 벌레로 시작해서, 이후에는 강아지나 고양이, 토끼 등의 소동물을 학대하고, 이후 사람에 대한 공격성과 폭력성으로 악화합니다. 아이가 어린 시절 작은 곤충이나 동물을 향해 보이는 공격성과 폭력성을 교정하지 않고 방치했을 때, 가해자로 성장할 위험도 커지는 것입니다[25].

소동물을 괴롭히는 것이 반드시 때리고, 몸에 상처를 내는 형태로만

---

23) Caspi, A., Moffitt, T. E., Newman, D. L. et al. (1996). Behavioral ob-servations at age 3 years predict adult psychiatric disorders: Longitudinal evidence from a birth cohort. Archives of General Psychiatry, 53(11), 1033−1039.
24) Jekkert, S. R. & Felthous, A. R. (1985). Childhood cruelty towards animals among criminals and noncriminals. Human Relations, 38(12), 1113−1129.
25) Miller, C. (2001). Childhood animal cruelty and interpersonal violence. Clinical Psychology Review, 21(5), 735−749.

발생하는 것은 아닙니다. 동물을 물건처럼 다루는 것, 억지로 껴안거나 압박하여 괴로워서 몸부림치는 것을 보고 즐거워하는 것도 포함됩니다. 이런 행동을 장난이라 생각하고 가볍게 여겨선 안 됩니다. 다른 생명체의 괴로움을 즐기는 자체가 내면의 가학성을 보여주는 표시일 수 있습니다. 이런 행동을 하는 모든 아이가 흉악 범죄자나 괴롭힘의 가해자로 성장하는 것은 아니지만, 다른 아이들에 비해 위험성은 큽니다.

쉽게 지나치기 쉬운 것이 벌레를 잡아 괴롭히는 가장 초기의 공격성 표현입니다. 부모가 파리나 모기를 때려잡는 걸 보고 따라 하는 것뿐일 수도 있지만, 벌레를 잡아 죽이는 과정에서 즐거움을 느끼고 있다면 반드시 바로잡아야 합니다. 부모가 벌레를 잡을 때 "(모기나 파리 등이) 사람을 물고, 질병을 퍼뜨릴 위험이 있어서 잡는 것이지만 어쨌건 생명을 죽이는 것이니 좋은 행동은 아니다. 벌레를 꼭 잡아야 한다면, 약을 뿌리거나 한 번에 탁 잡아야지 괴롭히면서 죽여선 안 된다. 몸통을 뜯고 괴롭힌다면 그건 잘못된 행동이다."라고 설명을 해야 합니다.

우연히 길을 가다가 어린 자녀가 벌레를 잡은 것을 칭찬하는 부모를 본 적이 있습니다. 아이는 자랑스러웠는지 벌레를 연신 잡고, 또 잡았습니다. 벌레를 잡으면 몸통을 잘게 분해하며 '갖고 논' 뒤에 버렸습니다. 부모가 무슨 생각으로 방관하고 도리어 칭찬까지 했는지는 모르겠습니다. 하지만 일반적인 관념으로 생각했을 때, 자녀가 잔인하게 벌레의 다리나 몸통을 분해하면서 놀이처럼 여긴다면 바로잡아야 하지 않았을까요?

1.11 자녀의 잘못에 대해 책임지지 않게 하는 부모

자녀가 한 잘못에 대해 책임지지 않게 하는 것도 자녀 안에 가해 성향을 키우는 행동입니다. 약 10년 전, 모 중학교에서 폭력 사건이 발생한 적이 있습니다. 열 명이 넘는 학생들이 연루된 대규모 폭력 사건이었습니다. 학교 측은 가해 학생에게 징계를 내렸지만, 가해 학생의 학부모들이 학교를 상대로 소송을 걸겠다는 위협을 가했습니다. 열 명이 넘는 가해자가 있었기에, 소송을 걸겠다는 학부모의 숫자도 많았습니다. 결국 학교 측은 징계를 철회해야 했습니다.

자녀가 폭력을 행사한 것이 명백한 상황에서, 생활기록부에 기록이 남게 할 수 없다며 소송마저 불사하는 부모들은 과연 자녀를 위한 행동을 한 걸까요? 생활기록부에 기록이 남지 않는 것은 자녀가 대학을 갈 때만 유리합니다. 대학 이후에도 창창한 미래가 남아있죠. 그 창창한 자녀의 미래를 학부모는 '대학'이라는 일시적인 성공을 위해 포기한 것입니다.

2004년 발생한 '밀양 여중생 성폭행 사건' 역시 비슷한 사례였습니다. 가해자들은 여중생을 쇠파이프로 기절시켜 강간한 뒤, 촬영한 영상을 빌미로 협박하여 여중생을 불러내고 또 범죄를 저지르는 짓을 반복했습니다. 이런 사건을 저지른 가해자들은 소년부 송치로 마무리되어 전과 기록조차 남지 않았습니다[26]. 가해자들의 부모가 피해자와 피해자의 부모를 협박하고, 공개적으로 모욕하는 2차 가해를 가하기도 했습니다[27]. 가해자들의 부모는 죄책감을 느끼기는커녕, 피해자와 그 부모를 협박하고 모욕함으로써 책임을 피해자에게 전가하려고 했습니다. 부모가 그런 행동을 하는 동안, 자녀 역시 부모의 행동을 그대로 배웠겠지요.

1.12 자녀가 공부만 잘하면 된다는 부모

자녀의 성적에 일희일비하며, 오로지 성적만이 중요한 것처럼 생각

---

26) 금강일보 (2020. 9. 17). 여중생 집단 성폭행 사건, 밀양사건과 똑같이 가해자들 전과기록 없이 판박이 될 뻔. Retrieved from http://www.ggilbo.com/news/articleView.html?idxno=796214 on 22 Sep 2021.
27) 아이뉴스 (2018. 10. 25). '밀양 성폭행 사건' 뭐길래? 44명이 울산 여중생 집단 강간 "영화 한공주의 모티브". Retrieved from http://www.i-news24.com/view//1135648 on 22 Sep 2021.

하는 부모들이 있습니다. 자녀 내면의 고민이나 자녀의 인간관계, 인성 발달과 가치관 형성 등에 대해서는 신경 쓰지 않고, 오로지 성적을 올려주는 학원과 과외 강사를 찾아주는 것이 부모의 역할인 것처럼 착각하는 부모들 말입니다. 이런 부모들은 자녀의 성적이 좋다면, 다른 잘못은 전혀 문제가 아닌 것처럼 방관하거나 무작정 감싸려고 듭니다.

제가 접한 사례 속에는 학교 폭력을 저지른 자녀의 성적이 좋다는 이유로 학교 측에 자녀의 성적을 망치는 짓을 하지 말라며 압력을 넣은 부모가 있었습니다. 그런 부모를 닮아서 자녀 역시 전혀 죄책감을 느끼지 않았고요. 학교 측도 더 많은 학생을 명문대에 보내겠다는 욕심에 부모의 요구를 수용했고, 도리어 성적이 좋진 않았던 피해 학생과 그 부모를 설득해서 전학을 보냈습니다. 피해 학생의 부모가 가해자 처벌을 요구했지만, 교사들마저 자녀에게 눈치를 주는 상황에서는 버티기 어려웠습니다. 가해 학생은 이후에도 몇 차례 더 폭력 사건에 휘말렸지만, 그때마다 그 부모와 학교 측은 가해 학생을 보호했습니다.

우리는 뉴스에서 온갖 비리를 저지른 정치인이나 사업가, 고위 공무원들이 나오면 손가락질을 하고 욕합니다. 하지만 동시에 자녀가 그런 위치까지 갈 수 있다면 본인부터 양심을 저버릴 부모도 있습니다. 자신의 지위나 재산을 이용하여 자녀에게 허위·과장된 경력을 만들어주고, 그것이 사랑이라고 착각하는 부모도 있습니다. 남이 잘못하는 것을 손가락질하기 전에, 자신의 모습이 손가락질 대상인 사람들과 닮은 것은 아닌지 성찰하는 것이 부모의 자세가 아닐까요? 자녀에게 성적을 올리라고만 할 것이 아니라, 삶을 살아가는 데 필요한 지혜와 양심, 염치를 키우도록 도와야 하지 않을까요?

2. 괴롭힘을 줄이는 부모

괴롭힘 예방 교육의 첫발은 '다름'을 존중하는 한편, '겉으로는 달라

보이지만 실제로는 크게 다르지 않다', '다르다는 건 잘못된 것이 아니다'라는 것을 가르치는 것입니다. 괴롭힘은 흔히 상대방이 나와 다르다고, 나보다 약하다고 판단하는 데서 시작되니까요. 장애가 있는 아이, 외국인 아이, 종교가 다른 아이 등 자녀가 '다른 집단'으로 받아들이기 쉬운 사람들에 대해 이해하고, 받아들이고, 도움이 필요하다면 돕도록 교육하게 됩니다. 실제 갈등 상황이 발생하면, 그때는 엄격하게 자녀의 행동을 바로잡는 조처를 하는 것도 필요합니다. 아래의 사례 속에 나오는 부모의 자녀 양육 방식을 통해 괴롭힘 예방뿐만 아니라, 자녀의 인성과 인내심, 그 외에 다양한 역량도 함께 발달하게 된 것을 확인하실 수 있을 것입니다.

2.1 어린이집에서 장애인 친구와 함께 학습하도록 한 부모

어린이집 교사인 지인으로부터 장애가 있는 아이와 자신의 아이가 함께 수업하는 것을 꺼리는 부모들이 있다는 것을 들은 적이 있습니다. 그 때문에 장애가 있는 아이와 자녀를 한 반에 넣으려고 할 때는 조심스럽게 부모의 의사를 확인하고 허락을 받아야 한다고요.

사례자 역시 자녀가 다니는 어린이집 교사로부터 자녀를 장애인 친구와 함께 수업받도록 해도 될지 허락을 구하는 연락을 받았습니다. 주변의 다른 부모들이 우려를 표했지만, 사례자는 흔쾌히 수락했습니다.

어린 나이부터 반복적으로 접촉을 하게 되면 본인과 신체적 특성이 다른 사람에 대한 편견이나 근본 없는 두려움을 예방할 수 있습니다. 장애인을 꺼리는 마음, 장애인에 대한 편견은 장애인을 접할수록 줄어듭니다. 장애가 없는 사람들을 이해할 때와 같은 기준으로 장애인을 보게 되기도 합니다. 또한 신체적 특성은 달라 보일지라도, 실제로는 본인과 크게 다르지 않다는 것을 깨닫게 됩니다.

자신과는 다른 부류의 사람이라고 느낄 때보다, 친구감을 느끼고 본인과 동류라고 판단하는 사람에게 도움이 필요하다고 판단될 때, 더욱 적극적으로 나설 가능성이 커집니다[28]. 다르게 보인다는 이유로 친구를 괴롭히거나, 친구가 괴롭힘 당하는 것을 방관할 가능성은 그만큼 낮아지는 것입니다. 사례자의 자녀는 짝꿍의 장애에 대해서 개의치 않았고, 교사의 지도하에 짝꿍을 기꺼이 돕는 모습을 보여줬다고 합니다. 그 자녀는 어린 나이에 인내심과 이타주의를 키워주고, 장애인에 대한 편견을 없애주는 매우 소중한 학습을 한 것입니다.

2.2 자녀의 이름으로 해외 아동을 후원하고, '언니'라고 부르게 한 부모

두 번째는 딸이 태어나자 그 딸의 이름으로 1대 1 해외 아동 후원을 시작한 부모의 사례입니다. 딸이 말을 알아들을 수 있게 되었을 때부터 사례자는 후원하는 아동을 해외에 있는 '너의 언니'라고 알려주었습니다. "못 사는 나라에 사는 사람이기 때문에 도와줘야 한다."라는 식의 말은 하지 않았습니다. 자녀가 외국인을 본인보다 약자, 또는 아래에 있는 사람으로 볼까 봐 우려했기 때문입니다. 후원하는 아이에게서 오는 편지를 자녀에게 읽어주면서 "네 덕분에 언니가 학교 잘 다니고, 행복하게 살고 있다."라고 소식을 전했습니다.

자녀는 용돈을 받기 시작하면서 용돈 중 일부를 '언니를 위한 것'이라며 남겨서 사례자에게 돌려주었습니다. 사례자는 돌려받은 용돈을 보태어서 후원금을 보냈고, 자녀는 언니를 위해서 용돈을 절약한 것을 자랑스러워했습니다. 자녀가 중학교에 다니고 있을 무렵, 후원하던 아이가 만 18세가 되었고 후원은 끝을 맺었습니다. 그러자 자녀는 사례자에게 이번에는 '동생'을 후원하고 싶다며 절약한 용돈을 돌려주었다고 합니다. 자녀가 성장하면서 자녀의 용돈이 후원금에서 차지하는 비

---

28) Coyne, I., Gopaul, A.M., Campbell, M. et al. (2019) Bystander Responses to Bullying at Work: The Role of Mode, Type and Relationship to Target. Journal of Business Ethics, 157, 813-827.

중도 점점 커졌고요.

물리적으로 외국인과 접촉한 것은 아니지만, 장기간의 1대 1 후원을 통해 자녀는 개발도상국에 사는 외국인과 교류하는 경험을 했습니다. 개발도상국과 그 나라의 국민에 대해 편견 없는 시선을 갖게 되었고, 도움이 필요한 사람을 돕는 일에 자부심을 느끼는 청소년으로 성장했습니다. 동시에 '언니'나 '동생'을 돕기 위해 받은 용돈을 충동적으로 다 써버리지 않고 절약하는 인내심도 키우게 되었고요.

2.3 자녀와 함께 이슬람교에 대해 학습한 부모

세 번째는 자녀가 편견을 갖지 않도록 이슬람에 대해 함께 학습한 부모의 사례입니다. 사례자는 해외 거주자로 한인 교회에 다니고 있었습니다. 교회에 다녀온 직후 자녀로부터 "무슬림은 다 테러리스트야?" 하는 질문을 받게 되었습니다. 같은 교회에 다니는 사람이 자녀에게 한 말이라는 것을 듣고, 사례자는 코란을 구해 왔습니다. 성경을 공부하듯이, 코란을 공부해보면 무슬림이 정말 테러리스트인지 알 수 있을 거라고 자녀에게 설명했습니다.

코란을 직접 읽어보면서 사례자와 자녀는 성경의 가르침과 코란의 가르침 중 유사한 면이 많다는 것을 알게 되었습니다. 성경에서 이웃을 아끼고 사랑하라고 가르치듯이, 코란 역시 사랑을 강조하는 내용이 많았습니다. 코란을 읽는 것만으로 알 수 없는 점들은 같은 직장에 다니는 무슬림 직원을 집에 초대하여 물어보며 답을 듣기도 했습니다.

사례자가 거부감을 느꼈던 이슬람의 일부다처제는 본래 잦은 전쟁 등으로 많은 남성이 죽게 되면서 여성을 보호하기 위한 것이었음을 알게 되었습니다. 척박한 땅에서 여성이 혼자 살기 힘들었고, 남편이나 아버지를 잃은 여성을 집에 거두는 것을 지역사회를 위한 봉사라고 생각한 관습의 영향이었습니다. 일부다처를 하려면 남편이 모든 아내에게 공평하게 대하고, 각 아내가 거주하는 집과 시중인의 수준을 동등하게 해야 한다는 것도, 모든 아내를 최소 한 주에 한 번씩은 방문하여 함께해야 한다는 것도 알게 되었습니다. 일부 변질된 일부다처제를 하는 사람이나 지역도 있지만, 그들은 종교의 가르침을 제대로 따르지 않는 사람이라는 것도 무슬림 지인을 통해 알게 되었습니다.

코란을 읽어보고, 무슬림과 교류하는 경험을 통해 사례 속 부모와 자녀는 이슬람이라는 종교 자체의 문제보다, 그 종교를 믿는 사람 중 잘못된 행동을 하는 사람 때문에 부정적인 인식이 생겼음을 알게 되었습니다. 교회에 다니는 사람 중에도 문제 있는 행동을 하는 사람이 있는 것처럼 말입니다. 종교와 무관하게 사람들을 같은 기준으로 보게 된 것입니다.

자녀는 이 경험 덕분에 본인의 종교와는 '다른' 이슬람이 나쁜 것이 아니라는 것을 알게 되었고, 다른 것은 나쁘지 않다, 다른 것이지 틀린 것이 아니라는 것을 배우게 되었습니다. 부모 역시 본인들이 미처 알지 못했던 편견이 있음을 깨닫고 바로잡는 기회를 얻게 되었습니다.

2.4 타인의 피부색을 비하하는 발언을 바로 잡아준 부모

아프리카 원주민 출신이거나, 또는 조상 중에 아프리카 원주민 출신이 있는 경우, 그 사람의 피부색은 어두운 색을 띱니다. 우리나라에는 이런 사람을 "검둥이", "깜둥이" 등으로 부르면서, 그런 발언에 문제가 있음을 깨닫지 못하는 사람들이 있습니다. 동양인을 "누렁이"라고 부르는 것과 같은 것인데도 말입니다. 말로 비하를 하기 시작하면, 생각으로도 비하하게 되기 쉽습니다. 말과 생각은 서로 밀접하게 연관되어 있으니까요. 사람을 향해 짐승에게 흔히 쓰는 흰둥이, 검둥이, 누렁이 이런 표현을 쓰는 것은 그 사람이 자신과는 격이 다른 존재라는 생각의 표현이 될 수 있습니다.

네 번째 사례자는 자녀가 "깜둥이"라는 표현을 배워오자, 자녀의 잘못된 언어 표현을 즉시 바로잡아주었습니다. 위에서 언급한 대로 "동양인을 누렁이라고 부르는 것과 같다."라고 설명하면서요. 누렁이라고 불리게 되면 무척 기분이 나쁠 것이라고 자녀는 바로 이해할 수 있었고, 피부색을 비하하는 발언이 잘못되었음을 깨달았습니다. 피부색이 어두운 사람을 어떻게 불러야 하는지 되묻는 자녀에게 부모는 이런 표현을 알려주었습니다. "그 사람이 미국에서 온 사람이면, 아프리카계 미국인. 프랑스에서 온 사람이면 아프리카계 프랑스인. 이런 식으로 부르면 돼."라고요.

여기서 한 발 더 나가보자면, 피부색으로 그 사람을 변별하려고 하는 것은 좋은 습관이 아니라는 것을 알려주는 것도 좋습니다. 반드시 누군가의 신체적 특징을 언급해야 하는 상황이 아니라면요. 외국에서는 이미 흑인/황인/백인 이런 식의 표현에 문제가 있다고 생각하고, 피부색을 직접 언급하는 대신 'Coloured(유색인종)'이라는 표현을 도입했습니다. 지금은 이조차도 차별로 여겨질 수 있다며 피부색을 언급하는 것 자체에 대한 고찰이 이뤄지고 있고요. 우리나라는 오랫동안 단일민족으로 살아왔기 때문인지, 아직 이런 부분에서는 민감성이 다소 떨어지는 편입니다.

현명한 부모라면 자녀가 어떤 사람을 만나건 그 사람의 가장 중요한 특징은 그 사람의 내면이지, 피부색이 아니라는 것을 잘 알고 있을 것입니다. 알고 있는 것을 자녀가 쉽게 이해할 수 있도록 전달하는 것도 부모의 중요한 역할 중 하나가 되겠지요.

2.5 타인의 겉모습을 비하하는 조모의 말에 자녀의 귀를 막은 부모

기성세대 또는 보수적인 사람이 눈에 띄는 몸차림을 한 사람 또는 눈에 띄는 직업을 가진 사람을 부정적으로 말하는 경우는 드물지 않습니다. 가수나 연예인들을 '딴따라'라고 부르거나, 머리를 길게 기른 남성을 두고 "남사스럽게 꼴이 저게 뭐냐."고 하거나, 몸에 문신을 새긴 사람에 대해 "저건 깡패 xx도 아니고." 하면서요. 아직 가치관이 확립되지 않은 아이들이 이런 말을 듣게 된다면 과연 어떨까요? 특히 그 어르신이 아이들이 좋아하는 조부모라면 그 발언이 아이들의 사고방식에 영향을 미칠 가능성은 훨씬 더 커지겠죠.

사례자의 어머니도 TV에서 나오는 연예인들을 보고, 편견 어린 말을 종종 하는 분이었습니다. 본인들 앞에서 하는 것은 사례자도 딱히 신경 쓰지 않았습니다. 하지만 어린 자녀 앞에서 어머니가 그런 발언을 하시는 순간, 사례자는 조용히 자녀의 귀를 막고 방으로 데려가서 물었습니다. 할머니가 방금 하신 말을 들었는지 말입니다. 자녀는 들은 말을 그대로 반복했습니다. 그 말에 문제가 있다는 것은 전혀 생각하지 못했습니다.

사례자는 자녀에게 최대한 조심스럽게 설명했습니다. 할머니는 젊은 시절, 성별을 옷차림과 머리 모양으로 구분하고, 겉모습으로 직업을 파악하던 세상에 사셨고, 그것 때문에 그 사람의 겉모습이 조금 독특하다라는 표현을 저런 식으로 하신 거라고요. 할머니가 일부러 그 사람을 깎아내리고 안 좋게 보려고 하신 말씀은 아니라는 것도 설명했습니다.

또한 사례자 본인이나 자녀는 겉모습으로 사람을 판단하는 것이 잘못되었다는 것을 배운 세대이므로, 그런 생각을 하거나 말하는 것은 잘못된 것이며, 해선 안 된다는 것도 설명했습니다. 이미 남자도 머리를 길게 기르고 치마를 입을 수 있고, 폭력배가 아닌 연예인들도 본인이 원하는 문신을 새길 수 있다는 걸 TV에서도 많이 봤다는 것을 되새겨 주면서 말입니다.

이런 상황을 어르신들의 가벼운 말실수 정도로 생각하거나, 그냥 넘어가는 부모도 충분히 있을 수 있습니다. 하지만 어린 자녀라면 할머니, 할아버지가 한 말을 그대로 수용하고, 그 언어 습관을 따라 하게 될 수도 있습니다.

말은 우리의 생각에 영향을 주고, 생각은 다시 말에 영향을 줍니다.

우리는 편견 어린 생각을 많이 하므로 편견 어린 발언을 하며, 또 그런 발언을 많이 하므로, 편견이 더 강화되기도 합니다. 아이가 장난삼아 할머니, 할아버지의 말을 따라 할 수도 있습니다. 하지만 그런 말을 반복하다 보면 어느새 할머니, 할아버지의 편견이 아이 본인이 가진 편견으로 굳어질 수 있습니다. 편견은 괴롭힘의 한 유형이며, 더 큰 괴롭힘을 부르는 계기가 되기도 합니다. 그릇된 편견을 심어줄 수 있는 말은 어린 자녀의 귀에 닿지 않도록 유의하고, 혹시나 닿는다면 자녀에게 충분히 설명하여 악영향이 남지 않도록 할 필요가 있을 것입니다.

2.6 유치원에서 괴롭힘당하는 친구와 놀도록 권한 부모

쌍둥이를 키우는 사례자는 자녀로부터 유치원에서 다른 아이에게 괴롭힘당하는 아이가 있음을 전해 듣게 되었습니다. 유치원 교사에게 괴롭힘당하는 아이의 이름을 알렸지만, 교사는 별다른 조치를 하지 않았습니다. 몇 주가 지난 뒤에도 상황이 나아지지 않았음을 들은 사례자는 쌍둥이 자녀에게 괴롭힘당하는 아이의 친구가 되어줄 것을 권했습니다. 자녀가 쌍둥이가 아니었다면 그들도 쉽게 권하지는 못했겠지만 쌍둥이가 함께 다니기 때문에 가해 아동으로부터 서로 지켜줄 수 있을 것으로 생각했다고 합니다.

며칠 만에 가해 아동과 쌍둥이들 사이에 다툼이 생겼습니다. 피해자를 또 괴롭히려던 가해 아동을 쌍둥이들이 막았기 때문이었습니다. 가해 아동의 부모는 적반하장으로 유치원과 쌍둥이의 부모에게 항의했습니다. 쌍둥이의 부모는 그간 전해 들었던 가해 아동의 폭력적인 언행과 교사에게 언질을 주었음에도 아무런 조치가 없었던 점, 또한 쌍둥이의 행동은 친구를 보호하려고 했던 것임을 가해 아동의 부모에게 알렸습니다. 가해 아동의 부모는 "우리 애는 안 그래요."라는 흔한 핑계를 대려고 했지만, 피해 아동과 부모가 쌍둥이 부모를 뒷받침했습니다.

가해 아동의 부모는 쌍둥이와 피해 아동이 거짓말을 하는 것이라고 주장했지만, 유치원 원장은 가해 아동에게 사과를 시키고 잘못된 행동을 바로잡아줄 생각이 없다면, 그런 아이도 받아줄 다른 유치원으로 옮길 것을 요구했습니다. 가해 아동의 부모는 끝내 사과하지 않고 아이를 다른 유치원으로 옮겼습니다.

비록 사과 받지는 못했지만, 최소한 쌍둥이는 피해자의 친구가 되어 주었고, 더 이상 괴롭힘 당하지 않도록 보호하는 데 성공했습니다. 그 경험은 쌍둥이의 정서 및 인성 발달에 무척 긍정적인 영향을 주었고요. 이후 고등학생이 되었을 때도 쌍둥이는 학교에서 폭력을 행사하던 가해 학생을 막았고, 감사패를 받았습니다. 아직 어린 시절, 부모가 한 현명한 조언이 자녀가 바른 인성을 가진 사람으로 성장하는 밑거름이 된 것입니다.

2.7 자녀에게 키티 제노비스 사건을 알려준 부모

이번 사례의 사례자는 심리학자이기에 집에 많은 심리학 관련 서적이 있었습니다. 사례자의 자녀는 가끔 책을 뒤져서 읽어보고 궁금한 것을 물어보곤 했습니다. 자녀가 키티 제노비스에 대해 질문하자 사례자는 자녀의 이해를 도울 자료를 찾아서 읽도록 하고, 질문에 답해주었습니다.

키티 제노비스 살인사건[29]은 40명에 가까운 목격자가 있었음에도 한 여성이 30여 분에 걸쳐 수차례 칼에 찔려 살해당하는 것을 방관한 사건이었습니다. 이 사건은 당시 사람들에게 큰 충격을 주었습니다. 짧은 한순간에 일어난 사건도 아니었고, 범인이 중간에 잠시 도망치기도 했습니다. 사례자가 사망한 곳은 본인이 사는 아파트 앞이었고요. 40명에 육박하는 목격자 중 한두 명만이라도 일찍 경찰을 부르거나, 범인

---

29) Rhul, C., (2021.4.21.). Kitty Genovese. Simply Psychology. https://www.simplypsychology.org/Kitty-Genovese.html (Retrieved on 23 Sep 2021)

이 도망간 틈에 피해자를 도와 집으로 들어오도록 했다면 피해자의 죽음을 충분히 막을 수 있었던 것입니다.

괴롭힘이나 범죄가 발생하는 상황에서 목격자의 역할이 얼마나 중요한지는 이미 I장에서 함께 살펴봤습니다. 사례자는 이런 점을 설명하면서, 자녀에게 학교에서 괴롭힘을 당하는 친구나 길에서 폭력을 당하는 사람을 방관하는 것이 얼마나 무서운 결과를 초래할 수 있는지 깨닫도록 했습니다. 반대로 목격자가 나섰을 때는 더 큰 피해가 생기는 것을 막을 수 있다고 가르쳤고요.

사례자의 가르침이 빛을 본 것은 몇 년 뒤, 자녀가 10대가 되었을 때였습니다. 학교에서 폭력 사건이 발생했고, 자녀는 다른 학생을 때리려는 가해 학생을 말리다가 밀쳐지면서 팔목을 다쳐서 한동안 깁스를 해야 했습니다. 부모는 자녀의 깁스에 '영광의 상처(Wound of Honor)'라고 써주며 자녀의 행동을 칭찬했고, 자녀 역시 옳은 일을 하다가 다친 것은 후회하지 않는다며 자랑스러워했습니다. 또한 자녀 덕분에 폭력을 피한 학생은 깁스에 "당신은 내 영웅이다(You are my hero)."라고 써줬고, 다른 학생은 "당신은 우리의 영웅이다(You are our hero)."라고 써줬다고 합니다.

2.8 피해 학생 앞에 무릎 꿇은 가해 학생의 부모

이번 사례는 수십 년 전에 있었던 일입니다. 지역 유지이자 제법 크게 사업을 하던 부모는 중학생 자녀(=사례자)의 괴롭힘 문제로 학교의 연락을 받았습니다. 교사들은 학교에 방문한 부모를 높은 사람 모시듯이 대했고, 사례자는 마치 그것이 본인의 힘인 것처럼 착각에 빠졌습니다. 전혀 반성하지 않고, 부모님이 다 해결해줄 것이라고, 그 후에 피해 학생을 잡으면 된다고 생각했습니다.

사례자의 불량한 태도를 본 부모는 그 자리에서 피해 학생과 그 부모 앞에 무릎을 꿇었습니다. 제대로 키우지 못한 본인의 잘못이라며 몇 번이고 죄송하다는 말을 반복했습니다. 사례자를 위한 선처를 부탁하지도 않았습니다. 항상 남의 위에 서 있던 부모가 피해 학생 가족에게 무릎 꿇고 비는 모습은 사례자에게 큰 충격을 줬습니다. 그래도 사과하지 않았고, 부모는 학교에 사례자의 정학을 요청했습니다. 성적이 좋은 사례자를 정학시켜달라는 말에 학교 측은 당황해했지만, 부모는 "사람이 되지도 않은 놈을 공부시킬 필요는 없다."라고 했습니다.

정학 기간 중, 부모는 사례자와 눈을 마주치지도 않았고 말을 섞지도 않았습니다. 매일 아침에 사과하러 갈 거냐고, 단 한 마디만 물었습니다. 싫다고 하거나 대답하지 않으면 또 침묵으로 일관했습니다. 막내로서 많은 사랑을 받고 자란 사례자에게 부모의 침묵은 무척 고통스러운 것이었습니다. 2주가 채 지나기 전에 사례자는 부모에게 잘못을 빌었습니다. 부모는 피해자에게 사과하라고 했고, 사례자는 그날 피해 학생의 집에 가서 무릎을 꿇고 잘못을 빌었습니다. 부모는 사례자의 옆에서 또 함께 무릎을 꿇었고, 사례자는 본인이 저지른 괴롭힘의 무게를 실감했습니다.

성인이 된 사례자는 그때 부모님의 가르침이 본인의 인생을 바꿔놓았다고 말했습니다. 과거의 그는 넉넉한 집안 환경에 성적도 좋았고, 체격도 큰 편이라 스스로가 대단한 사람인 것처럼 착각했습니다. 다른 학생을 괴롭히면서 즐거움도 느꼈었고요. 하지만 부모의 가르침으로 사람이 되었고, 이후에는 다른 학생이 피해 학생을 괴롭히는 것을 막아주면서 꽤 친한 사이가 되었다고 합니다.

사례자의 부모는 자녀의 잘못을 감싸거나 덮어주려 하지 않고, 잘못한 대가를 치르도록 했습니다. 그 과정에서 사례자를 때리고 강압적으로 사과하도록 만들었다면, 사례자의 깨달음은 크지 않았을 것입니다. 오히려 피해 학생의 신고 때문에 부모님에게 맞았다며 화풀이를 하려고 했을 수도 있습니다. 하지만 부모는 먼저 자녀의 잘못에 대해 무릎 꿇고 사과하는 모습을 보였고, 그 효과는 매를 때리는 것 이상이었습니다.

2.9 자녀에게 피해 학생의 병원비를 부담하게 한 가해 학생의 부모

위의 사례가 한국인 부모가 한 일이라면, 이번 사례는 외국인 부모가 한 일입니다. 집단 괴롭힘을 당하던 피해 학생이 자살 시도를 했고, 가해 학생들과 그 부모들이 모두 학교로 불려갔습니다. 가해 학생들은 피해 학생의 자살 시도로 충격을 받은 상태였습니다. 자신들의 행동이 얼마나 잘못된 것인지 깨닫고 두려워하고 있었고요.

그 가해 학생 중 하나의 부모인 사례자는 피해 학생의 부모에게 학생의 상태를 묻고, 의식을 찾으면 가서 사과하고 싶다는 의사를 표했습니다. 사례자가 시작하자 다른 가해 학생의 부모도 그 뒤를 따랐고요. 가해 학생의 부모는 그 자리에서 모두 피해 학생의 부모에게 사과했고, 이후 자신들끼리 모여서 대책을 논의했습니다. 결론은 자녀에게 직접 피해 학생의 병원비를 부담하게 하고, 피해 학생이 충분히 회복되면 그때 직접 사과를 하는 것이었습니다.

피해 학생의 병원비를 부담하라는 사례자의 말에 자녀는 그때까지 모은 돈을 모두 전했습니다. 다른 가해 학생들도 마찬가지였습니다. 부족한 치료비는 부모들이 보냈고, 이후 가해 학생들이 차차 갚아나가야 할 빚이라고 알려 주었습니다. 자신들은 장난이라고 생각하고 했던 짓이 누군가의 생명을 빼앗을 뻔했고, 그 사람을 다시 살리는 데 필요한 돈이 얼마였는지 알게 된 것만으로도 가해 학생들은 생명의 무게를 더욱 크게 느끼게 되었습니다.

다른 사람에게 피해를 준 자녀에게 사과하게 하는 것은 무척 중요합니다. 잘못된 행동을 하면 그에 대한 책임이 따른다는 것을 깨닫게 하기 위해서 말입니다. 실질적으로 병원비를 책임지게 한 것도 자녀를 한층 더 성숙하게 만드는 부모들의 조치였습니다. 미안하다는 말만으로 모든 책임을 대신할 수는 없다는 것도 깨닫게 했기 때문입니다. 이후 가해 학생들은 아르바이트를 해서 모은 돈으로 부모가 빌려준 피해학생의 병원비를 모두 갚았습니다.

2.10 상사와 조직의 불의에 저항한 부모

힘이나 재물에 굴복하는 것, 부당하다는 것을 알면서도 순응하는 것, 상사와 조직에 아부하는 것, 이런 것들을 '처세술'로 포장하는 사람은 적지 않습니다. 이런 '처세술'을 쓰는 사람들이 인정받고, 쉽게 승진하는 것 역시 꽤 흔한 편이고요.

하지만 사례자의 부모는 달랐습니다. 사례자의 아버지는 안전 수칙을 무시하고 직원들을 위험에 처하게 한 상사에게 항의한 끝에 부당한 징계를 받은 적이 있는 사람이었습니다. 사례자의 어머니 역시 직장 상사와 동료들이 종종 회사 물품을 빼돌리는 상황에서 본인만큼은 비리 저지르길 거부한 분이었고요. 상사와 동료가 '뻣뻣하다', '유도리가 없다'라며 질책했지만, 사례자의 부모는 철저하게 양심을 지켰고, 그들이 저지르는 불의에 저항했습니다.

사례자는 그런 부모의 모습을 보고 자랐기에 학교에서 폭력을 행사하는 가해 학생에게 굴복하지 않았습니다. 가해 학생이 몇 차례 사례자의 물품을 빼앗거나 위협을 하려고 시도했지만, 사례자는 전혀 그 학생을 두려워하지 않았습니다. 괴롭힘 가해자의 '힘'은 주변 사람들의 두려움으로 강해집니다. 본인을 두려워하지 않는 사례자 앞에서 가해 학생은 더 이상 어떤 가해 행위도 할 수 없었지요. 이후 가해 학생은 가출했고 학교도 자퇴했습니다. 하지만 아직 학교에 남아있는 그의 친구들에게 종종 사례자의 안부를 물었다고 합니다. 아마 사례자의 모습이 기억에 남은 것이겠지요.

사례자의 부모는 사회·경제적으로 크게 성공하지는 않았습니다. 하지만 재산 이상으로 소중한 가르침을 사례자에게 남겼습니다. 부모가 힘에 굴복하는 모습을 보이면 자녀 또한 그 모습을 닮습니다. 하지만 사례자의 부모는 손해를 볼지언정 불의에 굴복하지 않았습니다. 사례자 역시 부모의 그런 모습을 닮았고, 오히려 그 점이 사례자를 괴롭힘으로부터 보호한 것입니다.

3. 정리하기

자녀를 임신하는 순간부터, 부모는 자녀를 위해 많은 것을 내려놓게 됩니다. 본인 이상으로 우선시해야 하는 존재가 생긴 것이니까요. 그 존재는 부모에게 많은 것을 의지하며, 부모의 말 한마디, 행동 하나, 표정 하나에 쉽게 영향을 받습니다. 부모가 별 생각 없이 한 말, 지어 보인 표정이 자녀의 미래를 바꿀 수도 있습니다.

사례 속의 현명한 부모들이 한 것은 대단하거나 참신한 양육 방식이 아닙니다. 짧게 한두 마디로 대답하기보다는 조금 더 구체적이고 윤리적으로도 적합한 설명을 하기 위해 노력하고, 자녀와 함께 학습하고, 직접 행동으로 보여 깨닫게 했습니다. 과거에도 자녀를 양육하기 위해 많은 부모가 써왔던 방식입니다.

바빠서 여유가 없다고 생각하는 분도 있겠지요. 하지만 정말 시간이 없는 걸까요, 아니면 마음의 여유가 없는 걸까요? 인내심을 갖고 문제 해결에 응하는 자녀, 순간의 충동 조절 실패로 다른 사람에게 피해를 주는 일 없는 자녀, 다른 사람의 고통을 공감하고 도움이 필요하면 나서서 돕는 자녀로 키우기 위해서는 부모 또한 그런 사람이 되어야겠지요.

III. 교육기관에서 이어가는 괴롭힘 예방

가정에서 기초를 다진 괴롭힘 예방 교육은 이후에 아이가 접하는 첫 사회(어린이집, 유치원, 학교, 학원 등)에서 이어지는 교육으로 효과가 더욱 강화될 수 있습니다. 만약 가정이 첫 기초를 다지지 못했다면, 첫 사회인 교육기관의 노력으로 일정부분 만회할 수 있습니다. 따라서 교육기관의 역할도 가정에 버금가게 중요합니다.

1. 괴롭힘을 유발하는 교육기관

학교와 같은 정규 교육기관뿐만 아니라 학원 역시 학생에게 미치는 영향은 적지 않습니다. 가정에서 잘못된 교육을 할 수 있듯이, 첫 사회를 제공하는 교육기관에서도 잘못된 교육으로 부정적인 영향을 학생에게 남길 수 있습니다.

1.1 학교

1.1.1 학교 괴롭힘에 집단 처벌로 대응한 교사

최근에는 덜하지만, 과거에는 일부 학생이 잘못했을 때, 학급 전체를 처벌하는 일이 흔했습니다. 학급 또는 전교생을 때리고, 군대에서 하는 기합 자세를 오랫동안 유지하게 하는 등, 잘못이 없는 학생들로부터 부당하다는 불만과 원망을 만드는 처벌 방식이었죠.

문제를 일으킨 학생이 있다면 그 학생에게 잘못한 것이 무엇인지를 명확하게 설명하고, 그에 합당한 처벌을 내려야 합니다. '집단 처벌을 통해 문제 학생이 다른 친구들이 본인의 잘못으로 인해 처벌받는 것에 미안함을 느끼고 더욱 크게 반성할 것이다.' 라는 생각은 착각일 뿐입니다. 타인에게 피해를 주는 것이 잘못이라는 가치관이 바로 선 다음에 가능한 일이니까요. 성인 중에도 가치관이 바로 서지 못한 사람들이 있는데, 어린 학생들은 과연 어떨까요?

학생들을 집단 처벌할 경우, 문제 학생은 잘못한 것보다 훨씬 가벼운 처벌을 받았기 때문에 자신의 잘못조차 깨닫지 못할 수 있습니다. 억울하게 처벌받은 학생들은 그에 대한 불만과 원망을 느끼게 되고, 교사의 처벌을 유발한 친구를 고립시키거나, 화풀이를 하게 됩니다. 그 대상이 문제를 일으킨 학생 본인이 될 수도 있지만, 보통은 문제 학생 때문에 피해를 겪고 그 사실을 교사에게 호소한 학생이 됩니다. 특히 발생한 문제가 학교 괴롭힘이라면 더더욱 그렇습니다. 이미 공격적인 가해 학생보다는 약한 피해 학생에게 화풀이하는 게 안전하니까요.

사례자의 학급에는 괴롭힘을 주도하는 가해 학생이 있었습니다. 피해 학생들이 여러 차례 담임 교사에게 신고했고, 담임 교사는 그때마다 집단 처벌로 일관했습니다. 주요 가해자를 불러서 개별적으로 잘못을 지적하고 처벌하는 일은 없었습니다. 집단 처벌을 할 때마다 주요 가해자인 학생은 울면서 교사에게 매달리고 잘못했다며 빌었지만, 이후에는 더욱 심하게 피해 학생을 괴롭혔습니다. 또한 집단 처벌이 반복될수록 더 많은 학생이 가해 학생을 따라 피해 학생을 괴롭히는 데 동참했습니다. 결국 피해 학생들은 교사에게 알리는 것을 중단했습니다.

담임 교사는 학생들에게 신고가 들어오지 않자 상황이 정리됐다고 착각하고 방치했습니다. 학년말에 피해 학생의 부모로부터 원망을 듣고서야 상황을 파악했지만, 이미 정신과 치료를 받는 피해 학생이 있을 정도로 심각한 피해가 발생한 뒤였습니다. 그 피해 학생의 부모는 무책임한 교사에게 실망하여 자녀를 다른 학교로 전학시켰습니다. 한 명의 주요 가해 학생과 추종하는 몇몇 학생으로 시작된 괴롭힘이 교사의 잘못된 교정 행동으로 인해 학급 전체가 참여하는 대규모 괴롭힘 사건이 된 것입니다.

처벌은 항상 타당해야 합니다. 왜 처벌을 받아야 하는지 당사자가 납득하는 이유로 이루어졌을 때 바른 방향의 행동 교정이 일어날 수 있습니다. 집단 처벌은 이런 효과를 기대하기 어려운, 매우 실효성 낮은 방식이지요. 예민한 시기의 학생들, 바른 가치관을 확립하지 못한 학생들에게 집단 처벌을 하는 것은 오히려 악영향만 부를 수 있습니다.

교사는 학생들에게 부모 다음으로 큰 영향을 주는 성인들입니다. 한 해에만 수십, 수백명 이상에게 영향을 주는 위치에 있습니다. 교사가 문제를 일으킨 소수를 정확하게 색출해내고, 그들의 행동을 교정하는 것을 귀찮다고 생각한다면 그로 인해 악영향을 받게 될 학생의 규모는 순식간에 커질 수 있습니다.

1.1.2 부모(보호자)의 사회경제적 위치에 따라 학생을 차별한 교사

II장에서 부모가 자녀 중 하나를 차별하는 사례와 그로 인해 겪을 수 있는 악영향을 살펴봤습니다. 교사가 차별할 때도 악영향이 발생하는 것은 마찬가지입니다.

사례자는 전문직으로 일하며, 자녀의 학교 운영위원회에 참여하고 있었습니다. 본인에게 호의적이며, 자녀에게도 많은 관심을 보이는 담임 교사를 호인(好人)이라고 생각했고요. 그런데 자녀에게서 뜻밖의 이야기를 듣게 되었습니다. 담임 교사가 쉬는 시간에 학생 한 명을 불러내더니, 손가락으로 어깨를 쿡쿡 찌르고 손끝으로 머리를 밀면서 짜증을 내는 것을 봤다는 것입니다. 학생에게 잘못이 있다면 엄격하게 꾸짖거나, 왜 잘못인지 설명을 해주는 것이 교사로서 더 적절한 행동이었을 것입니다. 교사는 오직 그 학생에게만 반복적으로 모멸감을 주는 행동을 했고, 자녀는 그런 행동을 목격할 때마다 부모에게 전달했습니다.

결국 일이 터졌습니다. 참다못한 피해 학생이 보호자(조모)에게 사실을 털어놓았고, 교사의 문제 행동을 학교에 신고한 것입니다. 교사는 학생의 잘못된 행동을 바로잡으려고 한 것뿐이라며 발뺌했지만 내부적인 조사가 진행되었습니다. 학교 측은 학급의 학생에게 교사의 문제 행동을 목격한 적이 있다면 작성하라고 조사 용지를 줬고, 사례자의 자녀는 솔직하게 본인이 본 것을 적었습니다. 학교 측은 피해 학생과 조모의 주장을 받아들였고, 가해 교사에게 사과할 것을 지시했습니다.

일련의 과정에서 사례자는 피해 학생의 가정 형편이 매우 어렵다는 것을 알게 되었습니다. 조모가 기초생활수급자로서 받는 지원금과 친척들이 가끔 남기고 가는 용돈으로 조손이 생활하고 있었습니다. 사례자가 전해 들은 바에 따르면, 가해 교사는 피해 학생의 보호자가 학교에 한 번도 찾아오지 않은 것, 피해 학생이 부모 없이 조모와 사는 것 등에 대하여 여러 차례 비꼬며 학생을 괴롭게 했습니다. 연락이 끊어진 피해 학생의 부모에 대해 "늬 엄마 아빠는 자식 버려두고 어디 가서 뭘 하냐?"는 발언을 하기도 했습니다.

사례자는 운영위원회를 통해 학교 측에 가해 교사를 징계하고, 피해 학생이 있는 학급으로부터 분리할 것을 요구했습니다. 가해 교사가 항의했지만, 학교는 담임 자격을 박탈하고, 학급의 모든 수업에서 배제했습니다. 학급의 담임은 부담임이 맡았고, 수업은 같은 전공의 다른 교사가 지도하게 되었습니다.

사례 속에서는 교사의 차별행위가 다른 학생의 눈에도 띌 정도로 노골적이었고, 신고가 접수되었을 때, 학생들도 목격한 사실을 솔직하게 조사에서 털어놓았습니다. 만약 다른 상황이었다면 어땠을까요? 가해 교사가 다른 학생들 앞에서는 차별행위를 철저히 숨겼거나, 피해 학생이 오랫동안 신고를 망설였거나, 다른 학생들은 상황을 알지 못하거나 귀찮은 일에 연루되고 싶지 않아서 조사지에 아무것도 쓰지 않았다면요? 교사는 더욱 오랫동안 학생을 괴롭혔을 것이고, 피해 학생은 더 오래 고통 받았을 것이고, 신고 후에 이루어진 조사에서도 사실 확인이 되지 않아 피해 학생이 도리어 더 큰 괴로움을 겪게 되었을 것입니다.

비교적 빨리 신고와 조사가 이뤄지고, 담임 교사의 문제 행동이 제재된 위의 사례에서도 피해 학생에게 상처가 남았을 것입니다. 피해 학생뿐만 아니라 목격한 다른 학생들 역시 가해 교사에 대한 존경과 신뢰를 잃게 되었고요.

1.1.3 촌지를 기대하거나 요구한 교사

김영란법이 시행되기 이전, 교사들이 학부모에게 촌지를 기대하거나, 교사의 회식비를 대신 내주길 기대하는 일은 꽤 흔한 편이었다고 합니다. 그리고 김영란법 시행 이후에도 여전히 부모가 빵이나 과자를 사주면서 그 속에 봉투를 넣어 보내는 일이 있다고 합니다. 여전히 촌지가 완전히 뿌리 뽑히지 못한 것이죠.

불과 몇 년 전, 학생을 빌미로 학부모에게 술값을 떠넘기거나, 값비싼 선물을 상납 받았던 과거를 그리워하는 교사를 만난 적이 있습니다. 물론 이런 교사들이 많지는 않으리라 생각합니다. 하지만 한 명의 교사가 수십 년의 교직 생활 동안 가르치게 될 학생의 수를 고려할 필요가 있습니다. 소수의 교사만이 이런 행동을 한다고 해도, 그 악영향이 미칠 파장은 무척 넓을 것입니다.

교사는 아이들이 부모와 친척 다음으로 만나는 첫 번째 성인입니다. 교사의 말과 행동, 표정도 아이들에게는 무척 큰 영향을 미칩니다. 교사가 촌지나 선물 상납을 기대한다면, 주지 않는 부모의 아이들을 은연중에 차별하기까지 한다면 그 모습이 아이들에게 어떤 인상을 남길까요? 최악은 그런 행동이 잘못된 것이라고 인식하지 못하는 것입니다. 좋아하는 '선생님'이 하는 행동이니 그런 행동을 해도 된다고 생각하는 것이죠. 그다음은 잘못된 것이라고 인식하고, 그런 행동을 하던 교사에게 실망감을 느끼는 것입니다. 교사로부터 실망과 배신감을 느끼면서 아이는 타인을 쉽게 신뢰하지 못하게 되고, 이후의 대인관계에서 갈등을 겪게 될 가능성도 커집니다. 이후에 만나게 될 교사를 믿지 못하고, 교사에게 지켜야 할 예의를 지키지 않거나, 함부로 행동하게 될 수도 있습니다.

다음의 사례는 바로 이런 상황이 실제로 발생한 경우였습니다. 사례자는 교사로 재직하던 시절, 본인의 치마 아래에 남학생이 몰래 거울을 놓고, 거울에 비친 속옷을 촬영하고 있는 것을 발견했습니다. 바로 폰을 빼앗고 학생을 꾸짖었지만, 학생이 한 대답은 "아 왜요! 우리 엄마한테 돈 안 받았어요?"였습니다. 그 학생은 다른 교사들이 부모에게서 촌지를 받은 것을 알고 있었습니다. 교사에 대한 신뢰나 존경을 완전히 상실했으며, 사례자 역시 마찬가지일 것으로 생각했습니다. 교사에게 성범죄를 가하면서도 죄책감도 느끼지 않았습니다.

사례자는 촌지나 선물을 받은 적이 없었지만, 학생이 그렇게 생각한다는 것에 충격 받았습니다. 한 학기를 마치고 방학 동안 고민한 사례자는 이런 마음으로 두 번 다시 학생을 마주할 수 없겠다고 생각하고, 사직서를 냈습니다.

1.1.4 교사의 폭력/성추행 행위를 무마하려 한 학교

학교의 운영방식 자체에 문제가 있다면 선량하고 정직한 교사가 노력한다고 한들 학생들에게 미칠 악영향을 피하기 어려울 것입니다. 또한 학교 측이 개별 교사의 문제 행동을 방치한다면 그 역시도 학생들에게 악영향을 미칠 것이고요.

당시 고등학생이었던 사례자는 담임 교사로부터 성추행을 당했습니다. 사례자뿐만 아니라 전 학급의 여학생들이 모두 비슷한 일을 당했죠. 담임 교사는 술냄새를 풍기며 수업에 들어오는 일도 흔했습니다.

문제가 불거진 것은 가을 소풍 때였습니다. 버스를 대절하여 간 소풍 장소에서 담임은 또 술을 마셨습니다. 그리고 돌아오는 길에 평소 특히 심하게 성추행했던 여학생을 옆자리로 불렀습니다. 학생이 거절하자, 어깨를 잡아 강제로 옆자리에 앉히려고 했습니다. 발끈한 학생이 교사의 손을 뿌리치자, 담임은 분노하며 일어나 학생을 수차례 발로 걷어찼습니다. 부담임이 옆에서 말렸지만, 여성이 남성의 힘을 당해내긴 어려웠습니다.

사건은 즉시 신고되었고 조사가 이뤄졌습니다. 발생한 사건의 진상이 명확했지만, 학교 측은 마치 학생에게 문제가 있는 것처럼 대응했습니다. 교사들은 담임을 신고한 학생들을 고립시키고, 때로는 대놓고 욕했습니다. 학생들을 "선생 잡아먹은 x들."이라고 부르기도 했습니다. 교사들의 2차 가해에 대해서도 신고가 접수됐고, 그제야 학교 측은 대놓고 해당 학급의 학생들을 괴롭히던 것을 멈췄습니다. 욕설을 퍼부었던 교사는 공개 사과를 요구받고, 본인의 의도는 그것이 아니었다며 핑계를 댔고요.

성추행과 폭력을 저지른 담임 교사는 파면되었습니다. 학교 측이 공공연한 괴롭힘을 멈추긴 했지만, 암묵적으로 해당 학급의 학생들을 고립시키거나 모멸감을 주는 것은 여전했습니다. 결국 해당 학급의 학생 중 여럿이 학교를 떠났습니다.

사례 속 학교에서는 이전에도 수차례 교사의 폭력과 성희롱으로 인한 문제가 발생했지만, 정식 처벌된 교사는 드물었습니다. 학부모가 신고하거나, 항의하기 위해 찾아와도 학교 측이 교사를 감싸고 숨기는 경우가 대부분이었기 때문입니다. 학교가 교사의 문제 행동에 부적절하게 대응하는 것은 학생들에게 교사뿐만 아니라 학교 조직에 대한 신뢰와 존중을 잃게 만듭니다. 학교를 신뢰하지 못하게 된 학생은 이후에 다른 사회를 경험할 때도 편견 어린 시선으로 보게 될 가능성이 큽니다.

1.1.5 학생의 괴롭힘 사건에 보신주의와 적당주의로 대응한 학교

학생 간의 괴롭힘 사건에 학교가 보신주의와 적당주의로 무마하려고 한 사례는 언론에서 반복적으로 언급된 바 있습니다[30][31][32]. 학생 간

---

30) 충청일보 (2021. 5. 31.). 제천 중학교 학교폭력, 도교육청·경찰 '조사 착수'. http://www.ccdailynews.com/news/articleView.html?idxno=2054814 (Retrieved on 25 Sep 2021).
31) 전남일보 (2021. 8. 16). 전일광장·이기언, 또래 학생들의 시선으로 바라본 학교폭력. https://www.jnilbo.com/view/media/view?code=20210811100 00198039(Retrieved on 25 Sep 2021).
32) 전남일보(2021. 8. 23) https://www.jnilbo.com/view/mmedia/view?code=2021081718381808168

괴롭힘 뿐만 아니라, 학생이 교사를 상대로 한 괴롭힘에 대해서도 그런 사례가 있습니다. 사례자는 젊은 여성으로, 교사 임용에 합격하자마자 남중학교에 배정받았습니다. 그곳에서는 학생이 여교사를 만만하게 보고 음란한 질문과 발언을 하는 일이 비일비재했습니다. 사례자 역시 다른 젊은 여교사들처럼 학생에게 시달렸고, 학생에게 성희롱당하기도 했습니다. 참다못한 사례자는 교장에게 학생으로 인한 피해를 알렸지만, 교장은 조사단을 꾸리는 시늉조차도 할 의향이 없었습니다. 교장의 그런 태도와 함께 학생들은 교사에게 함부로 대하고도 죄책감을 느끼지 않았고, 교사들의 피해는 점점 더 심각해져갔습니다.

　학생의 잘못된 행동을 알게 되면, 즉시 제재하고 행동 교정을 유도해야 합니다. 다른 학생이나 교사를 괴롭히고도 무마되는 것을 경험한 가해 학생은 성인이 되어 사회에 진출해서도 같은 행동을 반복할 가능성이 큽니다. 가해 학생이 처벌받지 않는 것을 본 다른 학생들도 가해자가 될 가능성이 커지지요. 한 번 괴롭힘이 시작되면 가해자와 피해자, 목격자 모두의 인생과 가정이 영향을 받게 됩니다.

　또한 학교 측이 보신주의로 사건을 대충 덮으려하면, 학생은 학교에 대한 신뢰를 잃게 됩니다. 가정 이후 학생이 경험하는 첫 사회이자 첫 조직인 학교에 대해 신뢰를 잃는다면, 이후 소속되는 조직(예: 대학, 직장)에 대해서도 쉽게 신뢰를 잃거나 처음부터 신뢰를 갖지 않게 될 가능성이 커집니다. 조직에 대한 신뢰를 잃으면, 조직의 구성원으로서 조직의 발전을 위해 노력하고자 하는 마음가짐 또한 갖지 못하게 됩니다. 즉, 조직 적응력이 상실되는 것입니다. 조직에 잘 적응하지 못하는 것은 다시 괴롭힘에 연루될 가능성을 커지게 합니다. 학교 괴롭힘에 대한 학교 측의 무책임한 대응이 여러 방식으로 학생의 일생에 걸쳐 악영향을 끼칠 수 있는 것입니다.

1.2 학원

1.2.1 허위로 인성교육을 내세운 체육관 관장

인성교육, 한동안 많은 관심을 얻었던 교육입니다만 과연 어떻게 하는 것이 바른 인성교육인가에 대해서는 정립된 자료가 드뭅니다. 그런데 당당하게 인성교육을 내세우는 학원들이 있습니다. 가정에서도 하기 어렵고, 학교에서도 하기 어려운 인성교육을 이런 학원들은 과연 어떻게 하고 있을까요?

제가 접한 관련 사례는 소수의, 문제가 있던 학원의 사례입니다. 사례를 보시고 다른 학원도 다 그럴 것이라는 과잉일반화는 피해주시길 바랍니다. 제대로 인성교육을 한 학원도 있었을 수 있으니까요.

문제 사례 속의 학원은 체육계 학원이었습니다. 부모가 자녀를 데리고 학원에 대해 알아보러 올 때마다 관장은 인성교육을 꼭 언급했습니다. 몸을 건강하게 만들면서 동시에 바른 인성도 키워주는 지도를 하고 있다고 말입니다.

그 학원에서 한 인성교육은 정말로 인성교육이었을까요? 이미 문제 사례라고 말한 것에서부터 짐작하셨을 겁니다. 관장은 인성교육에 대해 전문성을 가진 사람이 아니었습니다. 인성교육을 하기 위해 높은 수준의 학력이 필요한 것은 아닙니다. 하지만 최소한 인성교육의 의의가 무엇인지, 어떤 방식의 교육이 이뤄지고 있는지, 각각의 교육 방식에 대한 장점과 비판점은 무엇인지 등을 충분히 이해할 필요가 있겠죠.

관장이 '인성교육'이라고 한 것의 실상은 '복종교육'이었습니다. 관장의 지시라면 부당한 것도 따르게 만드는 것, 관장이 모욕적인 말을 해도 반항 없이 수긍하게 만드는 것, 관장이 관원 지도를 내버려 둔 채 잠을 자거나 한눈을 파는 동안 대신 관원을 지도하게 만드는 것. 그것이 실질적인 '교육'의 내용이었습니다.

그 '교육'은 위험하기까지 했습니다. 체육계 학원에서는 몸을 거칠게 많이 움직이기 때문에 항상 위험성이 동반됩니다. 위험을 미리 감지하고 대응할 수 있는 경험 많은 성인 관장이 상황을 잘 파악해야 할 의무가 있습니다. 하지만 사례 속 관장은 그런 의무를 방치한 채, 초등학생들의 지도를 중고등학생에게 떠맡겼습니다. 지도를 맡은 중고등학생이 초등학생을 상대로 프로레슬링의 위험한 기술을 쓰는 일도 빈번하게 발생했습니다.

게다가 관장은 신체적 능력을 바탕으로 학생들을 찍어누름으로써 복종하게 했습니다. 인성교육이 아니라 강자 앞에서 굽히는 것을 학습시킨 것입니다. 본인이 '강자'가 되면 더 '약자'인 사람에게 함부로 된다는 위험한 생각을 심어주기도 했습니다. 중고등학생들이 지도를 맡게 된 학생을 상대로 위험한 기술을 쓴 것에서 그런 면이 드러납니다. 중고등학생들은 초등학생이 싫다고 거부하는데도 강제로 붙잡고 프로레슬링 기술을 썼으며, 그것을 '같이 논 것'이라고 표현했습니다. 학교 폭력을 저지른 학생들의 흔한 핑계 중 하나가 '같이 장난친 것, 같이 논 것.'이라는 것을 잘 아실겁니다.

해당 학원의 관장은 허위로 '인성교육'을 내세웠고, 그것을 믿은 부모의 자녀들을 위험에 빠뜨렸습니다. 또한 '약자'인 사람에게는 함부로 해도 된다는 가해자의 가치관을 심어줬습니다. 다년간 수백 명의 학생에게 말입니다.

1.2.2 학생 회원에게 부적절한 가치관을 심은 관장

학생들에게 그릇된 가치관을 심어준 또 다른 체육계 학원의 사례를 알아보겠습니다. 해당 학원의 관장은 학생에게는 비교적 배려심 어린 태도로 대하는 편이었지만, 성인 회원에게는 무례하고 강압적인 사람이었습니다. 관장은 학생들 앞에서 공공연히 성인 회원들에게 모멸감을 주는 발언을 반복했습니다. 또한 수업과는 상관없는, 학생들 앞에서 하기에는 부적절한, 취객에게 맞아준 뒤 거액의 보상금을 받아낸 경험을 자랑하기도 했습니다. 성인 회원은 난감해했지만, 학생들은 수업이 끝난 뒤에도 그에 대한 얘기를 하며 키득거렸습니다.

관장이 성인 회원을 함부로 대하면서, 학생들도 성인 회원에게 함부로 대하는 상황이 반복적으로 발생했습니다. 성인 회원의 연습을 방해하거나, 꼬집어 피멍이 들게 하고, 고의로 무릎으로 찍어 다치게 하는 일도 발생했습니다. 성인 회원이 학생을 상대로 병원비를 요구하지는 못했지만, 사과조차 없는 것에는 불만이 쌓였습니다. 성인 회원이 관장에게 성인 회원과 학생 회원의 수업을 분리해달라고 요청했음에도 관장은 무시했습니다. 학원에서는 결국 성인 회원이 한꺼번에 탈퇴하는 상황이 반복되었습니다. 관장은 남은 회원 앞에서 탈퇴한 회원들을 험담하며 깎아내렸고, 그중에는 어린 학생들이 포함되어 있었습니다.

1.2.3 승급 심사를 명목으로 과한 비용을 요구한 관장

세 번째 사례도 체육계 학원입니다. 사례 속의 학원은 한 달 학원비에 가까운 승급 심사 비용을 받는 곳이었습니다. 비용을 지불하면 거의 모든 아이가 자동으로 승급이 이뤄졌습니다. 사례자는 굳이 자녀를 승급시킬 생각이 없었고, 자녀 역시 승급 욕심이 없었기에 몇 차례의 승급이 이뤄지는 동안 자녀를 참여시키지 않았습니다. 그러자 관장이 자녀에게 압박을 가하기 시작했습니다. 승급비를 내지 않는 것에 대해 자녀를 나무라고, 다른 학생들 앞에 자녀만 세워둔 채로 벌을 주면서, 승급도 참여하지 않는다며 모욕을 주기도 했습니다.

관장의 태도는 다른 학생에게도 영향을 끼쳤습니다. 다른 학생이 학원 수업 전후로 자녀를 괴롭히는 일이 발생하기 시작했고, 연습을 빌미로 자녀의 몸에 피멍이 들 정도로 발차기와 주먹질을 하는 일도 생겼습니다. 자녀가 갈비뼈에 골절상을 입었으나 관장은 상황을 방치했습니다. 처음 학원에 등록할 때, 보험에 가입되어 있으니 치료비가 발생하면 보상해줄 것이라고 했던 말도 거짓이었습니다.

사례자는 자녀의 학원 등록을 중단했습니다. 친구들을 만난다는 생각에 즐겁게 학원에 가던 자녀는 관장의 이기적이고 무책임한 행동과 그 행동에 영향을 받은 학생들로 인해 큰 상처를 받았습니다.

우리나라는 학원에 다니는 아이들이 다니지 않는 아이들보다 훨씬 많습니다. 학원에서 학교에 비금가는 사회가 조성된다는 뜻입니다. 따라서 학원에서 한 경험도 아이들에게 중요하지 않을 수 없습니다. 승급을 빌미로 과한 비용을 요구한 학원 측은 실력과 노력보다는 돈을 낸 부모의 자녀를 승급시킴으로써 노력 없이도 부모의 덕으로 단계를 올라갈 수 있다는 메시지를 학생에게 전달했습니다. 승급에 참여하지 않는다는 이유로 학생을 괴롭혔으며, 다른 학생도 괴롭히도록 유도하고 폭력이 발생하는 상황을 방관했습니다. 무도 지도자로서 자격을 의심해 마땅할 행위임과 더불어 한 사람의 성인으로서도 부끄러운 짓을 한 것이죠.

1.2.4 학생 앞에서 원어민 강사의 외모를 비하한 원장

우리나라는 유독 날씬한 체형을 선호합니다. 서양의 국가도 그런 면이 있긴 하지만, 우리나라에 비하면 정도가 훨씬 가벼운 편이죠. 그들은 사생활과 개인 취향을 존중하기 때문에 아무리 친한 사이라도 체중 관리를 하라는 말을 하는 것도 무척 무례한 것으로 여겨집니다. 이런 점을 무시한 채, 원어민 강사에게 반복적으로 살을 빼라고 강요하며, 학생들 앞에서 모욕을 준 원장이 있습니다.

사례자는 원어민 강사 본인이었습니다. 키와 체구 자체가 서양 여성 치고도 큰 편인 사례자는 우리나라의 어학원에 채용된 뒤부터 반복적으로 살을 뺄 것을 강요하는 원장에게 시달렸습니다. 대놓고 뚱뚱하다고 하는 원장에게 불쾌한 티를 냈지만, 원장은 농담일 뿐이라며 사과하지 않았습니다.

원장의 행동은 점점 더 정도가 심해졌으며, 수업을 막 마치고 미처

교실을 떠나지 않은 사례자의 앞에 과일을 놓으며 "케이크는 먹지 마. 과일 먹어. 살 빼야지.(No cake. Eat Fruit. Lose fat.)"라는 말을 하곤 했습니다. 학생들은 사례자를 놀리는 원장의 말에 웃음을 터뜨렸고, 사례자는 깊은 모멸감을 느꼈습니다. 원장의 행동이 반복되자 학생들마저 따라하기 시작했습니다. 수업 중에 사례자를 향해 입모양으로 "Fat"을 반복하며 낄낄대는 학생도 있었습니다. 학생들을 꾸짖으려고 해도 학생들이 그 말을 알아들을 만큼 영어 실력이 뛰어나지 않기 때문에 소용이 없었습니다.

1년간의 계약 기간 종료 후, 사례자는 그 학원을 그만두었습니다. 원장이 계약 연장을 요구했지만 거부했습니다. 원장은 사례자를 블랙리스트에 올리겠다며 협박했습니다. 사례자는 채용 절차를 도와준 자국의 에이전시에 연락했고, 에이전시 측은 협박을 중단하지 않으면 원장이 그간 사례자에게 한 부적절한 언행을 신고하겠다고 경고했습니다. 또한 이후에는 어떤 원어민 강사도 그 학원에 보내지 않겠다고 선언했습니다. 원장도 더 이상 고집을 부리지 못했고, 사례자는 다른 학원에 지원하여 새로운 일자리를 구했습니다.

사례 속의 원장이 한 것은 명백한 괴롭힘입니다. 학생들 앞에서 반복적으로 원어민 강사를 괴롭힘으로써 학생들이 그 행동을 따라 하게 되는 결과까지 유발했습니다. 학생들에게 살집이 있는 것이 마치 잘못인 것처럼 부정적인 편견도 심어주었습니다. 외모의 특징을 바탕으로 타인을 비하하고 괴롭히는 것을 학습시킨 것입니다.

1.2.5 수업에 집중하지 않은 학생에게 모멸감을 준 학원강사

우리나라의 부모 중, 학교 교사가 본인의 자녀를 혼내면 항의하지만, 학원강사가 하는 것에는 아무 말도 하지 않는 사람들이 있습니다. 학원강사가 신경을 써주지 않아 자녀의 성적이 떨어지게 되는 것을 우려하는 것입니다. 참 이상한 현상이 아닐 수 없습니다. 가장 긴 시간 동안 자녀를 지도하는 학교 교사보다 학원강사에게 더 큰 신뢰를 보이고 의지하는 부모가 있다는 것이 말입니다.

이런 부모들로 인해 도리어 어린 학생들이 학원강사로부터 상처받고도 쉽게 말하지 못할 수도 있습니다. 바로 다음의 사례처럼요. 고등학생이었던 사례자는 부모의 강요로 선행학습 학원에 다니고 있었습니다. 사례자는 미술에 재능이 있었고, 관련된 진로를 희망했습니다. 하지만 부모는 강제로 미술학원을 중단하고, 선행학습 학원에 등록시켰습니다. 사례자는 너무 빠르게, 많은 분량의 진도를 나가는 학원 수업에 적응하지 못했고, 간혹 수업 중에 그림을 그리곤 했습니다. 물론 잘한 행동은 아니라고 스스로 인정했습니다.

사례자가 그림을 그리고 있다는 것을 안 학원강사는 다른 학생들이 모두 보는 앞에서 큰 소리로 사례자를 모욕했습니다. "부모님은 너 학원비 대느라 등골이 휘는데, 쓸데없이 그림이나 그리고 있어? 대학 안갈 거야? 평생 그림이나 옆에 끼고 밑바닥 인생으로 살래? 그렇게 살거면 나가. 너 같은 것들이 학원 분위기 망쳐." 교사는 사례자를 수업 내내 교실 앞쪽에서 무릎을 꿇고 앉아있게 했습니다. 다른 학생들이 킬킬거리며 사례자를 놀리는 것도 방관했습니다. 다른 학생들에게 "너희는 절대 이런 애처럼 되면 안 돼. 그럼 인생 낙오자 되는 거야."라고 말하기도 했습니다.

학원강사가 모멸감을 준 이후, 사례자는 학원에 적응하는 것이 더욱 힘들어졌습니다. 학교에서는 이미 학원에서 배워왔을 것이라며 상세한 설명 없이 진도를 대충 나가는 일이 흔했습니다. 사례자의 성적은 급속도로 떨어지기 시작했습니다.

부모로부터 여러 차례 꾸지람을 듣던 끝에 사례자는 학원에서 겪은 일을 털어놓았습니다. 부모는 처음에는 학원에서 그림을 그렸던 사례자의 행동을 나무랐습니다. 하지만 사례자가 힘들어하는 모습을 보자, 사례자가 상처 입은 것을 걱정했습니다. 부모가 학원에 항의했으나, 학원 측은 그 강사의 수업으로 성적을 올린 학생이 많다는 이유로 강사를 두둔했습니다.

잘못한 점이 있다면 그 즉시 따끔하게 잘못된 행동만을 지적할 때, 행동 교정의 효과가 있습니다. 잘못했다는 이유로 학생을 공개적으로 조롱한 순간, 학원강사는 학생을 지도한 것이 아니라 괴롭힌 것이 되었습니다. 학생에게 모멸감을 주는 것은 전혀 행동 교정에 도움되지 않습니다. 도리어 학원강사에 대한 원망을 심어주고, 한참 민감한 나이대의 학생들에게는 쉽게 잊히지 않을 상처를 주는 행위가 됩니다. 이런 상처는 쉽게 '약점'이 되기도 하고, 학생 안에 터지기 쉬운 분노의 시한폭탄이 되기도 합니다.

2. 괴롭힘을 줄이는 교육기관

2.1 학교

2.1.1. 학생 지도를 위해 승진을 포기한 교사

우리나라의 교사 평가와 승진 기준은 매우 특이합니다. 학생을 아끼고 사랑하며 지도하는 교사보다는, 많은 연구 등으로 실적 '점수'를 많이 쌓은 교사가 높은 평가와 빠른 승진을 하게 됩니다. '점수'를 쌓기 위해 연구를 하고 보고서를 쓰고 행정업무를 하다 보니 정작 학생을 지도할 시간은 없어 방치하는 교사도 있습니다. 수업 시간조차 학생은 자습하도록 둔 채, 보고서를 작성하기도 합니다.

사례 속의 교사(=사례자)는 그런 이유로 아예 처음부터 승진을 포기했습니다. 교감, 교장의 자리에 앉는 것보다 학생들에게 존경받는 '선생님'이 되는 것을 더 중요하게 생각한 것입니다. 때로는 사례자를 안타깝게 생각한 교감이나 교장이 연구 점수를 채워보라며 연구를 맡길 때도 있었지만, 사례자는 실적을 원하는 다른 동료 교사에게 기꺼이 연구를 넘겼습니다. 같은 연령대의 교사, 심지어 더 어린 교사가 교감으로 승진하는 것을 지켜보면서도 사례자는 부당하다고 생각하지 않았습니다. 사례자에겐 제자들이 보이는 신뢰와 애정이 훨씬 더 중요했고, 제자들 역시 사례자의 마음을 이해하고 따랐으니 말입니다.

사례자는 이제 정년까지 몇 년도 채 남지 않았지만, 평교사의 위치에 만족하고 있습니다. 여전히 학생을 위해 수업을 준비하고, 새로운 교육자료와 학생들이 더 즐겁게 효과적으로 배울 수 있는 방법을 찾는 것에 즐거움을 느끼고 있습니다. 그간 많은 제자들이 학교를 거쳐 사회로 나아갔습니다. 성인이 된 여러 제자들이 사례자를 다시 찾아와 만났으며, 학생 시절 사랑하고 아껴주던 사례자에게 고마움을 표하고 갔습니다.

몇 년 전쯤, 사례자와 친분이 있던 교사가 연락을 해왔다고 합니다. 이미 교장이 되어 있던 그 교사는 부쩍 사례자가 부럽다고 했습니다. 젊었을 때 승진 점수를 채우는 것을 목표로 아등바등하며 살았는데, 교장이 되어 과거를 돌아보니 학생들에게 '선생님'이 되어주지 못했다는 후회가 남는다는 말도 했습니다. 젊어서부터 '선생님'이었고, 정년이 다가오는 현재까지도 '선생님'인 사례자가 자신보다 참 크게 느껴진다는 말도 했습니다. 사례자는 한 편으로는 부끄러우면서도, 또 한 편으로는 인생을 헛살지 않았다는 자부심을 느꼈다고 했습니다. 겉으로만 봤을 때, 사회적으로 더 성공한 것은 교장이 된 동료 교사일 것입니다. 하지만 그런 동료 교사가 보기에도 '선생님'으로서 더 성공한 사람은 사례자였던 것입니다.

사례자가 담임을 맡았던 학급에서는 학교 폭력이나 괴롭힘 문제가 발생하지 않았습니다. 다른 학교에 다닐 때나, 입학하기 전 폭력 행위를 했던 것으로 알려진 학생들도 사례자가 담임을 맡은 동안 상당히 얌전하게 학교생활을 했다고 합니다. 그런 학생 중 성인이 되어 성공하여 찾아오는 경우도 종종 있으며, 몇몇은 사례자를 "어머니"라고 부르기도 한다고 합니다.

승진을 위해 학생을 방치하거나 자습을 시키는 교사와 학생을 가르치기 위해 승진을 포기한 교사. 학생들에게 어느 쪽의 교사가 더 존경스럽게 다가올지는 말할 필요도 없을 것입니다. 존경스러운 교사는 학생에게 제2의 부모와 마찬가지인 역할을 하며, 설령 부모가 잘못 양육하는 부분이 있다고 해도, 그로 인해 학생에게 미치는 악영향도 상당 부분 완화시킬 수 있습니다. 사례 속의 교사는 실제로 그 역할을 해냈습니다. 과거에 폭력을 휘두르던 학생들조차 감화시켜 학급 내에 괴롭힘이 발생하는 것을 막고, 더 나아가 그 학생들이 미래를 위한 꿈을 키우고 성공을 위해 노력하게 했습니다. 교사라는 직업을 떠나 한 사람의 인간으로서도 무척 존경스러운 분이었습니다.

2.1.2 교사의 월급은 학생을 위한 것이라는 교사

학생의 흥미를 끌기 위해 다양한 수업 자료를 준비하고, 열심히 참여하는 학생에게 줄 작은 선물을 준비하는 교사들이 있습니다. 운이 좋아서 학교에서 예산을 받아서 할 수도 있지만, 그렇지 않을 때는 기꺼이 본인의 월급을 쓰는 교사도 있습니다.

사례자는 젊은 초등학교 교사로 급여가 높은 편은 아니었습니다. 배우자 역시 수입이 많은 편은 아니었고요. 사례자가 근무하던 학교의 교장은 수업 자료 구매를 신청해도 쉽게 받아주지 않는 사람이었습니다. 학생들을 위해 쓰여야 할 예산이 연말에 뒤늦게 학교 바닥 타일을 깔거나 새로 칠한 지 얼마 되지 않은 벽을 다시 칠하는 데 쓰이곤 했습니다. 사례자는 교장을 설득하는 것이 어렵다는 것을 일찌감치 깨닫고 자비로 수업 자료를 구매했습니다. 학생들이 좋아할 만한 스티커나 다양한 색의 펜, 귀여운 지우개 같은 학용품도 구매했습니다. 매달 학생들을 위해 적지 않은 돈을 쓰는 사례자에 대해 배우자가 한두 번 불만을 애기했으나, "선생 돈은 이런 데 쓰는 거야."라며 일축했습니다.

사례자는 담임을 맡은 학급의 학생들과 함께 다양한 활동을 했습니다. 재미있는 활동으로 끝내는 것이 아니라, 활동 하나하나가 수업이 목표와 관련되고, 학생들이 활동을 통해 다양한 것을 배우도록 많은 노력을 했습니다. 학생들도 사례자의 지도에 따라 열의를 보이며 수업에 참여했습니다. 선물이 욕심나기도 했겠지만, 사례자가 먼저 높은 의욕으로 수업을 운영하면서 학생들도 그에 감화된 것입니다.

사례자의 수업 내용은 우수한 교육 사례로 선발되어 상을 받기도 했습니다. 사례자는 받은 상금을 모두 학생들을 위해서 썼습니다. 학생들 덕분에 받게 됐으니 학생들을 위해서 쓰는 것이 맞다고 하면서요.

코로나 19로 인해 비대면 수업을 하게 되자 사례자는 한동안 혼란에 빠졌으며, 우울증과 같은 증상을 겪기도 했습니다. 학생과의 교류가 삶에서 큰 부분을 차지했으나, 비대면 수업으로 그 부분이 축소되자 큰 상실감에 사로잡혔습니다. 또한 코로나 이전에 담임을 맡았던 학생들로부터 "선생님을 보고 싶다."라는 연락이 와도 학생들의 안전 때문에 쉽게 만날 수 없다는 것이 사례자를 더욱 힘들게 했습니다.

사례자 본인은 대단한 교육을 한 것도, 남들이 전혀 하지 않는 새로운 교육자료를 발굴해낸 것도 아니라고 얘기합니다. 이미 다른 교사가 쓰고 있는 자료를 쓰고, 다른 교사들이 했듯이 학생들을 지도했다고 합니다. 다만 사례자가 학생을 대하는 마음가짐은 학생들에게 특별하게 다가왔고, 학생들로부터 많은 존경과 사랑을 받게 되었습니다. 새로운 담임 교사를 만난 학생들이 여전히 사례자에게 연락하며, 애정을 표했다는 점에서 학생들이 사례자를 얼마나 신뢰하는지 알 수 있습니다. 어린아이일수록 자신에게 애정을 가진 사람을 금방 알아보고 따릅니다. 심지어 성인조차도 자신에게 애정을 가진 사람은 특별하게 대하게 되지요. 사례 속에서 교사는 진심으로 학생에게 애정을 갖고 지도했고, 학생들 역시 교사에게 애정으로 보답했습니다. 어린 시절 깊은 신뢰 관계를 쌓으면, 성인이 되어서도 타인과 긍정적인 관계를 쌓는 법을 알게 됩니다. 긍정적인 관계가 많아질수록 괴롭힘은 자연스럽게 줄어들게 되지요.

2.1.3 학생의 빈곤한 가정환경을 보살핀 교사

이번 사례자 역시 초등학교 교사였습니다. 사례자는 부임 초, 담임을 맡은 학생 중 하나가 심한 지체 장애와 가벼운 학습 장애가 있는 어머니와 함께 살고 있음을 듣게 되었습니다. 말을 전한 학부모는 장애인 부모를 둔 학생이 본인의 자녀와 같은 반이라는 점에 불만을 표했고, 사례자에게 그 학생을 설득해 전학 가게 해달라는 요청을 하기도 했습니다. 사례자는 잘 지도하겠다는 말로 학부모를 돌려보냈습니다.

사례자는 그 학생과 대화를 나눈 뒤, 가정방문을 진행했습니다. 청소 상태가 불량하고 식재료가 부실한 것을 확인한 뒤, 학생의 도움을 받으며 집안을 청소했고, 가끔씩 반찬을 주기도 했습니다. 하지만 곧 다른 학부모들 사이에서 불만이 제기되었습니다. 사례자는 학생과 어머니에게 전처럼 자주 오는 것이 어려운 상황이라는 것을 잘 풀어서 설명하고, 그들이 더 편안해질 수 있는 다른 방법을 찾아보겠다고 약속했습니다.

사례자는 지자체의 복지 담당 부서에 연락하여 중증 장애인이 있는 집은 방문 복지사의 도움을 받을 수 있음을 파악했습니다. 어린 학생과 중증 장애인 단둘이 사는 곳이 있음을 알리고, 방문 복지사 신청에 필요한 서류를 처리했습니다. 사례자가 신청서를 접수한 뒤, 학생의 집에는 정기적으로 복지사가 방문하여 학생과 어머니를 목욕시키고, 빨래와 청소를 해주게 되었습니다. 지자체에서 지원하는 반찬도 배달되었습니다.

사례자는 다른 학교의 교사와 협력하여 각 학교의 학부모로부터 자녀가 더 이상 입지 않는 옷을 지원받아 취약계층 학생에게 전달하는 활동도 시작했습니다. 각 학교의 취약계층 학생이 서로 다른 학교로부터 기증받은 옷을 교차로 지원받도록 진행했습니다. 같은 학교의 학부모로부터 기증받은 옷을 학생에게 줄 경우, 자칫 그 옷을 입던 다른 학생으로부터 상처받게 될 가능성을 고려해서였습니다.

사례자가 취약계층 학생에게 관심을 가지면서 사례자의 학급에서 취약계층 학생을 대상으로 괴롭힘이나 폭력 문제가 발생하는 일은 없었습니다. 교사의 관심과 애정은 어린 학생들에게는 큰 '힘'이 됩니다. 그 힘이 어려운 상황을 극복하는 의지가 될 수도 있고, 다른 학생들에게 '약자'로 보이지 않도록 입지를 다져주는 매체가 될 수도 있습니다. 사례자는 취약계층 학생에게 그런 '힘'을 전해준 것입니다.

사례자는 다른 학부모들이 취약계층 학생을 돌보는 것을 편애처럼 생각한다는 것을 알자 본인이 직접 나서지 않고도 학생이 도움을 받을 수 있는 방법을 찾았습니다. 학생에게 물리적인 도움을 일방적으로 베풀기보다는 학생 스스로 자립할 수 있도록 지도했습니다. 지자체의 지원이 닿지 않으며, 어린 학생이 스스로 해결하기 어려운 문제(예: 의복 구매)에 대해서만 다른 학교의 교사를 통해 도움을 전했습니다. 본인이 처한 상황과 학생의 상황을 모두 고려하여, 스스로 찾을 수 있는 최선의 방식으로 학생과 학생의 가정을 돌본 것입니다.

2.2 유치원

2.2.1 차별의 생성 과정을 아이에게 학습시킨 유치원 교사

이 사례는 바른 교육을 한 우수한 사례라고 보기에는 다소 미묘한 면이 있습니다. 사례 속 유치원 교사들은 미취학 아동들을 대상으로 매우 모험적인 교육을 운영했고, 그 과정에서 아이들 간에 갈등과 감정 소모가 발생하기도 했습니다. 아이들의 정서 발달에 어떤 영향이 남았는지는 현재로서는 알 수 없습니다. 충분히 윤리성을 문제 삼을 수 있는 교육 사례였죠.

유치원 교사인 사례자는 아이들의 교육을 위해 심리학을 공부했고, 여러 심리학 연구를 스스로 찾아보기도 할 만큼 열심인 사람이었습니다. 사례자는 타즈펠(Tajfel)과 터너(Turner)의 사회 정체성[33] 이론에 큰 관심을 가졌고, 관련하여 아동을 대상으로 이루어진 실험에도 흥미를 느꼈습니다. 관련 실험의 내용은 다음과 같습니다. 어린 아동에게 색이 있는 리본(또는 뱃지)을 무작위로 나누어주고 달게 하자, 아동들은 자연스럽게 같은 색 리본을 단 친구들과 모여서 놀이 활동을 하는 모습을 보였습니다. 또한 다른 색 리본을 단 아동은 쉽게 적대하는 모습을 보였습니다. 다른 어떤 사유도 없이 색 리본을 달았다는 것만으로도 같은 집단을 선호하고, 다른 집단을 차별하는 현상이 발생한 것입니다.

사례자는 이런 편 가르기 현상을 바탕으로 유치원에 다니는 아이들을 교육해보고 싶다고 생각했고, 동료 교사들과 협의하여 유사한 형태의 교육 프로그램을 운영하게 되었습니다. 해외연구를 기반으로 한 새로운 프로그램이라는 말에 부모들도 적극 동의했습니다.

사례자와 동료 교사들은 아이들에게 아무 설명 없이 색 배지를 나눠주었습니다. 아이들은 금방 같은 색의 배지를 단 친구들을 선호하고, 다른 색 배지를 단 친구들과는 거리를 두었습니다. 다툼도 다른 색 배지를 단 아이들 간에 더 빈번하게 일어났고, 서로 깨물거나 때리는 일도 발생했습니다. 부모들도 하나둘씩 새로운 프로그램에 대해 우려를 표하기 시작하자, 사례자와 동료 교사들은 서둘러 프로그램을 중단했습니다.

만약 여기에서 그냥 끝을 냈다면 이 사례는 문제 있는 교육 사례로 불려야 할 것입니다. 하지만 사례자는 그 상황을 만회해야 한다는 책임감을 느꼈습니다. 프로그램을 중단하던 날, 사례자와 동료 교사들은 아이들의 옷에서 배지를 떼어주면서, 서로 다른 배지를 달았던 아이끼리 짝을 지어 앉도록 했습니다. 나란히 앉은 아이들에게 옆에 앉은 아이가

---

33) 사회 정체성: 사회적 집단에 소속되었다는 지각에 기반한 자기 개념의 일부. 집단과 자신을 동일시 함으로써 같은 집단을 우대하고, 같은 집단에 속하지 않은 자는 쉽게 차별하게 되는 현상을 설명하는 개념이기도 함.

친구인지 아닌지를 물었습니다. 몇몇 아이는 다툼이 있었던 아이와 함께 앉았기에 친구가 아니라고 얘기했습니다. 하지만 대부분 아이는 친구라고 대답했습니다.

사례자와 동료 교사들은 같은 색의 배지를 달았다는 이유로 친하게 지냈고, 다른 색의 배지를 달았다는 것만으로도 친하게 지내던 친구도 멀리했던 아이들의 행동에 관해서 얘기했습니다. 겉으로 보이는 특징만으로 쉽게 친구와 친구가 아닌 사람을 구분하는 것이 얼마나 잘못된 행동인지 생각하는 시간을 갖도록 했습니다. 다행스럽게도 아이들의 이해력은 사례자와 동료 교사의 기대 이상으로 높았습니다. 이후 아이들 사이에서 다른 아이를 차별하거나 괴롭히는 일은 프로그램 이전보다 줄어들었습니다. 교사들 역시 아이를 상대로 본인들이 충분히 이해하지 못한 이론이나 학습자료를 시도하는 것이 얼마나 위험한지 깨닫게 되었습니다. 바로 이런 점 때문에 이 사례를 바른 교육 사례로 분류하게 되었습니다.

2.2.2 모친에게 방치된 아이를 구한 어린이집 교사

어린 자녀를 제대로 돌보지 않고 방치하거나 학대하는 부모들이 있습니다. 어린이들은 그런 상황에서 스스로를 보호할 수 없습니다. 아이를 돌보는 유치원이나 어린이집 교사가 상황을 파악하고 대처한다면, 아이가 더 큰 위험에 빠지게 되는 것을 방지할 수 있습니다.

어린이집 교사인 사례자는 유치원에 도착한 지 얼마 되지 않은 아이의 기저귀를 갈아주다가 기저귀가 흠뻑 젖고, 다리 사이의 살이 짓무른 것을 발견했습니다. 보통 부모들은 어린이집으로 데려오기 직전에 기저귀를 갈아주고 오기 때문에, 묵직해지도록 젖는 일은 드물었습니다.

사례자뿐만 아니라 전년도에 그 아이를 담당했던 동료 교사도 같은 의심을 품고 있었습니다. 그 교사는 주말 내내 갈아주지 않았던 것처럼 상태가 심각한 적도 있었다고 말했습니다. 사례자는 동료 교사와 상의

하에 주말 직전, 아이의 기저귀를 새로 갈고, 표시를 남겼습니다. 월요일 아침에 어린이집에 온 아이의 기저귀를 확인했고, 여전히 표시된 기저귀를 차고 있음을 알게 되었습니다. 혹시나 하는 마음에 사례자와 동료 교사는 한 번 더 확인했고, 역시나 아이가 어린이집에서 갈아준 기저귀 하나로 주말을 났음을 알게 되었습니다.

사례자는 어린이집 원장에게 그 사실을 보고했지만, 원장은 쉬쉬하며 덮으려는 눈치였습니다. 다른 부모들이 알게 되면 어린이집에 대해서도 좋지 않게 볼 것이라는 이유 때문이었습니다. 원장은 그 부모를 불러 어린이집을 옮길 것을 권하겠다고 했습니다.

사례자는 원장에게 며칠간의 유예를 부탁하고, 다른 방법을 찾으려고 노력했습니다. 지자체의 관련 과에 문의했지만, 학대의 증거가 없는 이상, 지자체에서 할 수 있는 일은 없다고 했습니다. 경찰 신고는 더욱 불가능했습니다.

사례자는 아이의 부모를 만나보기로 했고, 그중 모친을 먼저 만났습니다. 아이의 부모는 이혼 소송 중이었고, 모친이 아이를 데리고 있는 상황이었습니다. 여자 혼자 육아를 하는 어려움에 대해 넋두리하는 모친의 말을 오랫동안 들어준 뒤, 육아 스트레스가 많이 쌓인 것 같으니 믿을 수 있는 사람에게 잠시 자녀를 맡기고 쉬고 올 것을 권했습니다. 모친은 자신의 언니에게 맡기기로 했고, 아예 사례자에게 언니의 연락처를 알려주었습니다. 당분간 본인은 연락이 되지 않을 테니, 자녀와 관련된 사항은 언니에게 알리라는 것이었습니다.

사례자는 아이의 모친이 집을 비운 동안, 모친의 언니에게 상황을 설명했습니다. 아이의 허벅지 사이가 온통 짓무른 것도 보여주었습니다. 언니는 곧장 아이의 부친에게 연락해서 아이를 데려가도록 하고, 절대로 동생에게 돌려주지 말라고 부탁했습니다. 또한 사례자에게도 동생이 어린이집을 찾아가도 아이를 보여주지 말라고 했습니다.

몇 주 뒤, 돌아온 아이의 모친이 어린이집 앞에서 자녀를 내놓으라며 몇 차례 난동을 피웠습니다. 사례자는 원장의 문책을 당하면서도 절대 아이를 내주지 않았고, 아이의 부친은 서둘러 아이를 다른 어린이집으로 이동시켰습니다. 부친이 원장에게 상황을 설명하고, 사례자에게 몇 번이나 미안하다, 고맙다는 말을 반복한 덕에 원장도 사례자를 문책하던 것을 멈췄습니다.

사례자의 행동은 무척 용감한 것이었습니다. 다행히 결과가 잘 풀렸지만, 자칫 아이의 부모와 큰 갈등을 겪고 책임을 뒤집어 쓸 위험도 있었습니다. 최악의 경우, 부모를 허위 신고했다는 누명을 쓰거나, 다른 어린이집으로 이직하는 것도 어렵게 될 수 있었고요.

하지만 사례자는 행동했고, 방치되던 아이를 구해 부친의 보호를 받도록 했습니다. 본인에게 닥칠 최악의 상황을 알면서도, 아이의 보호를 더욱 중요하게 생각한 것입니다. 부모로부터 방치되는 것이 자녀에게 어떤 악영향을 끼치는지는 이미 많이 알려져 있기에 굳이 설명하지 않겠습니다. 사례자의 행동이 아이를 그런 악영향과 암울한 미래로부터 구한 것입니다.

3. 정리하기

이번 장에서는 교육기관이 괴롭힘을 유발한 사례와 괴롭힘을 예방한 사례들을 살펴봤습니다. 괴롭힘을 예방한 사례는 대부분 학생·아이로부터 존경받고 사랑받는 교사로서 모범적인 행동을 보이고, 도움이 필요한 학생·아이에게 기꺼이 손을 내민 사례들이었습니다. 구체적으로 괴롭힘 예방을 목표로 하는 교육을 실행하는 것도 나름의 의미는 있습니다. 하지만 그런 교육을 아무리 수행한다 해도, 그 교육을 수행하는 교사들이 한 번의 모범을 보이는 것만 못합니다. 백문이 불여일견이라고 하지요. 아이에게 형식적인 괴롭힘 예방 교육을 수차례 하는 것보다는 교사의 존경스러운 언행과 바른 가치관을 보여주는 것이 훨씬 더

가치 있는 교육이 됩니다. 괴롭힘 예방 교육의 기본은 타인을 존중하고, 타인의 감정을 공감하도록 하는 것입니다. 교사와 학원강사, 관장들이 먼저 학생·아이들을 존중하며 그들의 감정을 공감한다면, 학생·아이 또한 그런 교사의 언행과 마음가짐을 배우게 될 것입니다.

IV. 부모의 직장도 참여하는 괴롭힘 예방

I장에서 부모의 직장에서 발생한 괴롭힘이 부모를 불안정하게 하고, 자녀마저 불안정하게 만들어 결국 자녀의 학교 괴롭힘으로 이어질 수 있다는 연구 결과를 확인했습니다. 즉, 학교 괴롭힘을 예방하기 위해서는 부모가 다니는 직장에서도 직장 내 괴롭힘에 적절히 대처해야 하는 것입니다. 직장 내 괴롭힘을 예방하기 위해서 어린 시절부터 학교 괴롭힘을 예방해야 하듯이 말입니다.

조직을 경영/관리하는 사람들, 특히 많은 권한을 가진 사람들일수록 본인이 가진 태도가 조직 전체의 문화에 영향을 끼친다는 점을 알아야 합니다. 하지만 오히려 그런 자리에 앉은 사람일수록 문제가 발생했을 때, 책임 회피를 위해 쉬쉬하며 상황을 무마시키거나 직원에게 책임을 전가하는 일이 흔합니다. 때로는 그들의 부적절한 상황 판단과 언행으로 인해 괴롭힘이 유발되거나, 상황이 더욱 악화되기도 합니다. 이번 장에서는 먼저 괴롭힘을 유발하고 악화시킨 직장의 사례들을 알아봄으로써, 조직을 경영/관리하는 사람들이 경계하고 성찰해야 하는 상황을 생각해보도록 하겠습니다. 다음에는 적절한 행동을 취한 조직의 사례를 살펴봄으로써 괴롭힘 예방에 동참하기 위해 조직이 해야 할 역할에 대해 알아보도록 하겠습니다.

1. 괴롭힘을 유발하는 조직

1.1 아부하는 사람을 긍정적으로 판단하는 조직

고령자는 사기와 진실을 구분하는 변별력이 떨어진다는 연구 결과가 발표된 적이 있습니다[34]. 나이가 들수록 사람을 잘 알아보게 된다는

---

34) Grilli, M.D., McVeigh, K.S., Hakim, Z.H., Wank, A.A., Getz, S.J.,

통설과는 반대되는 연구 결과이죠. 실제로 우리는 주변에서 과도하게 아부하는 사람의 속내를 알아보지 못하고, 긍정적으로 판단하는 경영진 또는 상위 직급자를 보게 되곤 합니다.

한 예를 들어보겠습니다. 사례자가 근무하던 부서의 부서장은 해야 할 일의 대부분을 부서원에게 떠넘기는 사람이었습니다. 떠넘기면서도 고마워하는 일은 전혀 없었고, 도리어 본인의 기대만큼 잘 해내지 못한다며 면박을 주거나, 공공연하게 모욕하는 일이 흔했습니다. 부서 내의 모든 사람이 부서장에게 시달리며 괴로워하고 있었고, 심지어 부서 밖의 사람들도 해당 부서장으로 인해 모멸감을 당한 경우가 여럿이었습니다. 하지만 부서장은 조직의 고위 경영진 사이에서는 재치있는 사람으로 손꼽혔습니다. 업무를 부서원에게 떠맡겨둔 채, 경영진을 번갈아 본인의 차로 골프장까지 모시고 다녔습니다. 경영진이 직접 지시하는 것은 바로바로 부서원들을 시켜 처리한 뒤, 그 결과는 본인이 한 것처럼 가져갔습니다. 조직 전체 회식 때도 경영진의 테이블에서 그들의 귀에 듣기 좋은 애기만 하며, 부서원은 돌보지 않았습니다. 부서에서 기대한 것만큼의 성과를 내지 못해 경영진이 동요할 때면 부서원의 핑계를 대고 책임을 회피했습니다.

이런 부서장일수록 부서원이나 후임을 강하게 찍어누르고, 심하게 괴롭히는 일이 흔합니다. 피해자들도 오히려 이런 사람은 쉽게 신고하지 못합니다. 극심한 괴롭힘과 찍어누름, 갑질 행위로 힘의 격차를 과시며 피해자가 힘의 격차를 극복할 수 없다고 느끼게 만들기 때문입니다.

경영진이라면 이런 사람의 아부에 현혹되지 않고, 사람을 정확하게 판단하는 눈을 기를 필요가 있습니다. 권력이나 강자 앞에서 납작 엎드

Levin, B.E., Ebner, N.C., Wilson, R.C., (2020). Is This Phishing? Older Age Is Associated With Greater Difficulty Discriminating Between Safe and Malicious Emails, The Journals of Gerontology: Series B, gbaa228. From https://doi.org/10.1093/geronb/gbaa228 (Retrieved on 26 Sep 2021).

리는 사람은 약자 앞에서는 매우 강해집니다. 약자가 본인에게 납작 엎드릴 것을 기대하고, 엎드리지 않으면 괴롭혀서 굴복하게 만들려고 합니다.

입안의 혀처럼 굴며 귀에 좋은 소리만 한다는 것은 그 사람이 철저하게 권력자에게 맞추고 있다는 의미입니다. 그런 과정 중에는 많은 스트레스가 발생하기 마련이고, 아부하는 사람은 본인보다 약한 사람에게 화풀이를 하며 그 스트레스를 해소합니다. 이런 사람을 호인으로 본다면, 그들로 인해 고통받는 피해자를 방관하고 무시하는 행위가 됩니다. 만약 경영진이 자녀를 둔 부모이기도 하다면 더더욱 아부를 경계해야 합니다. 아부를 좋아하는 부모 밑에서는 자녀 역시 아부를 좋아하는 사람으로 성장할 위험이 크니 말이죠.

1.2 건의하는 사람을 '방해물'로 판단하는 조직

조직을 위해 여러 건의를 하며, 더 나은 상황을 만들기 위해 애쓰는 직원을 '문제를 일으키는 사람'으로 보고 부정적으로 평가하는 경영진도 있습니다. 특히 문제가 많은 경영진일수록 더더욱 그렇지요.

관련 사례 한 번 살펴보겠습니다. 조직 내 핵심부서에 소속되어 있던 사례자는 당시 부서장을 무척 존경하고 있었습니다. 부서장은 강자에게는 강하고, 약자에게는 배려심이 넘쳤습니다. 항상 취약 집단에 속한 직급의 사람들을 염려했으며, 간부회의에서 그들을 향해 가해지는 부당한 행위에 대해 이의를 제기했습니다. 직원을 향해 가해지는 외부의 갑질을 방관하는 경영진에게 항의기도 했습니다. 같은 직급의 다른 직원들과는 달리 후임 직원을 본인의 '심부름꾼'처럼 여기지도 않았습니다.

부서장은 같은 직급의 다른 사람들보다 열심히 일하는 사람이었고, 성과와 실적도 뛰어났습니다. 하지만 경영진은 부서장에게 최하의 근평을 부여했고, 그 소문은 인사부서의 직원을 통해 조직 전체로 퍼졌습니다. 게으르고 판단력이 떨어지는 경영진일수록 이런 행동 패턴을 보입니다. 건의가 들어와도 조직 경영 방식에 수정해야 할 문제점이 있다고 판단하기보다는, 건의를 한 사람이 문제라고 판단함으로써 바꾸지 않아도 될 핑계를 만듭니다. 이런 경영진의 곁에는 결국 아부하고, 그들의 눈과 귀를 가리는 사람들만 남기 마련입니다. 그들이 우수한 평가를 받고, 조직에서 인정받으니 말입니다.

경영진은 보통 고령자로, 은퇴까지 시간이 많이 남지 않은 사람들이 많습니다. 어쩌면 그런 점 때문에 조직의 발전보다 보신과 개인의 이익에 집중하는 것일지도 모릅니다. 하지만 몇 년만 적당히 버티다 나가면 된다는 경영진의 무책임함으로 인해 조직의 미래와 함께할 젊은 직원들이 고통받고, 조직에 대한 애정을 상실하며, 결국은 그들처럼 보신과 개인의 이익을 우선시하는 사람들로 변해갑니다. 결국 조직의 생산성은 떨어지고, 발전 가능성도 감소하게 되며, 쇠퇴일로를 걷게 되는 것이죠.

1.3 노조 활동을 지원하지 않는 조직

노조를 잘 지원하지 않는 조직, 노조를 약화시키는 조직에서 근무하는 사람일수록 더 많은 직장 내 괴롭힘 행위에 노출된다는 연구 결과가 있습니다[35]. 노조가 너무 강해도 도리어 그 노조로 인한 괴롭힘이 발생하는 사례도 있긴 합니다. 하지만 일반적인 패턴은 조직에서 노조를 지원하지 않을 때, 그 조직 내부의 직장 내 괴롭힘 위험이 커진다는 것이었습니다.

여기서도 마찬가지로 관련 사례를 몇 가지 살펴보겠습니다. 첫 번째 사례를 공유한 사례자는 일반 직원만 노조에 가입할 수 있는 조직에서 근무하고 있었습니다. 부서장은 사측을 대변해야 하므로, 부서장에 임

---

35) 서유정·이지은(2016). 국내 직장 괴롭힘의 실태 분석 및 대응방안 연구. KRIVET.

명되는 순간 자동으로 노조를 탈퇴해야 했습니다. 조직의 '장'은 조직 내부에 굳이 필요하지 않은 부서를 여럿 만들어 부서장에 임명된 사람의 숫자를 늘렸습니다. 노조의 핵심 간부였던 사람을 주요 직책에 임명하기도 했습니다. 노조원의 수를 줄이고, 노조 간부 간에 혼란과 갈등을 초래하는 것이 목적이었습니다. 계획은 '성공'했습니다. 갈등과 혼란 속에서 노조는 적극적인 근로자 권익 보호 활동에 나서지 못했고, 그런 노조에 실망한 노조원들은 줄지어 탈퇴했습니다. 노조원의 숫자가 줄어들면서 노조의 힘은 더더욱 약해졌습니다.

두 번째 사례 속의 조직은 겉으로는 노조를 지원하는 척하면서, 노조 간부들에게만 혜택을 제공했습니다. 노사 회의 때마다 거액의 술집 영수증이 재무부서로 넘어왔고, 노조 간부의 SNS에 경영진과 골프를 치는 사진이 올라오기도 했습니다. 그 사실을 몰랐던 사례자는 상부의 갑질로 인한 건강 악화로 휴직하는 동안 노조 간부에게 피해를 신고했습니다. 신고를 접수한 노조의 임원은 조직의 장에게 확인해보겠다며 사례자를 위로하는 것 같았습니다. 그러나 막상 조직의 장을 만나고 돌아왔을 때, 노조 임원의 태도는 달라져 있었습니다. 노조 임원은 도리어 사례자가 그 상황을 이해해야 한다고 설득하려 했습니다. 근로자의 권익을 보호해야 할 노조 임원이 사측의 입장에 서서 사건을 무마하려고 한 것입니다. 이런 노조의 행태가 반복되면서 사례자를 포함한 많은 노조원이 노조를 탈퇴했습니다. 노조의 영향력은 축소되었고, 사측이 노조 임원에게 제공하던 향응도 사라졌습니다.

노조의 임원이라면 자신의 개인적인 이익보다는 근로자 집단 전체를 위한 이익을 더욱 우선해야 합니다. 그들이 사측과 동등한 입장에 서서 권익을 주장할 수 있는 힘은 노조를 가입한 다른 근로자로부터 오는 것이기 때문입니다. 본분을 잊고 사측이 제공하는 향응과 혜택에 눈이 머는 순간, 노조는 더 이상 노조가 아니었고 노조원들은 이내 그 사실을 깨달았습니다.

1.4 직원의 노력을 정당하게 근평에 반영하지 않는 조직

조직에서 많은 일을 하는 직원과 근평을 잘 받는 직원이 다를 때가 있습니다. 기본적인 근평의 기준이 잘못되어 있으며, 공정하고 타당한 평가를 하지 못하고 있다는 의미지요. 이런 조직일수록 업무는 힘없는 직원들에게 몰리기 마련입니다. 고위 직급자가 힘든 업무를 힘없는 직원에게 몰아주고, 본인들은 개인적으로 이익이 되는 일에만 취중하기도 합니다.

사례자가 속한 조직에서도 실제로 많은 일을 하는 것은 대부분 중하위 직급에 속한 직원들이었습니다. 상위 직급자들은 높은 급여에도 불구하고 조직 내부의 일은 거의 하지 않았습니다. 조직의 경영진도 이런 문제점을 인식은 하고 있었습니다. 하지만 상위 직급자들이 말을 듣지 않는다며 무책임한 핑계를 댈 뿐이었습니다. 경영진은 말을 듣지 않는 상위 직급자가 일하도록 근평 제도를 개편하기보다는, 하위 직급자들을 계속 희생시키는 길을 택했습니다. 경영진 역시 상위 직급자이므로 현행을 유지하는 것이 더 유리했기 때문입니다.

열심히 일하던 직원도 상위 직급자가 되면 이전의 상위 직급자의 태도를 답습하는 악순환이 반복되었습니다. 젊었을 때 상위 직급자가 일하지 않는 것에 불만을 가졌던 사람들이 본인이 상위 직급자가 되자 후임 직원에게 업무를 몰아주고, 본인은 실적만 챙기게 되었습니다. 젊은 시절 열심히 일하던 직원들이 다졌던 전문성은 그들이 상위 직급자가 되면서 사장되었고, 후임에게로 이어지지 않았습니다. 후임들은 매번 맨땅에 헤딩한다는 심정으로 맡겨진 일을 겨우겨우 해내야 했습니다.

전문성을 가진 사람들이 일할 때 더욱 효율적으로, 생산적으로 업무를 처리할 수 있습니다. 하지만 사례자의 조직에서는 정반대의 상황이 발생했습니다. 인맥도 없으며 경험도 부족한 젊은 직원들이 과도한 업무를 떠안게 되면서 업무의 효율성과 생산성이 끝없이 추락했습니다.

끝없는 업무에 지친 젊은 직원과 고령자 직원 사이에서 갈등도 발생했습니다. 젊은 직원들은 일은 적게 하면서 많은 월급을 받아 가는 고령자 직원들에 대해 불만이 많았고, 고령자 직원들은 과거의 자신들과는 달리 젊은 직원들이 선임을 존경하지 않는다며 불평했습니다.

높은 직급에 있고 오랜 시간 전문성을 쌓아왔으며, 급여도 많이 받고 있다면 더 많은 일을 하는 것이 타당할 것입니다. 단순히 직급이 높다는 이유만으로 많은 급여를 주고, 직급이 낮다고 많은 업무량에도 불구하고 적은 급여를 준다면 직원은 당연히 불만을 품게 됩니다. 나중에는 그들도 고령자 직원들처럼 적게 일하고 많이 벌어갈 수 있다고 얘기해봤자 먼 미래일 뿐입니다. 특히 평생직장의 개념이 사라지고 있는 현재의 노동시장에서는 젊었을 때 적은 급여로 착취당하다가, 나이 들기 전에 팽(烹) 당할 것이라는 불신을 심을 뿐만 아니라, 상대적 박탈감과 피해의식을 낳을 수도 있습니다.

조직의 성장을 위해 필요하다는 핑계로 무작정 근로자에게 희생을 요구하던 시대는 갔습니다. 간부들만이 모여 일방적인 의사결정을 하고 통보하던 시대도 갔습니다. 조직이 이 점을 이해하지 못하고 구태의연한 과거의 경영·관리 방식을 고집한다면, 도태될 수밖에 없습니다.

1.5 적당주의와 보신주의를 '처세술'로 보는 조직

눈앞에 닥친 문제가 있을 때, 문제의 근본적인 원인을 해결하는 것이 아니라 적당주의로 책임만 회피한 채 뒤로 미루는 조직이 있습니다. 조직의 경영진이나 선임들이 이런 태도를 보이면, 조직에 언제든 다시 점화될 수 있는 문제의 여지를 남기게 됩니다.

적당주의가 어떻게 괴롭힘으로 이어질 수 있는지는 다음의 사례를 바탕으로 생각해보도록 하겠습니다. 사례자는 오랫동안 고령자 선임이 담당하던 프로젝트를 이어받았습니다. 오랫동안 실적이나 성과를 나쁘지 않게 내고 있었고, 전담 직원도 있었기에 비교적 쉽게 운영할 수 있을 것으로 생각했지만 착각에 불과했습니다. 막상 뚜껑을 열어보자 프로젝트 곳곳에서 문제가 터져 나왔습니다. 특히 프로젝트 비용을 지원하는 협력조직에서 의문을 제기하는 부분은 모두 선임자가 정확한 진실을 전달하지 않고, 적당한 핑계와 답변으로 무마시키고 넘어갔던 부분이었습니다.

사례자로서는 이해하기가 어려웠습니다. 오랜 시간동안 프로젝트를 해오면서 왜 협력조직이 알지 못하는 숨겨진 진실들이 이토록 많은지 말입니다. 협력조직도 프로젝트를 이해하기 위해 의아한 점을 질문했던 것이 점점 분명한 문제점을 의미한다는 것을 깨달았습니다. 고령자 선임의 무책임함으로 적당히 덮었던 문제점은 새로운 협력조직 담당자 앞에서 모두 드러났고, 그 책임은 사례자에게 전가되었습니다. 협력조직 담당자는 사례자가 일을 제대로 하지 못한다고 생각하며 힐난했고, 그 수준이 정도를 넘어서 언어폭력이 되었습니다. 선임이 보신에 급급해 눈 가리고 아웅한 문제들로 인해 사례자가 괴롭힘의 피해자가 된 것입니다.

사례 속 선임은 책임 회피와 보신을 위해 프로젝트의 문제점을 숨기고, 이후에 책임을 맡게 될 후임에게조차 전달하지 않았습니다. 선임이 한 것은 사실상 협력조직과 후임 직원 모두를 기만한 것이었습니다. 하지만 조직에서는 이것을 '처세술'로 처우하며, 그간 협력조직 측으로부터 불만이 없게 했던 선임이 일을 잘하고 있다고 착각했습니다. 반면 문제점을 근본부터 정석으로 해결하려 한 사례자는 문제를 키운 '문제 직원'으로 대했습니다.

조직의 이런 태도는 결국 다른 모든 직원이 적당주의로 일관하게 되는 결과를 부릅니다. 결코 문제를 해결하는 것이 아니며, 오히려 초기에 쉽게 해결될 수 있었을 문제를 오래도록 묵혀서 악화시키는 행위이기도 합니다. 조직 곳곳에서 이런 일이 일어나고 있다면 그 조직의 장래는 결코 밝을 수 없습니다. 실제로 사례자의 부서는 더 이상 전문성으로 프로젝트 비용을 따오는 것이 아니었습니다. 협력조직에 철저하게 '을' 역할을 하고 그들의 부당한 요구조차 수용함으로써 겨우 예산을 지켜나가고 있었습니다. 그 때문에 협력조직 측 직원이 부서원에게 무례한 행동을 하고 갑질을 해도 아무런 항의를 하지 못했으며, 심지어 항의하려는 부서원을 부서장이 막는 2차 가해를 하기도 했습니다.

1.6 차별이 일상화된 조직

조직에서는 나이, 직급, 학력과 학벌, 성별, 심지어 직원의 뒷배경 등 다양한 이유로 차별이 발생합니다. 힘없는 직원에게 많은 일과 책임을 떠맡기면서도 의사결정권이나 발언권은 제한하고, 권력을 가진 사람과 친분이 있는 직원에게 큰 실적과 성과를 낼 수 있는 업무를 우선 부여하는 것, 모두 흔히 발생하는 차별이지요. 사무실 공간 배정시 직급이 높은 사람에게는 필요 이상으로 넓은 공간을, 직급이 낮은 사람에게는 쾌적하게 일할 권리조차 침해할 정도로 비좁은 공간을 배정하는 것도 역시 흔한 차별의 유형이고요.

차별의 문제점조차 깨닫지 못하는 경영진의 의사결정 방식은 프랑스 대혁명 직전의 왕족이나 귀족 계급과도 유사합니다. 일반 직원들의 불편을 해소하는 것보다, 조직의 '장'과 본부장들의 '권위'를 세우는 것을 우선시하고, 소수의 편의를 위한 다수의 고통을 당연시한다는 점에서요.

이런 문화를 가진 조직의 사례 한 번 살펴보겠습니다. 차별행위가 일상화된 사례자의 조직에서는 경영진이 일반 직원을 본인과는 '다른' 존재처럼 대했습니다. 부끄러워해야 마땅할 할 짓을 그들 앞에서 태연히 자행하는 일도 흔했고요. 불륜 상대를 조직의 행사에 참여시키거나, 일반 직원이 수행한 과업을 친분 있는 사람이 외부 전문가로서 한 것처럼 서류를 조작하여 회사의 예산을 빼돌리기도 했습니다. 근무 시간에 골프를 치러 나가고, 그 사실을 숨기기 위해 일반 직원에게 시간에 맞춰 사무실의 불을 켜고 끄도록 지시하기도 했습니다. 일반 직원에게 허위로 출장 기안과 보고서를 꾸미도록 지시하여 다녀오지도 않은 출장비를 챙기기도 했고, 비정규직을 채용한 뒤 상납금을 요구하기도 했습니다. 그런 경영진을 보면서, 직원들이 경영진에 대한 신뢰와 조직에 대한 애정을 잃은 것은 당연했습니다.

1.7 말 없는 직원에게 아무 불만이 없다고 착각하는 조직

직원이 적극적으로 불만 사항에 대해 건의를 한다는 것은 조직에 애정이 남아있으며, 조직이 바뀔 수 있다고 믿는다는 의미입니다. 반면 조직에 대한 신뢰와 애정이 바닥난 상태에서는 아무 말도 하지 않게 되지요. 하지만 아무 말도 하지 않는 직원을 보고, 불만이 없는 것이라 착각하는 조직도 있습니다.

사례자가 속한 조직이 바로 이런 곳이었습니다. 사례자의 조직에서는 부서별로 돌아가며 조직의 '장'과 간담회를 하는 관습이 있었습니다. 처음에는 직원들도 간담회를 통해 조직의 문제점을 호소하며 해결을 요청하곤 했습니다. 하지만 직원들의 기대와는 달리, 간담회는 직원 의견 수렴을 위해 노력했다는 형식적인 실적을 남기는 것만이 목적이었습니다. 불만 사항을 건의해도 정작 수용되는 일은 없었습니다. 그저 왜 건의가 타당하지 않은지, 왜 건의대로 할 수 없는지 핑계를 댈 뿐이었습니다.

직원들은 점점 '간담회'의 진정한 의미를 깨닫고, 입을 다물게 되었습니다. 직원들이 불만을 애기하지 않자, 조직의 '장'과 경영진은 회사의 분위기가 좋아진 의미로 착각했습니다. 직원의 표정은 눈에 띄게 불만에 차 있었지만, 보면서도 불만이 있음을 깨닫지 못했습니다. 그들은 보고 싶은 것만 보고, 듣고 싶은 것만 들었던 것입니다.

사례자의 조직은 점점 더 직원들의 신뢰를 잃어갔습니다. 직원들은 조직을 계속 일할 곳이라고 생각하지 않고, 경력을 쌓아 더 나은 직장으로 옮기기 위한 징검다리로 여기기 시작했습니다. 조직 내부의 일보다 외부의 일에 더 신경 쓰며, 조직을 외부 사람들과 네트워크를 구축하기 위한 수단 정도로 생각하기도 했고요. 조직 내부에서 해결되어야할 업무는 점점 더 힘없는 사람에게로 몰리게 되었습니다.

1.8 직원에 대한 외부의 갑질에 대응하지 않는 조직

외부 고객의 심기를 거스르지 않아야 한다는 명목으로 직원을 향한고객의 갑질에도 아무런 대응을 하지 않는 조직이 있습니다. 서비스업분야에서 매우 흔히 보이며, 다른 산업 분야에서도 드물지 않습니다.아래, 두 가지 사례를 살펴보겠습니다.

첫 번째 사례자가 속한 조직 역시 외부 고객에게 지나치게 굽히며,그들의 갑질에서 직원을 보호하지 않는 것은 마찬가지였습니다. 사례자는 중간 관리자 직급이었으나 외부 고객이 반말하고, 주말에도 연락하여 개인적인 업무를 지시하고, 밤에 같이 술을 마시자며 부적절한 연락을 해오는 것을 감수해야 했습니다. 후임 직원들도 동일한 외부 고객의 언어폭력과 성희롱을 감수해야 했습니다. 사례자가 고객의 부당한행위에 대해 상사에게 이의를 제기했으나, 상사는 그 고객이 "정이 많은 사람이라서 그렇다."며 사례자의 말을 묵살했습니다.

두 번째 사례자는 반복적으로 같은 부서원에게 반말과 폭언을 일삼는 협력조직의 직원에게 경고의 메일을 보냈습니다. 부서원들로부터협력조직 직원이 부적절한 발언을 한 사례를 모았고, 그 내용을 보낸것입니다. 협력조직 직원은 도리어 사례자의 부서장에게 연락하여 항의했고, 부서장은 협력조직 직원을 놀라게 한 것에 대해 사과하라고 요구했습니다.

첫 번째와 두 번째 사례자의 조직은 직원들이 외부자로부터 갑질을당해도 아무런 대응을 하지 않았습니다. 직원을 보호하지 않는 조직은직원의 신뢰를 얻을 수 없습니다. 직원들의 조직에 대한 신뢰도는 나날이 하락했고, 가급적 조직을 위한 일을 하지 않는 것이 이익이라는 인식이 직원들 사이에 퍼지게 되었습니다.

1.9 비정상적으로 작동하는 고충상담제도

많은 조직에서 고충상담 제도를 비정상적으로 운영하고 있습니다. 고충 상담원으로 임명된 당사자조차 본인이 임명되었는지 모르게 방치한 조직, 고충 상담원을 임명했지만 접수된 신고를 무시하고 대응하지 않는 조직, 고충 상담원에게 아무런 교육을 제공하지 않아 상담원조차 신고에 대응하는 방법을 모르는 조직, 일반 직원들이 접근하기 어려운 고위 직급자를 고충 상담원으로 임명한 조직, 인사부서나 감사부서에 고충 상담 처리 업무를 맡긴 조직 등 형식적인 운영의 형태도 다양합니다.

이런 방식으로 고충상담제도를 운영하는 것은 직원이 문제를 호소할 창구를 막아버리는 것이나 마찬가지입니다. 괴롭힘 피해를 겪은 피해자 다수가 이후에 따라올 후유증을 두려워하여 괴롭힘 피해를 신고하지 못합니다. 신고하는 소수는 보통 회사 내부의 신고창구를 이용합니다. 노동청이나 국민권익위원회, 민간단체와 같은 외부의 신고창구에 대해서는 알아도 쉽게 접근하지 못하죠. 심각한 괴롭힘을 겪은 피해자일수록 가해자와 자신 간의 힘의 격차를 크게 느끼기 때문에 더더욱 쉽게 신고하지 못합니다. 그런 고민 끝에 신고했는데도 조직이 적극적으로 대응하지 않거나 심지어 무마하려는 태도를 보이면, 신고한 피해자들 대부분이 더는 피해를 주장하지 못합니다.

이런 점을 경영진들은 악용합니다. 내부 신고가 접수되었을 때, 적당히 무마하거나 형식적으로만 조사를 진행합니다. 갈등관리를 해야 할 사측의 의무와 책임을 피하려고 합니다. 동아시아 경영진들의 이런 성향은 이미 해외의 연구에서도 확인된 바 있습니다[36)37)]. 게다가 다른

---

36) Leung, K., Koch, P. T., & Lu, L. (2002). A dualistic model of harmony and its implications for conflict management in Asia. Asia Pacific Journal of Management, 19, 201−220.

문화권의 경영진 역시 직장 내 괴롭힘 문제에서는 책임을 최소화하려는 경향을 보이죠[38].

사측의 무책임함 이후에 발생하는 피해는 고스란히 피해자가 떠안게 됩니다. 악질적인 가해자일수록 피해자를 명예훼손이나 무고죄로 고소하겠다며 압박하려고 합니다. 이후에 또 다른 신고가 나오지 못하도록 다른 직원도 억누르기 위해서입니다. 사측이 피해자를 보호하지 않기 때문에 회사 내부에서 피해자는 마치 '거짓말을 한 사람' 또는 '조직 내부의 평화를 망친 사람'처럼 취급받게 됩니다. 피해자가 이런 부당함에 항의하고자 한다면 그때부터는 사측 대 힘 없는 개인의 싸움이 됩니다. 피해자는 법률 전문가 비용 등 모든 것을 개인적으로 부담하고, 부당 행위의 증거를 혼자 모아서 준비해야 합니다. 하지만 사측은 회사 운영비로 법률 전문가를 쓰면서, 행정부서가 힘을 합쳐 피해자의 주장을 거짓으로 몰기 위한 증거를 만들어냅니다. 또는 피해자의 작은 잘못이나 실수를 부풀려 트집 잡을 거리를 만들어냅니다. 달걀로 바위를 치는 싸움이 되기 때문에 피해자 대부분이 싸움을 포기합니다. 그럼 사측은 조직 내에 아무 문제도 없는 것처럼, 본인들이 경영을 잘하는 것처럼 착각하는 상황을 이어갑니다. 자신들이 무책임하고 무능해서 괴롭힘이 발생한 것이 아니라, 피해자가 거짓말을 했다고 생각하는 것이 그들에게는 더 쉽기 때문입니다.

이런 조직에서는 자연스럽게 괴롭힘이 확산됩니다. 힘없는 직원을 괴롭혀도 처벌받지 않으니, 가해자는 괴롭힘을 멈출 이유가 없습니다. 피해자 중에서도 자신보다 더 약한 사람에게 화풀이하는 직원들이 생

---

37) Peng, A. C. & Tjosvold, D. (2011). Social face concerns and conflict avoidance of Chinese employees with their Western or Chinese managers. Human Relations, 64(8), 1031-1050.
38) Martin, S. & Klein, A. (2013). The presumption of mutual influence in occurrences of workplace bullying: time for change. Journal of Aggression, Conflict and Peace Research, 5(3), 147-155.

기기 쉽습니다. 괴롭힘이 회사 전체에 퍼져서 조직의 문화처럼 자리 잡게 됩니다.

1.10 허위 및 과장 신고에 과잉 대응하는 조직

책임을 회피하는 경영진은 내부 매체를 통한 신고는 우선 무마하려고 합니다. 반대로 외부 매체를 통한 신고에는 과잉 대응하며, 신고된 사람을 기꺼이 희생양으로 내던지죠.

관련 사례를 전한 사례자는 조직 내에서 중상 정도의 직급을 가진 사람이었습니다. 임시 직원을 채용하면서 기간 내에 어떤 과업을 마칠 것을 구두로 계약하고, 서면 계약에서는 직원의 채용 기간만을 명시했습니다. 임시 직원 스스로가 충분히 마칠 수 있다고 한 기간만큼만 계약을 한 것입니다. 하지만 임시 직원은 기간 내에 과업을 마치지 않았고, 도리어 추가 기간이 필요하니 급여를 더 달라고 요구했습니다. 사례자는 거절했고, 구두 계약을 한 대로 과업을 마칠 것을 요구했습니다. 하지만 그 후에도 일을 엉망으로 처리했기에 사례자는 급히 다른 직원을 채용하여 추가 작업을 진행해야 했습니다.

게다가 그 임시 직원은 사례자가 일한 기간에 대한 급여를 주지 않았다면서 사례자를 노동청에 신고했습니다. 본인 스스로 약속한 기간 내에 과업을 달성하지 않았다는 말은 당연히 빼둔 채로 말입니다. 노동청을 통해 신고가 접수되었기 때문에 경영진은 진상조사를 하기보다는 사례자에게 빨리 부족한 급여를 지불하고, 사과할 것을 요구했습니다. 잘못이 없는 사례자를 보호하기는커녕, 오히려 노동청에 신고가 접수되었다는 이유로 더 압력을 행사했습니다. 신고자는 과장 신고로 사례자에게 고통을 줬고, 조직은 피해자에게 과도한 책임을 물어 피해를 주었습니다. 신고자와 조직이 모두 사례자에게 괴롭힘 행위를 한 것입니다.

같은 조직에서 내부 매체를 통해 폭언과 성추행이 신고되었을 때, 경영진은 피해자에게 "적을 만들지 말라."며 신고를 무마시켰습니다.

피해자가 내부 창구를 통해 신고한 만큼, 외부로 사건을 유출시킬 가능성이 작다고 판단한 것입니다. 신고된 사건의 외부 유출 여부나 가능성에 따라 경영진이 이중적인 대응을 보이는 일은 흔합니다. 허위 및 과장 신고를 하는 사람은 조직의 이런 면을 쉽게 악용합니다. 진짜 피해자와는 다르게 쉽게 외부 매체를 통한 신고를 자행합니다. 경영진은 기꺼이 허위 신고자의 타겟이 된 사람을 희생양으로 삼고, 허위 신고자의 요구를 들어줄테니 말입니다.

허위 신고자의 타겟이 된 사람 중에 진짜 가해자나 조직 내에 강한 권력을 가진 사람이 포함되는 경우는 드뭅니다. 규모가 있는 조직이라면 중상위 정도의 직급 또는 직급이 높더라도 입지가 낮거나 연령대가 젊거나 뒷배경이 없는 인물들을 타겟으로 삼습니다. 또는 5인 미만의 작은 사업장을 운영하는 소상공인 사업자가 타겟이 되기도 합니다. 큰 조직에서 굳이 보호하려고 하지 않을 사람, 사업주이지만 스스로를 보호할 만큼의 힘은 없는 사람을 대상으로 허위 및 과장신고를 하는 것입니다.

외부 창구를 통해 신고함으로써 허위 및 과장 신고자들은 조직에 압력을 행사하고, 추가 급여, 법적으로 보장되지 않는 혜택 등 그들에게 누릴 권리가 없는 것을 얻어내려고 합니다. 때로는 과거에 다른 사람들로부터 당했던 괴롭힘을 화풀이하기도 합니다. 사건의 외부 유출 여부에 따른 조직의 이중적인 대처방식은 허위 및 과장 신고자들의 무고 행위를 부추기고, 새로운(진정한) 피해자를 만들어내고 있습니다.

1.11 직원의 생명과 안전을 경시하는 조직

지금은 근로자를 보호하는 법이 이전보다 강화되어 있지만, 불과 몇 년 전까지만 해도 근로자의 생명을 가볍게 여기는 조직의 사례는 흔했습니다. 사례자는 서울 근교에 있는 본사에서 근무하는 직원이었습니다. 어느 해에 큰 홍수가 나면서, 지방의 공장이 침수되었다는 소식이 전해졌습니다. 근방에서 거주하는 시민들에게 대피령이 내렸고, 구조대원들과 군인들이 대피를 돕는 상황이었습니다. 이 상황에서 사장이 걱정한 것은 오직 공장 안에 있는 값비싼 장비였습니다. 사장은 사례자를 포함한 본사의 직원에게 공장으로 가서 장비를 꺼내오도록 지시했습니다. 직원에게 침수된 공장 안에서 무거운 장비를 꺼낼 체력이나 전문적인 기술이 없다는 점은 전혀 고려하지 않았습니다.

현장에 도착한 본사 직원들은 공장 입구에 도착하기도 전에 진입을 제지당했습니다. 사례자와 함께 간 상급자가 사장에게 연락하여 상황을 알렸지만, 사장은 무작정 장비를 꺼내오라고 소리쳤습니다. 소방대가 진입을 허용하지 않는다고 보고하자, 사장은 소방대 책임자를 바꾸게 한 뒤 손해배상 청구 소송을 하겠다며 소리를 질렀습니다. 소방대의 책임자는 결국 사장의 억지를 상부에 보고했고, 사장이 요구한 장비를 공장에서 꺼내주었습니다. 지시를 기다리고, 장비를 꺼내느라 구조와 대피 업무가 지체된 것은 물론이었습니다. 시민의 안전을 위해 투입되어야 할 귀중한 인력이 사장의 억지로 인해 엉뚱한 곳에 낭비된 것입니다.

사례 속의 사장은 자신의 지시로 인해 직원들이 생명의 위험에 처할 수 있다는 점은 생각하지 않았습니다. 오로지 비싼 장비만 생각했지요. 사장이 이런 태도를 보이면 조직 전체에 사람의 생명과 안전을 가볍게 여기는 분위기가 확산됩니다. 사람의 생명을 경시하는 조직은 근로자의 권익 보호 역시 중요시하지 않을 것이고, 이런 조직에서는 직장 내 괴롭힘 발생 가능성도 커집니다. 근로자를 아끼지 않는 상부로 인해 발생하는 스트레스가 직장 내 괴롭힘을 유발하고, 한 번 시작된 직장 내 괴롭힘에 대해서도 적절히 대응하지 않아 더욱 악화시킬 수 있습니다.

2. 괴롭힘을 줄이는 조직

모든 조직이 근로자의 권익 보호에 신경 쓰지 않는 것은 아닙니다. 노사가 서로 반목하고 갈등하던 것을 청산하고, 근로자의 입장에서 생각하기 위해 노력한 조직들도 있습니다. 괴롭힘 예방을 위한 근본적인 조직 문화 개선에 나선 곳들도 있습니다. 앞의 사례와는 대조적으로 말입니다.

2.1. 경영자가 나서서 근로자들의 작업 · 휴식 공간을 청소한 조직

첫 번째 사례를 전해 준 사례자는 큰 공장에서 일하는 현장직 근로자였습니다. 그곳에서도 급여 인상이나 직원 복지 등과 관련하여 노사의 갈등이 쉽게 해결되지 못하고 있습니다. 노조는 하나라도 더 많은 것을 얻어내려 했고, 공장의 경영진은 본사의 지시에 따라 최대한 거절하려 했기 때문입니다. 결국 근로자들이 파업을 고려할 정도로 상황이 악화되었습니다.

그때 공장장이 의외의 행동을 보였습니다. 현장직 근로자보다 더 일찍 새벽부터 공장에 나와서 공장 안팎을 청소하기 시작한 것입니다. 다른 직원을 불러 청소를 지시하는 것이 아니라 공장장 본인이 직접 도구를 들고 청소를 했습니다. 공장장의 청소가 매일같이 이어지자 다른 경영진들도 하나둘씩 동참했고, 점차 하나의 행사처럼 자리 잡게 되었습니다.

처음에는 의심하는 눈초리가 많았습니다. 현장직 근로자를 감시하려는 것이라고 보는 사람도 있었습니다. 하지만 경영진은 매일같이 근로자들의 작업 공간과 휴식 공간을 청소했고, 현장직 근로자들이 출근하면 그들의 수고에 감사를 표했습니다. 노사 협상에 대해서 따로 부탁하는 일도 없었습니다.

점차 근로자들도 경영진들의 진심을 이해하기 시작했습니다. 경영진 역시 근로자들이 생각보다 더 열악한 환경에서 근무하고 있었음을 직접 눈으로 봤고, 개선을 바라는 근로자들의 요구가 부당하지 않다는 것을 깨닫게 되었습니다. 이후의 노사 협상은 평화롭게 진행되었습니다. 노조는 본사의 지시를 쉽게 거스를 수 없는 경영진의 입장을 배려했고, 경영진은 오랫동안 열악한 환경을 인내해 준 근로자들을 위해 본사 측과 조율을 시도했습니다. 노조의 모든 요구가 수용되지는 않았지만, 근로자들이 만족할 수 있는 수준의 협상이 이루어졌습니다.

협상이 끝난 후에도 경영진은 새벽에 나와 청소하는 관습을 이어갔습니다. 근로자들도 자신들이 사용하는 공간을 깨끗이 청소해준 경영진에게 감사의 마음을 표현하게 되었습니다. 근로자를 존중한 공장장이 먼저 손을 내밀면서 분열되어 있던 조직이 화합을 이루게 된 것입니다. 경영진이 나서서 근로자를 배려하자 사무직 근로자와 현장직 근로자가 서로 무시하거나 차별하는 일도 눈에 띄게 줄었습니다.

공장장이 어떤 생각으로 새벽 청소를 시작하게 되었는지는 알 수 없습니다. 하지만 사측이 근로자를 대하는 태도를 '존중'과 '이해'로 바꿈으로써, 근로자 역시 사측을 존중하고 이해하게 된다는 것을 잘 아는 현명한 경영자라는 것만은 확실하지요. 경영진의 태도는 조직 전체의 문화에 영향을 끼칩니다. 조직 문화의 기본적인 틀을 만드는 것이 바로 그들의 태도와 가치관입니다. 경영진이 스스로를 다른 직원들과 다르다며 근로자를 차별하고 무시하면 회사 전체에 후임이나 입지가 약한 사람을 차별하고 무시하는 문화가 생성됩니다. 반대로 경영진이 직원을 존중하고 아끼면 회사 전체에 배려하고 이해하는 문화가 싹트게 됩니다. 이런 문화 속에서는 갈등이 발생해도 괴롭힘으로 악화될 가능성이 작습니다. 일부러 직장 내 괴롭힘 예방 교육을 하거나 대책을 세우지 않아도 자연스럽게 예방되는 분위기가 되는 것입니다.

2.2 근로자 일자리 보호를 위해 개인 자산을 털어 회사를 살린 회장

이번 사례는 IMF 금융위기 때 있었던 일입니다. 당시는 많은 회사가 도산하던 시기였습니다. 여러 경영진이 무너져가는 회사를 살리기보다는 개인 자산을 지키는데 취중했고, 수많은 근로자를 회사 밖으로 내몰았습니다.

사례자의 조직도 도산 위기에 처했음이 알려지면서, 문을 닫기 전 퇴직금이나마 챙기려면 하루라도 빨리 그만둬야겠다는 뒤숭숭한 분위기가 형성되고 있었습니다. 사례자는 그 분위기에 영향을 받았고, 회사에 사표를 냈습니다. 하지만 회장은 개인 자산을 털어 회사를 살렸고, IMF 위기를 극복해냈습니다. 이후에는 중국 수출길이 뚫리면서 회사가 급속도로 성장했고, 직원들의 급여는 IMF 이전보다 두세 배가량 크게 뛰었습니다. 회사는 퇴직 연령이 된 직원들과 그 가족까지 무료로 해외여행을 보내줬고, 그들이 은퇴하면서 받은 퇴직금은 사례자가 받은 금액의 15~20배 수준이었습니다. 회장의 희생정신으로 불과 몇 년 사이에 회사가 비약적인 성장을 이룩한 것입니다.

사례자가 퇴사하기 전에는 근로자에게 심각한 스트레스를 주는 순환근무제를 시행하고 있었고 급여도 박했습니다. 노조가 있었지만, 오히려 노조원들이 비노조원을 괴롭히고 모욕하는 일이 흔했습니다. 사무직 관리자는 현장직 근로자에게 상납금을 요구하고, 거부하면 트집을 잡으며 괴롭혔습니다.

위기 상황에서 회사를 살린 회장의 결단 이후, 내부의 조직문화부터 크게 바뀌었습니다. 근로자들에게는 어마어마한 급여 인상과 더불어 큰 복지 혜택이 제공되었고, 사측도 근로자들의 생산성이 향상되면서 큰 이윤을 얻었습니다.

조직의 경영진이 희생정신을 발휘하면 직원도 함께 희생정신을 발휘하게 됩니다. 반대로 경영진이 자신의 사리사욕과 보신을 우선하면, 직원도 마찬가지로 행동하게 되지요. 경영진은 희생하지 않으면서, 일반 직원에게만 희생을 강요하는 조직으로부터 발전을 기대하긴 어렵습니다. 하지만 경영진이 먼저 희생을 자처하고 근로자를 위해 개인의 욕심을 내려놓는다면, 근로자 역시 그 희생에 보답하게 될 것입니다.

직원을 소중히 생각하고 존중하는 경영진이 조직을 경영하고, 노사화합이 이뤄진다면, 자신보다 '약자'를 괴롭히고 자신의 이익과 보신을 챙기던 가해자는 설 자리가 줄어들게 됩니다. 가해 행위가 발각될 가능성과 이후 사측이 피해자를 보호할 가능성이 크다고 판단되면 가해자는 괴롭힘 행위 자체를 자제하게 됩니다.

2.3 일자리를 만들고 근로자를 배려하는 것이 조직의 사회적 책임이라는 사업주

규모가 작은 사업체를 운영하지만, 마음만큼은 대기업 회장보다 큰 사업주의 사례입니다. 사업주의 모친은 항상 "네가 이익을 덜 가져가더라도 일자리 하나를 더 만들어라. 너를 위해서 일하는 사람들에게 계약한 것보다 더 많이 베풀어라. 그게 모두 너에게 덕이 되어 돌아올 것이다."라고 가르쳤습니다.

사업주는 모친의 말씀에 따라 매달 빚지지 않고 소박한 삶을 누릴 수 있을 정도의 소득만 가져가고, 한 명이라도 더 많은 직원을 채용했습니다. 매달 직원에게 급여를 지급할 때는 계약된 금액에 20만원 정도를 더하여 지급했습니다. 업무 처리 능력이 떨어지는 직원이 있을 때는 아르바이트생을 추가로 채용해서 일을 도왔습니다. 또한 고객에게도 항상 웃는 얼굴로 친절하게 대하며, 이익 창출보다 지역사회에 기여한다는 마음으로 사업을 운영했습니다. 형편이 어려운 고객이 있다면 본인이 손해를 보는 일이 있어도 그 고객을 배려했습니다.

처음에는 사업주의 배려를 악용하려는 직원이나 고객도 있었습니다.

하지만 사업주는 그런 상황조차 이해하고 받아들였습니다. 사업주의 이런 태도는 직원들과 고객 모두에게 영향을 주었습니다. 다른 곳에서는 문제를 일으키거나 적응하지 못했던 직원들이 사업주를 존경하며, 항상 온화하게 웃는 얼굴로 고객을 배려했습니다. 같은 분야의 사업주들이 고객의 부당한 요구나 무례한 태도로 골머리를 앓을 때, 그 사업주에게는 고객들 모두 예의를 지켰습니다. 큰 소리를 내거나, 막무가내로 갑질하는 고객들도 없었습니다. 고객들이 왔다가 떠날 때는 항상 감사하다는 인사를 남겼습니다.

우리나라의 많은 기업과 기관들을 보면, 사업주 및 경영진이 가져가는 소득과 일반 직원이 가져가는 소득에 큰 격차가 있습니다. 프랜차이즈 기업을 봐도 본사는 어마어마한 소득을 거두지만, 지점의 점장들이나 직원들의 소득은 별로 높지 않을 때가 많습니다. 법정 최저 시급이 상승해도 프랜차이즈 본사나 기업의 사업주/경영진의 소득은 유지되면서, 일반 직원의 숫자와 점장의 소득 수준이 더 낮아지는 결과를 불러왔지요.

어떤 상황에서건 높은 소득을 챙겨가는 경영진의 행태는 과거 일본이 우리나라를 식민지화했을 때, 일본인과 친일파 경영자들이 하던 행동과 매우 유사합니다. 경영진과 관리자들은 실무를 하지 않으면서도 큰 이익을 가져가고, 실질적으로 수익을 창출하는 근로자들의 급여는 박하게 주는 것, 식민지 시절의 이기적인 경영 방법에서 벗어나지 못했음을 보여주지요.

사례 속 사업주는 다른 사업주/경영진들과는 달리 본인의 이익을 우선하지 않았습니다. 또한 본인이 더 인내하며 항상 직원과 고객을 배려하려고 했습니다. 그 결과, 사례 속 사업주가 운영하는 사업장에서는 괴롭힘이 발생하지 않았습니다. 직원과 고객 모두의 만족도가 높았습니다. 직접 직장 내 괴롭힘에 대응하고 예방 교육을 하는 것보다 사업주가 모범을 보인 것이 훨씬 더 큰 효과를 보인 것입니다.

2.4 문제 해결을 위해 외부 전문가에게 내부 상황을 공유하고 자문을 받은 조직

이번 사례에는 해외 조직이 직장 내 괴롭힘에 대응한 전략이 포함되어 있습니다.

사례 속의 조직은 자주 발생하던 직원들의 안전사고 예방을 위해 "발생 0건(Zero Occurrence)"을 슬로건으로 내세웠습니다. 안전 수칙 위반을 보고한 직원, 안전 수칙을 잘 지킨 직원, 분기별 안전사고 0건을 달성한 부서에는 포상을 지급하기도 했습니다. 몇 달만에 안전 사고가 보고되는 건수는 크게 줄었습니다.

전략이 성공했다고 생각한 경영진은 직장 내 괴롭힘에 대해서도 같은 슬로건과 같은 제도를 적용했고, 간혹 접수되던 신고 건수는 '0'이 되었습니다. 경영진은 이번에도 성공적이었다고 생각했습니다. 하지만 근로자들의 생산성이 눈에 띄게 떨어지기 시작했습니다. 경영진의 눈에 띈 근로자 중 표정이 무척 무거운 사람도 점차 늘어났습니다.

뭔가 잘못되고 있음을 깨달은 경영진은 외부 전문가에게 조직 내부의 문제 진단을 의뢰했습니다. 전문가는 경영진의 의뢰라는 것을 드러내지 않은 채, 여러 근로자와 개별 면담을 하고, 노조의 의견을 들었습니다. 전문가 중 한 사람이 인턴사원처럼 여러 부서에서 단기간씩 근무하며 부서 내 상황을 관찰하기도 했습니다. 상황 분석이 끝난 뒤, 전문가는 "발생 0건"이라는 슬로건과 제도의 문제점을 경영진에게 보고했습니다.

경영진은 "발생 0건"을 달성한 부서에 포상을 지급했습니다. 포상을 받기 위해 부서장들은 사건·사고가 발생하더라도 상부에 보고하지 않게 되었습니다. 안전사고가 줄어들었다는 착각은 보고되지 않는 사고가 많기 때문이었고, 직장 내 괴롭힘 신고가 줄었다는 착각은 부서장들이 부서원의 신고를 막기 때문이었습니다.

전문가의 진단을 받은 후, 경영진은 0건 달성 부서에 포상하던 제도를 중단했습니다. 슬로건을 "무관용 원칙(Zero Tolerance)"으로 바꾸고, 안전 수칙 위반을 신고한 직원과 수칙을 잘 지킨 직원, 다른 직원의 직장 내 괴롭힘 피해 사례를 신고하고 그 피해가 사실임이 드러난 직원에게 포상했습니다.

슬로건을 바꾼 직후, 많은 신고가 쏟아져 나왔습니다. 일부는 실제 안전 수칙 위반과 실제 직장 내 괴롭힘 신고였고, 일부는 허위·과장된 신고, 일부는 실수로 착각한 신고였습니다. 허위·과장 신고로 피해받는 근로자가 발생하자 경영진은 무고에 대한 징계 제도를 사내 규정에 추가했습니다. 점차 포상을 목적으로 허위·과장 신고를 하던 근로자는 줄어들었고, 착각으로 인한 신고 역시 함께 줄었습니다.

사례 속의 경영진이 처음부터 우수한 문제 해결 능력을 보인 것은 아닙니다. 하지만 문제가 있음을 깨닫는 통찰력과 경영진이 나서서 해결해야 한다는 책임 의식만큼은 확실히 갖추고 있었습니다. 문제 파악을 위해 조직 내부의 민감한 사항을 외부 전문가에게 기꺼이 공개한 점, 문제 파악 후 적절하게 대응하기 위하여 빠르게 슬로건과 제도, 사내 지침을 바꾼 점은 그들이 유연하고 효율적으로 경영을 하고 있음을 보여줍니다.

어떤 조직이건 때로는 실수와 착오를 범할 수 있습니다. 중요한 것은 그 경험을 조직이 어떻게 활용하는가입니다. 사례 속의 조직은 분명 착오를 저질렀지만, 더 나은 경영을 위해 어떻게 해야 할지 고민하고, 마침내 효과적인 문제 해결 방법을 찾아냈습니다. 문제 해결을 위해 내부 사정을 외부 전문가에게 공유하는 것도 꺼리지 않습니다.

경영진이 무책임하고 아무것도 하지 않는 조직은 착오도 거의 범하지 않습니다. 아무것도 하지 않으니 당연히 착오가 발생할 일이 없지요. 하지만 착오는 없을지언정 성장이나 발전은 기대하기 어렵습니다. 본인은 잘하는 것 같은데 회사의 생산성도 늘지 않고 발전이 없다고 생각하는 경영진이 있다면 경영 방식을 다시 돌아볼 필요가 있습니다. 그저 근로자들이 일을 열심히 하지 않기 때문이라며 책임을 근로자에게 전가한다면 경영진으로서 자격이 없는 사람이라고 볼 수 있겠지요.

2.5 직장 내 괴롭힘 신고에 적절하게 대응한 지사/부서를 포상한 조직

이번 사례도 외국 조직의 사례입니다. 사례자의 조직은 직장 내 괴롭힘 신고가 접수되었을 때, 잘 대응한 지사나 본사의 부서를 선정하여 포상하는 제도를 운영하고 있었습니다. 직장 내 괴롭힘 무관용 법칙과 함께 포상제도를 운용함으로써 적절한 행동에 대해서는 보상을, 부적절한 행동에 대해서는 징계를 주고 있었던 것입니다.

행동주의 이론에 기반하여, 행동을 교정하는 가장 기본 원리는 좋은 행동에 대해서 보상을 지급하고, 좋지 않은 행동은 처벌하는 것입니다. 하지만 우리나라와 해외의 많은 조직들이 좋은 행동은 당연한 것으로 취급하며 보상하지 않고, 오로지 좋지 않은 행동만 처벌하는 방식의 인사관리를 하곤 합니다.

처벌만으로 행동 교정을 하는 데는 한계가 있습니다. 처벌이 효과가 있으려면 잘못된 모든 행동이 발생할 때마다 바로 적발하여 엄중하게 처벌해야 합니다. 문제가 발생한 시점부터 처벌이 이루어지기까지 시차가 있어도 효과가 떨어지고, 모든 행동을 다 처벌하지 못해도, 처벌이 약해도 효과가 떨어집니다. 그 때문에 신고 접수와 일부 가해자 처벌만으로 직장 내 괴롭힘에 대응하는 것은 거의 예방 효과를 보기 어렵습니다.

반면 좋은 행동에 대해 보상을 할 경우, 모든 행동을 포상하지 않아도 큰 효과를 발휘합니다. 본인이 직접 받지 못해도, 옆의 사람이 포상받은 것을 보는 것만으로도 효과가 있고요. 도박을 하는 사람들이 도박에 중독되는 상황을 생각해보시면 알 수 있을 것입니다. 도박하는 사람에게 '상'은 크게 판돈을 따는 것입니다. 그것이 본인이 될 수도 있고, 다른 사람이 될 수도 있습니다. 본인이 판돈을 따면 그 자체로 도박을 계속하게 되는 강한 동기를 부여합니다. 다른 사람이 판돈을 따면 본인도 언젠가는 딸 수 있을 것이라는 기대심리가 동기를 부여하게 됩니다. 따라서 그릇된 행동을 처벌하는 것보다 바른 행동을 포상하는 것이 훨씬 더 행동 교정의 효과가 큽니다. 포상과 벌이 함께 하면 효과는 더더욱 커지고요.

직장 내 괴롭힘에 적절히 대응한 지사나 부서를 포상하는 행위에서 근로자들에게 부여되는 보상은 1) 포상받은 상금이나 상품, 2) 회사 전체에 수상자로 알려지는 명예, 3) 직장 내 괴롭힘 감소에 따른 근무 환경 개선 등 물리적 보상 외에도 심리적 보상을 포함합니다. 물리적 보상의 효과는 한정적이지만, 심리적 보상은 지속 효과가 큽니다. 둘이 함께 주어지면 무척 강력한 효과를 발휘합니다. 사례 속 조직은 이런 보상을 통해 직장 내 괴롭힘을 공론화하고, 효과적인 대응을 할 강한 동기를 부여한 것입니다.

2.6 괴롭힘 대응 지침의 필요성을 스스로 인식한 조직

다시 우리나라의 사례로 돌아와 보겠습니다. 공식적으로 우리나라에서 가장 먼저 구체적인 직장 내 괴롭힘 관련 지침을 마련한 것은 서울특별시청입니다. 이전에도 회사 규정에 직장 내 괴롭힘에 대해 언급을 하는 곳은 있었지만 상세한 대응 절차를 명시하지는 않았습니다. 또한 직장 내 괴롭힘이 발생할 경우, 인사부서에 신고를 하도록 명시하는 곳도 있어 실효성이 떨어졌습니다. 인사부서는 근평과 채용계약을 관리하는 곳입니다. 일반 직원, 특히 계약 직원의 처지에서는 '불미스러운 일'로 접근하기가 매우 어려운 소통창구라는 의미지요.

서울특별시청이 직장 내 괴롭힘 관련 지침을 마련하게 된 계기에는 성희롱 사건이 있었습니다. 비정규직의 정규직 전환을 빌미로 담당 공무원이 비정규직 여성을 성희롱하고, 그 옆에서 선임급 여성이 "빨리 가서 방 잡아."라고 부추긴 사건이었습니다. 이 사건은 신고되었고, 언론에도 보도되었습니다[39]. 즉, 서울특별시청의 지침 마련은 선제적 대응이 아닌, 사후 관리였던 것입니다. 하지만 외부 전문가들을 활용하여 실태 조사를 하고, 법적 자문을 받으며 상세한 지침을 마련했고, 그 점을 언론에 홍보했습니다. 그런 서울특별시청의 노력은 일반 민간 기업에도 영향을 줬습니다.

관련 사례 속의 모 기업도 서울특별시청의 사례를 타산지석 삼아 선제적으로 관련 지침을 마련했습니다. 그 지침에는 직장 내 괴롭힘 대응에 필요한 내용 대부분이 포함되었습니다. 근로자들이 편하게 접근할 수 있는 소통창구를 마련하고, 신고를 어떻게 접수하며, 접수한 후에는 어떤 절차로 대응해야 할지가 명시된 지침이었습니다. 기업이 지침을 만든 것은 직장 내 괴롭힘 방지법이 통과하기 이전인 2015년도였습니다. 의무적으로 지침을 마련해야 하는 상황도 아니었지만 스스로 나서서 했다는 점에서 점수를 줄 만한 사례였습니다.

문제 해결을 위해서는 먼저 문제가 있음을 인정하고, 해결하고자 하는 의지를 갖는 것이 중요합니다. 하지만 현실에서는 많은 조직이 문제를 인정하는 것조차도 하지 않고 있지요. 문제가 발생해도 개인의 책임으로 떠넘기고, 조직 자체의 문제는 방치하거나, 문제가 생겼을 때도 지침을 따르기보다는 조직의 책임을 축소하기 위한 편법을 우선시하는 식으로 말입니다.

하지만 사례 속 기업에서는 경영진 스스로 문제가 발생할 가능성이 있음을 인식했고, 사후약방문이 되지 않도록 미리 지침을 준비하는 자세를 보였습니다. 경영진이 나서서 의지를 보일 때, 조직 역시 경영진의 의지를 따라가기 마련입니다.

---

39) 뉴스1 (2014.11.27.) 서울시민인권보호관, '서울대공원 성희롱 사건' 징계요청. https://www.news1.kr/articles/?1974503(Retrieved on 7th Oct 2021).

3. 정리하기

 괴롭힘을 줄이는 조직의 행동 사례를 보면 직접적으로 괴롭힘에 대응한 사례도 있지만, 그보다는 사업주와 경영진이 나서서 모범을 보임으로써 조직 문화 자체를 개선한 사례도 있습니다. 전자도 물론 중요하지만, 더욱 근본적인 문제 해결을 위해서는 후자 쪽이 훨씬 더 효과가 큽니다.

 예전에 라디오 인터뷰에서 직장 내 괴롭힘을 없애는 방법이 무엇인지 질문을 받은 적 있습니다. 이런 조직의 사례들을 바탕으로 사업주와 경영진의 태도가 가장 중요하다고 답했습니다. 그들이 먼저 나서서 모범을 보이고 근로자를 존중하고, 직장 내 괴롭힘이 발생하면 적극적으로 대응해서 조직이 결코 그런 문제를 좌시하지 않음을 알려야 한다고요. 또한 본인들 또한 직장 내 괴롭힘의 가해자가 될 수도, 피해자가 될 수도 있다는 점을 생각하고, 그 문제의 본인의 문제로 생각하며 대응해야 한다고요.

 당시 인터뷰 진행자는 그것을 지극히 원론적인 답변, 현실과는 동떨어진 답변이라고 봤습니다. 현실적으로 사업주나 경영진들이 그렇게 하는 것이 가능하겠냐는 것이었죠. 진행자의 답변은 우리 사회에서 사업주와 경영진들에 대한 신뢰도가 매우 떨어져 있음을 보여줍니다.

 하지만 이 원론적인 답변에서 벗어나면, 실제로 직장 내 괴롭힘에 적절히 대응하는 방법은 딱히 없습니다. 신고가 들어올 때 조사하고, 가해자를 징계하고, 피해자를 보호하는 것은 이미 사건이 발생한 이후에 할 수 있는 조치입니다. 많은 조직이 그나마도 제대로 하지 않아 괴롭힘을 방치하고, 더 악화시키고 있지만 말입니다. 괴롭힘 문제를 개인 간의 문제로만 생각하고, 조직의 책임을 회피하면서 말이죠.

 근본적으로 문제를 뿌리 뽑고, 괴롭힘이 발생하기 전에 예방하려면 원론적인 해결 방법을 무시할 수 없습니다. 부모가 자녀 앞에서 도둑질하면서, 자녀에게 "너희는 하지마."하고 가르친다면 과연 효과가 있을까요? 지금 우리나라의 많은 조직이 바로 이런 부모처럼 행동하고 있습니다. 경영진이 일반 직원이나 지점을 존중하지 않으면서, 그들에게 "너희는 직장 내 괴롭힘을 하지 마."하고 형식적인 예방 교육을 하는 것이 과연 의미가 있을까요?

직장 내 괴롭힘을 해결하기 위해서는 조직 내에 최상위 직급을 차지하고, 가장 큰 권력을 쥔 사람부터 바뀌어야 합니다. 본인들의 평소 언행이 조직과 조직의 구성원, 그 자녀에게까지 영향을 미칠 수 있음을 알아야 합니다. 또한 본인들의 자녀 또한 본인들로 인해 악영향을 받을 수 있음을 깨달아야 합니다.

V. 사회가 함께 하는 괴롭힘 예방

지금까지 가정과 학교(어린이집/유치원/학원), 성인이 되어서 근무하는 조직에서 이루어지는 괴롭힘의 유발 행위와 예방 행위를 살펴봤습니다. 이들 하나하나도 나름 작은 단위의 사회로 볼 수 있습니다. 이렇게 작은 단위의 사회에서 산발적으로 변화가 일어남으로써 국가 단위 사회도 변하게 될 수도 있습니다. 또한 큰 단위 사회의 전반적인 변화를 통해, 작은 단위 사회가 변할 수도 있고요. 따라서 이번 장에서는 큰 단위의 사회(지역, 국가) 속에서 이뤄지는 괴롭힘 유발과 예방 사례를 살펴보겠습니다.

1.괴롭힘을 유발하는 사회

1.1 과도한 능력 중심 사회

우리나라에는 윤리의식, 도덕심보다 능력을 더욱 중요시하는 가치관을 가진 사람들이 있습니다. 극단적으로는 부패해도 능력만 있으면 된다고 말하는 사람도 있습니다. 때로는 그것이 지나쳐서 능력이 있다는 이유로 잘못도 처벌하지 않고 방관하기도 합니다. 앞서 II장 2.8의 사례에서 학교 측은 성적이 좋으며 동시에 가정환경도 넉넉한 사례자를 처벌하기를 꺼려했습니다. 성적이 좋은 학생의 폭력이나 괴롭힘 행위를 학교가 방관하거나, 도리어 피해자에게 전학을 요구한 경우는 우리 주변에서 듣게 되는 얘기입니다.

기업이나 기관, 성인들이 근무하는 조직에도 유사한 사례가 드물지 않습니다. 조직의 규모를 키우는 데 공헌한 간부의 성추행이 신고됐어도 회사에 핵심적인 인물이라는 이유로 징계 없이 넘어간 모 기업의 사례, 성희롱보다 업무 마감일을 제대로 지키지 않는 것이 더 나쁘다고

한 모 기관의 사례, 도덕심이 심각하게 결핍된 후보를 능력이 있다는 이유로 지지하는 사례 등 여러 사례를 찾아볼 수 있습니다.

능력을 우선시하여 윤리의식을 가볍게 여기는 것도 문제지만, 능력 중심 가치로 인해 과도한 경쟁 구조가 생성되는 것도 문제입니다. 경쟁이 심해지면 경쟁 상대를 장애물처럼 여기게 될 수 있으니 말입니다. 직장에 다니는 성인이 "저 사람만 없으면 내가 정규직이 될 수 있는데…. 내가 승진할 수 있는데…."라고 생각하는 것이 우리에게 그다지 낯선 모습은 아니죠.

성인이 이런 생각을 한다면 학생의 생각도 닮아가게 됩니다. 성인들이 "저 사람만 없으면 내가 위로 올라갈 수 있는데…."라는 생각을 할 때, 어린 학생들은 "쟤만 없으면 내가 1등인데…."라며 경쟁 상대를 향한 악감정을 품게 되죠. 누군가에게 악감정을 가지면 그 사람을 향한 언행 역시 부정적으로 변합니다. 부정적인 언행을 함으로써 상대방에 괴롭힘을 가하게 되기도 하고, 때로는 상대방의 역습으로 본인이 더 큰 괴롭힘의 피해자가 되기도 합니다.

우수한 능력을 가진 사람을 소중히 여기는 것은 물론 사회의 발전을 위해 필요하지만, 1등만으로 사회가 유지될 수 있는 것은 아닙니다. 2등, 3등, 또는 그 아래 등수의 사람들이 다른 방식으로 사회에 기여하기도 합니다. 우수한 능력 덕에 높은 자리에 앉은 사람이 도덕심은 갖지 못했다면, 사회를 무너뜨리거나 혼란을 부르기도 합니다.

60~80년대 필리핀의 대통령이었던 마르코스[40]의 사례를 생각해볼 필요가 있습니다. 그는 학생 시절 우수한 성적과 뛰어난 운동 능력을 자랑했으며, 집안 또한 부유했습니다. 능력을 인정받아 대통령에 당선되고, 정권을 잡은 초반에는 높은 지지율을 얻기도 했습니다. 하지만 그는 도덕심이 결핍된 사람이었고, 결국 당시 우리나라보다도 잘 사는

---

40) Britannica. Ferdinand Marcos. https://www.britannica.com/biogra-phy/Ferdinand-E-Marcos (Retrieved on 14th Oct 2021).

나라였던 필리핀의 경제를 완전히 무너뜨린 최악의 대통령이 되었습니다. 과도한 능력 중심 가치관이 얼마나 위험한지를 보여주는 것이죠.

1.2 비리와 편법, 불투명함을 '처세술'로 정당화하는 사회

부패해도 능력이 있으면 된다는 생각과 같은 맥락의 사고방식입니다. 비리와 편법, 불투명함 등을 사회를 살아가기 위해 필요한 '처세술'로 정당화하는 사회 말입니다. 김영란 법이 시행되고 있지만, 여전히 우리 사회에는 부정부패가 만연합니다. 개발과 투자 유치를 위해서는 정치인이나 공무원에게 속칭 '기름칠'이 필요하다고 하지요. 다리를 세우거나 도로를 새로 깔고, 신호등 하나 새로 세울 때도, 심지어 연구를 할 때도 마찬가지입니다.

정부 부처의 연구 과제 입찰 공고에 참여한 사례자는 담당 공무원으로부터 연구비의 일정 금액을 상납하면 입찰 받게 해주겠다는 제안을 받았습니다. 담당 공무원은 자신의 인척을 과제의 비정규직으로 채용 기안을 하면 된다며 방법까지 알려주었습니다. 사례자는 공무원의 제안을 거절했고, 과제는 다른 연구자에게 돌아갔습니다.

사례자는 공무원으로부터 그런 제안을 받은 것 자체를 무척 불쾌하게 생각했고, 그 경험을 선임 직원들에게 공유했습니다. 놀랍게도 선임 직원들은 담당 공무원에게 몇 백만 원 떼어주는 것쯤이 뭐가 문제냐는 태도를 보였습니다. 과제 예산이 수천만 원이니, 그중 10% 정도를 떼어주고 과제를 쉽게 입찰 받는 것도 좋은 생각이라는 것입니다. 심지어 제안을 거절함으로써 공무원과의 신뢰 관계를 무너뜨린 사례자를 탓하기도 했습니다.

사례자는 과제를 수행할 때, 담당 공무원이 중요하지 않은 문제로 회의를 소집하고, 회의 내용보다는 대접받을 식사에 더 신경 쓰는 것부터 문제 삼아야 할 비리라고 생각하고 있었습니다. 공무원들이 선결제하고 이용하는 식당의 장부에 돈을 걸어주고 갈 것을 요구하는 것도 명백한 비리 행위라고 생각했습니다. 하지만 선임들은 그런 비리를 가볍게 생각했고, 일을 편하게 하기 위한 "기름칠"이자 "처세술"이라고 일컬었습니다.

비리와 부정부패가 만연한 곳에서는 그런 행동을 하지 않는 사람이 오히려 비정상적인 것처럼 여겨집니다. 상납금이나 접대를 받는 것에 익숙한 공무원은 그런 것을 제공하지 않는 사람을 "같이 일하기 힘든 사람"이라고 평가하기도 합니다. 상납금과 접대를 제공하는 것을 당연시하는 사람들은 사례자와 같은 사람을 "적응력 떨어지는 사람"이라고 부르기도 합니다.

이런 사회에서는 정직한 사람이 오히려 불이익을 당합니다. 편법으로 개인적인 이익을 취하는 것이 당연시되고, 정직하고 성실하게 노력하는 사람이 바보 취급을 받습니다. "처세술"로 관계자들이 개인적인 이익을 얻긴 하지만, 그 "처세술"로 인해 서로 간에 깊은 신뢰도 쌓지 못합니다. 더 큰 이익을 줄 수 있는 다른 사람이 있으면 언제든 그쪽으로 옮겨갈 수 있는 제한적인 신뢰 관계임을 서로가 알고 있으니 말입니다.

구성원들이 서로 깊은 신뢰감을 쌓지 못하며, 정직한 행동이 도리어 배척받는 사회. 이런 사회 속에서는 구성원들이 서로를 향해 부정적인 감정을 쌓기도 쉽고, 그 감정이 부정적인 행동으로 드러나게 될 가능성도 큽니다.

1.3 다수 집단에 순응할 것을 강요하는 사회

우리나라는 집단주의 문화권에 속해있습니다. 집단주의는 사회 구성원들의 화합을 중요시하긴 하지만, 화합을 위해 소수의 의견을 무시하는 양면성도 갖고 있습니다. 소수 집단에 대한 강한 편견이나 적대감을 형성하기도 합니다.

성적 소수자에 대한 우리나라 사람들의 편견, 적대감, 증오를 예시로 들어 보겠습니다. 성적 소수자 집단이 다른 사람에게 피해를 주는 일은 딱히 없습니다. 그들 중 타인에게 피해를 주는 사람도 있지만, 그건 성적 소수자라서가 아니라 인성 문제가 있거나 처한 상황 때문에 발생하는 문제입니다. 이성애자 중에도 타인에게 피해를 주는 사람이 있듯이 말입니다.

성적 소수자 집단 자체는 자유롭게 사랑할 권리를 보장받는 것을 요구할 뿐입니다. 타인에게 자신들처럼 행동하기를 강요하지도 않습니다. 그런데 본인이 성적 소수자임을 밝히면 그 순간 어마어마한 편견과 적대감의 타겟이 됩니다. 그들을 손가락질하고, 그들이 하는 일을 방해하거나 운영하는 사업체의 기물을 파손하고, 폭력을 가하기도 합니다.

장애인에 대해서도 마찬가지입니다. 장애인이 직접적으로 비장애인에게 피해를 주는 것은 아닙니다. 소수의 장애인이 편법이나 불법을 저지를 수는 있지만, 그들이 장애인이라서 저지르는 것은 아닙니다. 그럼에도 장애인 시설을 혐오하고, 장애인이 본인의 가족 곁에 있는 것을 거부하는 사람들이 있습니다. 겉으로 보기에 비장애인과 다를 바 없는 사람이 장애인이라는 것을 알게 되자 바로 색안경을 끼고 다르게 대우하는 사람들도 있습니다.

이런 행위의 뒤에는 소수 집단에 대한 그릇된 편견과 두려움, '다름'을 인정하지 않는 편협함이 깔려 있습니다. 본인이 타인에게 가하는 부당한 가해 행위, 공격적인 언행을 억지로 정당화하려는 무책임함도 깔려 있고요. 이런 사회에서는 성적 소수자나 장애인뿐만 아니라 다른 특징을 가진 소수 집단도 근거 없는 적대감의 대상이 되기 쉽습니다(예: 타 지역 또는 타 학교 출신자, 외국인 등).

1.4 권위주의가 강조되는 사회

우리나라는 전형적인 수직적 조직의 특성을 갖고 있습니다. 높은 위치에 올라갈수록 받는 대우와 혜택이 어마어마해집니다. 직급이 낮은 사람들이나 심지어 외부 사람들이 그들 앞에서 머리를 숙이게 됩니다. 10분도 채 머무르지 않을 고위정치인이나 재벌 정치인의 의전을 위해 수천만 원 이상의 금액을 쉽게 낭비하기도 합니다.

한 예를 들어볼까요? 우리나라의 전 대통령 중 의전을 과하게 중요하게 여긴 사람이 있었습니다. 대통령은 모 공공기관에서 개최하는 행사에 참석하기로 했고, 주최 측은 수천만 원을 들여 행사장의 내부 인테리어를 설치했습니다. 그런데 청와대 의전 직원이 내부 인테리어가 대통령이 당일 입을 의상의 컨셉과 맞지 않는다며 또 수천만 원을 들여 인테리어를 고쳤습니다. 행사 당일, 대통령이 행사장에 머문 시간은 5분 정도밖에 되지 않았습니다. 고작 그 5분을 위해, 소중한 혈세가 낭비된 것입니다.

또 다른 예도 있습니다. 수십 년 전, 우리나라의 모 대통령이 영부인과 함께 지방 소도시를 방문하게 되었습니다. 지자체는 영부인이 화장실을 사용하고 갈지 모른다는 이유 하나로 당시 작은 집 한 채를 살 수도 있었던 금액을 들여 비데를 설치했습니다. 하지만 정작 대통령 내외가 머문 시간은 잠깐이었고, 화장실을 사용하는 일도 없었습니다.

권위주의를 떠받드는 사람들은 이런 낭비를 '의전'을 위한 것으로 정당화하려고 합니다. 높은 자리에 위치한 사람을 우대하는 것은 당연하다고 말입니다. 이런 우대와 혜택을 한 번이라도 직접 경험한 사람, 간접적으로 지켜본 사람들은 어떻게 해서든 위로 올라가려 하고, 가장 위의 자리를 차지하면 그곳에 머무르려고 합니다. 위로 올라가고 머무르려는 치열한 경쟁 속에서 서로를 비방하고, 온갖 음모가 판을 치기도 합니다. 또한 그 과정 속에서 아무 죄도 없는 사람이 피해를 보거나, 타인의 죄를 대신 뒤집어쓰기도 합니다.

권위주의가 강할수록 '약자'의 입장은 쉽게 무시됩니다. 모든 구성원에게 동등하게 보장되어야 할 발언권이 무시되거나, 오직 일정 수준 이상의 권한을 가진 사람의 발언만이 반영되곤 합니다. 문제는 '강자'가 저지르고, 책임은 '약자'가 떠맡으며, 약자의 고통이 사회를 위한다는 명목으로 쉽게 무시되곤 합니다.

권위주의가 강한 가운데서도 사회가 잘 운영되기 위해서는, 권위를 가진 사람에게 사리사욕이 없고, 강한 책임감이 있어야 합니다. 본인이 권위를 누리는 만큼, 그만큼의 의무와 책임도 따른다는 것을 이해하고 받아들여야 합니다. 하지만 권위를 누리는 사람들이 보신주의와 이기주의로 똘똘 뭉쳐있다면 그 조직은 부정부패가 만연하고, 효율성과 생산성이 떨어지게 됩니다. 이런 문화는 괴롭힘을 유발할 뿐만 아니라, 구성원들로부터 의욕을 빼앗아 생산성을 떨어뜨리고, 사회의 발전을 저해합니다.

1.5 '나만 아니면 돼', '내 자녀만 아니면 돼'하는 사회

우리나라는 유독 사무직을 선호합니다. 사무직이며, 정년이 보장되며, 연금까지 나오는 직종이 학생과 부모의 선호 직종 중 최상위를 차지합니다. 하지만 한 나라가 생존하고 발전하기 위해서는 사무직만으로는 부족합니다. 현장직으로 불리는 생산직과 기술직의 역할이 매우 중요합니다. 특히 우리나라처럼 제조업의 비중이 타 주요국에 비해 큰 나라는 더더욱 그렇지요.

일상생활을 생각해봐도 사무직보다 기술직에 종사하는 근로자들이 훨씬 더 많이 필요합니다. 우리가 타는 자동차가 고장 났을 때, 사무직 근로자가 차를 수리해줄 수 있을까요? 우리가 사는 집의 내부 시설이 고장 났을 때 와서 수리해주는 기술자는 어느 직종에 속한 사람일까요? 맞벌이 가정을 도와주는 가사도우미와 육아도우미, 산후도우미는 어떤 직종이며, 우리의 식량을 생산하는 농부들은 또 어느 직종에 해당될까요? 이렇듯 우리 사회에는 많은 현장직 근로자들이 필요하며, 우리의 삶과도 밀접하게 연관되어 있습니다.

이토록 현장직 근로자에게서 많은 도움을 받고 있지만, 정작 많은 사람이 본인이 그 일을 하거나, 본인의 자녀들이 그 일을 하게 되는 것은 부정적으로 생각합니다. 심지어 정부 시책 사업으로 현장직 근로자 양성을 추진하거나 관련 연구를 수행하는 사람들도 마찬가지입니다. 다른 사람에게는 현장직 근로자로 일할 것을 권하면서, 본인이나 본인의 자녀가 하는 것은 원치 않은 이중적인 모습을 보이는 것입니다. 그런 사람들이 시행하는 정책에 과연 진실성이 있을 수 있을까요?

그들의 이중성은 결국 직업에 대한 차별의식을 강화합니다. 관련 정책을 수행하는 사람마저 본인의 자녀는 그 일을 하는 것을 원하지 않는다는 것은 현장직 일자리에 대한 부정적인 인식을 만들어냅니다. 오죽하면 그 분야를 활성화하기 위한 일을 하면서도 자녀를 그쪽으로 보내려고 하지 않을까 하는 생각을 말입니다.

직업에 대한 차별의식이 생기면, 차별받는 직종에 종사하는 사람도 경시하는 마음이 생깁니다. 경시하는 마음은 쉽게 상대방에게 무시하는 언행이나 갑질로 드러나게 되고요. 환경미화원의 곁을 지나가면서 자녀에게 "너도 공부 안 하면 저 아저씨처럼 청소나 하게 돼."하는 무례한 말을 서슴없이 내뱉는 부모, 자동차나 집의 내부 시설을 수리해주는 기술자에게 반말하는 부모. 그런 부모 밑에서 부모의 행동을 학습한 자녀들은 어떤 사람으로 성장하게 될까요?

1.6 권리만 챙기고, 의무와 책임은 방기(放棄)하는 사회

지금은 도덕, 윤리 교과의 중요성이 축소되었지만, 과거에는 이런 교과를 통해 민주주의의 의의에 대해 학습하곤 했습니다. 제가 초등학교 때 배웠던 민주주의의 기본 의의를 떠올려 보자면, 바로 권리와 의무는 함께 간다는 것이었습니다. 누리는 권리가 클수록 의무와 책임도 함께 커집니다. 의무와 책임은 다하지 않으면서 권리만 누리려고 하는 것은 이기심입니다. 과거 민주주의가 처음 도입되었을 때는 많은 사람이 민주주의를 본인의 이익을 챙기거나 마음대로 해도 되는 것이라고 착각하는 경우가 흔했다고 합니다.

이런 무책임한 이기심이 과거에 끝나지 않고, 우리 주변에 여전히 남아있습니다. 우리나라가 민주주의 국가가 된 지 반세기가 훌쩍 넘었지만, 여전히 민주주의의 의의를 착각하는 사람들이 있습니다. 심지어 최근의 법은 이런 착각을 하고 법을 악용하는 사람들의 행동을 오히려 강화하고 있지요.

게다가 우리나라의 뉴스를 보면, 가장 많은 권리를 누리는 사람이 본인의 의무를 다하지 않아 논란이 되는 일이 많습니다. 불법 비자금을 조성하거나 국방의 의무를 다하지 않은 정치인, 납세의 의무를 위반한 재벌 사업가, 기밀 정보를 사리사욕을 채우는데 악용한 권력자 등. 많은 권리와 혜택을 누리는 사람이 정작 의무와 책임을 방기하는 부끄러운 모습을 보입니다.

기업이나 기관 등 조직 내에서도 마찬가지입니다. 높은 급여를 받으면서도 실무는 하지 않고, 본인의 역할마저 하위 직급자에게 떠넘기는 고위 직급자. 조직 내에 문제가 발생했을 때, 적당히 희생양을 찾아 책임을 떠넘기는 경영진. 이런 고위 직급자와 경영진을 보면서 일반 직원들은 어떤 생각을 하게 될까요? 어차피 열심히 일해 봤자 이익의 대부분은 고위 직급자와 경영진이 가져갑니다. 지시 받은 대로 열심히 일하다 보면 문제도 발생하지만, 지시를 내린 경영진이나 고위 직급자는 문제에 대한 책임은 회피합니다. 그런 조직에서 굳이 열심히 일할 필요가 있을까요? 눈치 보면서 가급적 적게 일하고, 보신과 자기 이익을 챙기는 것이 더 이득이 되지요. 결국 일반 직원이 고위 직급자와 경영진의 태도를 답습하게 되는 것입니다.

과거에는 거의 일방적으로 피해를 보는 집단이었던 계약직 근로자들이 도리어 계약직이라는 점을 악용해 이익을 챙기게 된 점도 고려해 볼 필요가 있습니다. 이들은 충분히 휴가를 쓸 수 있는 상황이고 심지어 사용을 권고 받아도 고의적으로 연차/월차를 사용하지 않고, 퇴사한 뒤에 노동청 등에 신고하여 돈을 받아냅니다. 본인이 근무하던 직장에 연차 보상제도가 없어도 퇴사 후에는 보상을 요구할 수 있다는 법과 제도를 이용하는 것입니다. 무단결근을 하고도 사업주가 그것을 증명하기 어려운 상황을 악용하여 일하지 않고 급여를 받아 가기도 합니다. 또한 실제로 당하지 않은 성희롱, 성추행, 갑질 등을 신고하고 합의금을 요구하기도 합니다. 이들에게 신고당한 사업주나 선임 직원은 무죄를 입증하기 위한 변호사 선임비나 법정에 드나드는 시간에 발생하는 매출의 손실보다는 차라리 합의금을 주는 것이 손해가 적기 때문에 억울해도 합의금을 쥐버리곤 합니다. 이렇게 편법으로 이익을 얻어 본 계약직 근로자들은 다른 직장에서 또 같은 행태를 반복합니다. 고위 직급자와 경영진이 법과 제도, 규정을 악용하는 것을 그들 또한 답습하여 부당한 이익을 취하는 것입니다.

편법으로 이익을 챙기는 행위 자체가 타인에게 괴로움을 주는 가해행위가 되기도 합니다. 또한 모두가 자기 이익만 우선시하고 타인의 고통을 가볍게 여기는 조직에서는 갈등도 쉽게 발생하고, 쉽게 괴롭힘으로 악화됩니다. 이런 관점에서도 의무와 책임은 방기하고, 권리와 이익만 챙기려는 사회적 풍조는 괴롭힘을 유발하고 악화시키기 쉽습니다.

1.7 집단 간의 갈등을 유발하고 방치하는 사회

세대 갈등, 성별 갈등, 지역갈등 등 우리나라에는 많은 집단 간 갈등이 존재합니다. 때론 목적성을 갖고 고의로 갈등을 더욱 악화시키기도 합니다. 기성세대 앞에서는 젊은 세대의 무례함을 강조하고, 젊은 세대 앞에서는 기성세대의 권위주의와 보신주의를 욕하는 것. 온오프라인 활동을 통해 다른 성별인 사람을 모두 악의 집단이자 가해자인 것처럼 음해하는 것. 정치인이 선거기간에 특정 지역에 가서 타 후보가 그 지역 소속이 아님을 강조하는 것. 특정 지역에서 범죄가 발생했을 때, 그 지역 사람들이 모두 범죄자인 것처럼 몰아가는 것. 모두 집단 간 갈등을 유발하고 괴롭힘으로 악화시키는 행동이죠.

관련된 경험을 가진 사례자는 다른 지역과 심한 갈등을 겪는 곳에서 태어났습니다. 지역갈등은 사례자가 서울로 전학 가서도 이어졌습니다. 같은 반에는 사례자가 태어난 지역과 갈등을 겪는 다른 지역 출신의 학생이 있었습니다. 사례자가 오기 전까지 심한 사투리로 차별받던 그 학생은 사례자의 억양에서 출신 지역을 짐작하고 바로 횡포를 부리기 시작했습니다. 마침 뉴스에서는 사례자 출신 지역에서 일어난 범죄가 대대적으로 논란이 되었고, 그 학생은 마치 그 범죄가 사례자가 저지른 것인 것처럼 사례자를 욕했습니다. 사례자를 "범죄자 소굴에서 온 범죄자 새x"라고 부르기도 했습니다. 서울 출신 학생들은 그런 말을 하는 것을 재미로 받아들이며 웃었고, 가해 학생은 서울 출신 학생들의 웃음을 긍정적인 신호로 받아들였습니다.

가해 학생의 모욕은 점점 더 극심해졌습니다. 참다못한 사례자가 반박해도, 가해 학생은 출신 지역에서 흉악 범죄가 일어난 것을 끝도 없이 물고 늘어졌습니다. 교사조차 상황을 알면서도 방치했습니다. 결국 사례자는 부모를 설득하여 다른 학교로 전학했습니다. 1년 안에 두 번이나 전학하는 것이 부담되었으나 이미 그 학교에 다닐 마음을 잃은 상태였습니다.

한참 민감한 나이에 출신 지역을 빌미로 겪은 횡포는 사례자에게 상처로 남았습니다. 사례자는 성인이 된 지금도 혹시라도 출신 지역의 억양으로 말하게 될까 봐, 그 억양 때문에 또 누군가에게서 공격당할까 봐 두려움을 느낀다고 했습니다. 의미 없는 지역갈등이 당시 어린 학생이었던 사례자에게까지 큰 피해와 상처를 준 것입니다.

집단 갈등으로 인해 발생한 피해 사례는 성별 갈등에서도 확인할 수 있습니다. 온라인상에서 유명한 여성 혐오 집단과 남성 혐오 집단이 있었습니다. 여성 혐오 집단은 여성을 상대로 강간 등의 성범죄를 모의한 글을 올리며 회원들 사이에서 호응을 얻었습니다. 이에 대응하듯, 남성 혐오 집단은 본인의 부친/남동생이 잠든 모습을 보고 살해하고 싶었다는 글을 올렸습니다. 여성 혐오 집단은 또 여동생, 어린 여자 친척을 성적 대상화 하며 그들을 강간하고 싶다는 글을 올렸습니다. 남성 혐오 집단은 작은 수컷 동물을 때리고 성적으로 학대한 사진을 올리고, 그런 행동을 '미러링'이라고 불렀습니다.

두 집단은 서로를 더 자극하며, 서로의 성별을 더욱 혐오하게 만드는 글과 사진들을 반복적으로 쏟아냈습니다. 양측이 유사한 언행을 하면서도, 다른 집단이 하는 것은 범죄, 본인들이 하는 것은 다른 집단에 가르침을 주기 위한 행동처럼 정당화했습니다. 그 과정에서 두 집단과는 관련 없는 피해자들이 쏟아져 나왔습니다. 어떤 피해자는 몰카에 찍힌 채, 온라인에 얼굴이나 신체가 공개되었습니다. 얼굴과 나체 사진이 짜깁기된 채 돌아다니기도 했습니다. 어떤 피해자는 몸 곳곳이 퉁퉁 붓고 피 묻은 채, 학대당하는 사진이 공개되었습니다.

이 사례는 집단 간 갈등이 일반적인 괴롭힘을 넘어, 흉악한 범죄에까지 이르는 것을 보여주었습니다. 때론 그 피해자가 사람이 아닌 동물이었지만, 그래도 범죄는 범죄입니다. 서로를 더 자극하고 혐오를 부추기기 위해 두 집단은 끔찍한 범죄와 학대 행위마저 저지른 것입니다.

1.8 '연'이 강조되는 사회

지연과 학연 등의 '연'은 직장에서는 채용 비리와 불공정한 인사고과 및 포상, 부당한 처벌과 차별, 집단 갈등 등의 문제를 야기하곤 합니다. 학교에서도 입시 비리와 차별을 부르지요. '연'이 강조되는 사회는 여러 방면에서 갈등을 유발하고, 결국 괴롭힘으로 이어질 많은 위험 요소를 안고 있습니다.

'연'은 같은 '연'에 속한 사람들끼리 서로 보호하거나 보살펴주는 기능을 하기도 하지만, 다른 '연'에 속한 사람을 쉽게 배척하고 적대하게 만들기도 합니다. A 대학 출신이 사장의 자리에 오르면 다른 A 대학 출신들이 승승장구하지만, 다른 대학 출신들은 배척당하고 차별당하기 쉽습니다. 그러다 다른 대학 출신으로 사장이 바뀌면, A대학 출신들이 배척과 차별의 대상이 됩니다. '연'의 강조가 같은 '연'에 속한 사람들 간의 화합을 유도하는 순기능보다는 다른 '연'에 속한 사람들과의 과도한 경쟁과 갈등을 부추기는 역기능으로 작용할 위험이 큰 것입니다.

'연' 집단 간의 경쟁과 갈등은 때로 그 집단에 속하지 않은 다른 사람에게마저 여파가 미치기도 합니다. 관련 사례 속에서 사례자는 학연이 전혀 없는 사람이었습니다. 사례자가 입사한 조직은 대학 3~4곳의 학연이 크게 작용하는 곳이었습니다. 사례자는 선후배가 전혀 없기 때문에 이끌어주거나 이끌어주기를 바라는 사람도 없었고, 특정 집단에 속해있지 않기 때문에 어떤 집단도 경계하지 않았습니다. 하지만 사례자는 종종 한 학연 집단의 사람이 다른 학연 집단의 사람들을 헐뜯는 험담을 들어야 했습니다. 자칫 입을 잘못 열면, 타인이 한 험담을 본인이 뒤집어쓸 수 있다는 것을 알기 때문에 사례자는 그저 들어주기만 했습니다. 사례자의 조심스러운 행동 덕분에 갈등 문제에 휩쓸리는 일은 없었으나, 대신 타인의 험담을 반복적으로 들어야 하는 것이 심적으로 적지 않은 고역이었습니다.

누구의 편도 들어선 안 된다는 생각에 입을 닫고 살았지만 반복되는 험담을 듣는 것은 사례자의 표현으로 '마치 영혼에 독을 들이붓는 것 같은' 느낌이었습니다. 험담 속에 종종 거짓이 섞인 것을 분명히 알고 있음에도 아무 말도 하지 못하는 스스로가 매우 치졸하게 느껴지기도 했습니다. 생존을 위해 입을 닫고 살았고, 덕분에 큰 갈등 없이 근무했지만, 사례자는 조직 자체에 대한 애정이나 신뢰를 이미 상실한 상태였습니다. 본인이 끝내 폭발하여 지금까지 애써 인내하며 만들어온 이미지를 망칠 것 같다는 두려움도 느끼고 있었습니다. 직접적으로 갈등에 연루되지 않아도, 갈등의 가장자리에서 간접적으로 접하는 것만으로도 어마어마한 스트레스가 발생한 것입니다.

1.9 겉모습으로 사람을 평가하는 사회

우리나라의 많은 사람이 명품을 좋아합니다. 명품을 걸치면 마치 본인이 높은 사람이 되는 것처럼 착각하곤 합니다. 명품을 걸친 사람들과 그렇지 않은 사람을 차별대우하는 사람들이 그런 착각을 더더욱 부추기지요. 이렇듯 우리나라에는 겉모습으로 사람을 평가하는 풍조가 팽배해 있습니다.

사무직을 선호하고, 현장직을 낮춰보는 풍조와 함께 작업복을 입은 사람은 무시하고, 비싼 정장을 입은 사람을 더 대우합니다. 하다못해 같은 직급에 있는 사람을 대할 때도, 그 사람이 어떤 옷을 입고 얼마나 나이가 들었는가에 따라 대우가 달라지기도 합니다. (故)스티브 잡스가 어마어마한 자산가임에도 불구하고 항상 캐주얼한 옷을 입는 것을 우리나라의 대중매체에서는 긍정적으로 다루곤 했습니다. 하지만 정작 내국인이 캐주얼하게 입고 다니면 경시하는 것이 우리나라의 흔한 이중성이기도 합니다.

한 예를 들어볼까요? 사례자는 회사에서 중상 정도의 직급을 가졌지만 동안이었고, 옷차림에 신경을 쓰지 않는 사람이었습니다. 사례자와 함께 일하는 계약 직원은 비슷한 나이에도 불구하고 나이가 더 들어 보이는 편이었고, 명품을 선호했습니다. 두 사람의 직장으로 외부 사람이 방문을 왔을 때, 외부 방문자는 계약 직원을 '선생님'이라고 부르며 굽실거렸습니다. 그리고 사례자에게는 '아가씨'라고 부르며, 반말로 차 심부름을 시켰습니다. 당황한 계약 직원이 서둘러 차를 준비해 오자 그제야 두 사람의 직급 관계를 눈치 채고, 얼른 사례자에게 고개를 숙이며 말도 존대로 바꾸었습니다. 사례자는 그 일에 대해 씁쓸함을 느꼈다고 말했습니다. 겉모습으로 사람을 판단하는 것이 외부 방문자의 수준을 보여준 것입니다.

물론 겉모습만으로 상대방을 평가하는 풍조가 우리나라에만 있는 것은 아닙니다. 우리나라보다 덜한 나라도 있지만, 더 심한 나라도 있습니다. 하지만 다른 나라에도 그 문제점이 있다는 것이 우리나라의 문제를 더 작게 만드는 것은 아니죠.

게다가 우리나라에서는 어린 학생 사이에서도 명품을 걸친 사람을 우대하고 그렇지 않은 사람을 얕잡아보는 경향이 몇몇 지역과 학교에서 나타나고 있습니다. 자녀는 부모의 거울입니다. 부모의 생각과 가치관, 태도는 그 자녀에게 큰 영향을 줍니다. 부모가 명품과 겉모습을 중시하면서, 어린 자녀도 명품을 중시하게 된 것입니다. 모든 학생이 명품을 걸치는 곳에서는 그중에서도 얼마나 비싼 브랜드의 옷이나 액세서리를 걸치는가에 따라 차별이 발생합니다. 교복을 입고 제한된 액세서리만 착용할 수 있는 학교에서조차 어떤 브랜드의 가방을 들고, 신발을 신는지에 따라 차별이 발생합니다.

차별은 그 자체로도 괴롭힘이지만 쉽게 더 심한 괴롭힘으로도 이어집니다. 어린 학생에게 다른 학생들보다 저렴한 브랜드를 입고, 걸치기 때문에 무시당하게 되는 것은 큰 상처입니다. 그 상처로 인해 심리적으로 위축되어 쉽게 더 큰 괴롭힘의 피해자가 될 수도 있고, 상처로 생긴 콤플렉스로 쉽게 분노하게 되어 다른 학생에게 공격적으로 대하는 가해자가 될 수도 있습니다. 성인이 된 후에도 그 악영향은 쉽게 지워지지 않습니다. I장에서 본 것과 같은 생애 전체를 관통하는 괴롭힘의 악순환에 빠지게 될 수도 있는 것입니다.

2. 괴롭힘을 줄이는 사회

사회가 나서서 괴롭힘을 줄이기 위해 적극적으로 노력한 사례가 흔하지는 않습니다. 하지만 일부 국가 중 직장 내 괴롭힘 관련 법이 비교적 안정적으로 정착된 사례도 있고, 스스로 자정작용을 한 사례도 있습니다. 또한 차별을 타파하기 위해 리더가 먼저 나서서 국민에게 모범을 보인 사례도 있습니다. 이번 절에서는 그런 사례들을 살펴보도록 하겠습니다.

2.1 법적으로 독립적인 고충 처리 전담자를 명시하는 국가

노르웨이나 벨기에 같은 국가에서는 일정 규모 이상의 조직은 직장 내 괴롭힘이나 기타 직원의 고충 처리를 하는 전담자(Prevention Advisor)를 두도록 법으로 명시하고 있습니다. 만약 조직의 규모가 작아 전담자를 두기 어렵다면 외부 전문가를 활용해야 합니다. 전담자는 직원의 심리적·신체적 안전을 위한 고충 처리를 담당할 뿐만 아니라, 문제가 발생하지 않도록 사전에 방지하기 위한 내부 근로 환경 조사와 더불어 필요한 조처를 경영진에 건의하고 추진하는 역할도 함께 합니다.

이런 국가들이 독립적인 고충 처리 전담자를 운영하도록 하는 이유가 뭘까요? 우리나라에서는 주로 인사부서에서 그 역할을 담당합니다. 감사부서가 담당하는 곳도 있고요. 하지만 노르웨이와 벨기에 같은 국가는 두 부서로부터 고충 처리를 분리해야 할 필요를 명확히 인식하고 있습니다. 먼저 인사부서는 직원의 근평 관리와 계약 연장 등 인력 관리를 담당하는 부서입니다. 특히 고충을 겪는 직원의 입지가 취약할수록(예: 계약직) 고충 상담 신고를 위해 인사 부서에 접근하는 것은 더더욱 어렵죠. 즉, 조직이 고충 처리 업무를 인사팀에 부여한다는 것은 애초에 접수되지 않기를 바란다는 의미처럼 보일 수 있습니다. 또한 직장 내 괴롭힘과 같은 문제가 발생했을 때, 그로 인해 고통받는 '사람'을 보기보다는 고충 처리를 일반 업무나 마찬가지로 취급한다는 의미도 될 수 있지요.

감사부서의 역할은 외부 감사에 대비하여 사전에 내부 감사를 하고, 문제가 생겼을 때 조직의 책임을 최소화하여 문책을 피할 방법을 찾아내는 것입니다. 이런 부서가 고충 신고 접수와 처리를 맡게 된다면, 신고자나 신고된 사람, 쌍방 중 누군가를 희생양으로 만들더라도 조직의 책임은 최소화할 방법을 찾아내는 것을 우선시하게 됩니다. 즉, 감사부서에 관련 업무를 맡긴다는 것은 조직이 근본적인 문제를 해결하기보다 책임을 회피할 방법을 찾는 것을 우선시한다는 의미처럼 보일 수 있습니다.

따라서 이들 국가는 각 조직이 독립적인 고충 처리 전담자를 두도록 한 것입니다. 또한 고충 처리 전담자는 일반 직원과 같은 근평 제도를 적용받지 않도록 명시하였습니다. 직장 내 괴롭힘의 주 가해자가 직급이 높은 사람이라는 점을 고려하여, 그들이 고충 처리 전담자들에게 근평을 빌미로 압력을 가할 가능성을 미리 배제한 것입니다.

90년대 또는 2000년대 초반부터 직장 내 괴롭힘 방지법을 시행한 북유럽과 서유럽의 국가들은 근로자의 권익 보호를 위해 세심한 배려로 법령이 시행되고 있습니다. 우리나라는 2018년에 법이 통과하고, 2019년부터 시행되고는 있으나 아직은 현장에서 혼란을 겪고 있습니다. 경영진이 직장 내 괴롭힘과 같은 문제를 대하는 마음가짐은 여전히 법령 통과 이전과 큰 차이가 없습니다. 근로자 중에는 그 법을 이용해 이익이나 혜택을 챙기려는 사람들이 생겼습니다. 직장 내 괴롭힘 방지법을 마치 근로자로서 의무와 역할은 다하지 않으면서 권리는 챙길 수 있게 해주는 법처럼 악용하기도 합니다.

유럽 국가들은 오랜 시간에 걸쳐 풍부한 연구를 기반으로 법령이 통과되어 시행되었고, 그 후에도 오랜 시간이 지나 법령이 안정적으로 현장에 정착하였습니다. 반면, 우리나라는 미투 운동에 힘입어 아직 기반 연구가 부족한 상황에서 빠르게 법령이 통과했고, 시행 이후의 역사도 짧습니다. 그러니 혼란이 발생하는 것은 어쩌면 당연한 일일지도 모릅니다.

직장 내 괴롭힘 방지법이 현장에 안정적으로 정착하고, 현장의 혼란이 점차 줄어들며, 진정한 근로자 권익 보호법이 되도록 하기 위해서는 조직을 경영하는 사람들의 마음가짐과 행동이 매우 중요합니다. 괴롭힘 신고가 접수되었을 때, 조직의 피해를 최소화하기 위해 적당히 무마하거나 개인에게 책임을 전가하는 편법을 쓰는 일이 없어야 합니다. 정직하고 공정한 방식으로 조사를 진행하여 실제로 피해가 확인된다면 가해자를 확실히 징계하고, 피해가 확인되지 않는 허위/과장 신고라면 무고 행위를 한 신고자를 징계해야 합니다. 직원들 모두 실제로 피해를 입었다면 안심하고 신고를 접수할 수 있고 조직으로부터 보호받을 수 있다는 신뢰감을 심어줘야 합니다. 그들의 참여를 유도하는 벨기에와 노르웨이의 법은 그런 신뢰를 주기 위한 제도 운영을 명시하고 있는 것이죠.

2.2 그릇된 행위를 엄격하게 처벌하는 국가

우리나라의 사법부는 범죄를 솜방망이 처벌함으로써 종종 국민의 공분을 사고 있습니다. 우리가 선진국이라고 부르는 나라들이 그릇된 행위를 상당히 엄중하게 처벌하는 것과는 대조되는 모습이죠.

우리가 흔히 범죄라고 인식하지 못하는 직장 내 괴롭힘, 다른 나라에서는 어떻게 처벌하고 있을까요? 호주는 현재 가장 강력한 직장 내 괴롭힘 금지법을 시행하는 국가 중 하나입니다. 강한 법을 시행하는 것으로 알려진 노르웨이나 프랑스조차 노동법 또는 유사한 법령에서만 직장 내 괴롭힘을 다루지만, 호주는 형법에서 함께 다루기 때문입니다. 호주의 법에 따라 가해자의 처벌은 최대 징역 10년입니다. 노르웨이조차 괴롭힘을 막지 못한 사업주에게 최대 2년의 징역을 명시하고, 가해자의 징역은 명시하지 않는 것에 비하면 매우 강한 처벌조항인 것이죠.

경제학 분야의 노벨상을 수여한 개리 베커 교수는 범죄의 경제학(the economics of crime)이라는 용어를 사용하여[41], 범죄의 발생은 범죄를 저지를 때의 이익이 범죄가 적발되었을 때의 손실보다 클 때 이루어진

41) Becker, G.S. (1995). The economics of crime. Cross Sections, Federal Reserve Bank of Richmond, 12(Fall), 8−15.

다고 주장했습니다. 모든 범죄를 잡아내거나, 처벌을 강하게 할 때, 또는 둘 다 할 때 범죄 예방 효과를 기대할 수 있다는 의미입니다. 모든 범죄를 다 잡아내는 것은 매우 어렵지만, 적발된 범죄를 강력하게 처벌하는 것은 비교적 쉽습니다. 호주의 법도 이런 논리를 따른 것입니다.

과거 부여 시대에도 1책 12법이란 것이 있었습니다. 사람을 죽인 자는 사형에 처하고 그 가족도 노비로 삼으며, 도둑질을 하면 12배로 갚게 하는 매우 엄중한 법이었습니다. 함무라비 법전 이상으로 강경한 처벌을 명시한 법이었지요. 현대의 정서상 이런 수준은 기대하기 어렵지만, 최소한 그릇된 행동을 함으로써 발생하는 손실이 이익보다 크다는 생각을 심어주는 수준의 처벌은 이루어져야 할 것입니다.

호주가 우리나라보다 인권 보호에서 뒤처지는 국가는 아닙니다. 하지만 잘못된 행동은 확실하게 처벌해야 한다는 철학을 그들의 법을 통해 몸소 뒷받침하고 있습니다. 그릇된 행동을 한 사람의 인권 보호를 내세우며 도리어 피해자의 인권을 짓밟는 것이 얼마나 모순된 것인지 보여주는 사례이기도 하지요.

2.3 투명성을 지키기 위한 자정작용을 하는 국가

이번에는 직접적으로 괴롭힘과 연관이 있지는 않지만, 스스로 부정부패에 대한 자정작용을 하는 국가의 사례를 살펴보도록 하겠습니다. 영국은 런던 외 지역에 거주하는 국회의원의 업무 추진을 돕기 위해, 런던 시내 체류비를 지원하고 있습니다. 2009년부터 2010년 사이, 이 규정을 악용하여 국회의원들이 허위 지출 증빙으로 부당하게 지원금을 받아간 문제가 대대적으로 대중매체에 보도되었습니다[42]. 현재는 찾아보기 어렵지만, 당시 허위 지출 증빙을 제출했던 모든 국회의원의 명단

---

42) BBC News (24th Jun 2010). MPs' post−expenses scandal claims published. https://www.bbc.com/news/10403258 (Retrieved on 4th Oct 2021).

이 공개되기도 했습니다. 허위 신청자 중 가장 적은 금액을 신청한 사람은 5파운드(약 8,000원) 남짓한 금액을 챙겼으나, 역시 실명이 공개되었습니다. 아무리 적은 금액을 챙겼어도 비리는 비리인 것입니다. 이후 영국 국회의 홈페이지에는 당시 국회의원들이 다년간 신청한 영수증 사본이 모두 공개되었습니다[43].

특히 많은 금액을 허위로 챙긴 국회의원은 약 20,000파운드에 해당하는 허위 영수증을 제출했으며, 18개월 징역형을 선고 받았습니다[44]. 1년 이상 국회의사당의 자리를 비우면 의원직을 박탈한다는 규정에 따라 그는 스스로 사퇴하거나, 퇴출당하는 것 중 하나를 택해야 했습니다. 또 다른 국회의원은 약 14,000파운드를 허위로 챙겼으며 12개월 징역형을 선고받았습니다[45]. 그 역시 형을 선고받기 전 스스로 사퇴했습니다.

영국으로 여행을 다녀왔거나, 거주해 본 적이 있는 분이라면 이곳이 과연 선진국인가 싶은 의아함을 느껴보신 적이 있을 것입니다. 민영화로 인해 비싸면서도 노후 된 대중교통, 쓰레기가 곳곳에 굴러다니는 길거리, 불안정한 도심의 치안, 방한·방풍조차 잘되지 않는 오래된 건물들. 선진국의 이미지와는 많이 동떨어진 편입니다. 영국의 경제는 금융업과 서비스업 의존도가 높아 경제위기 상황에 대처하기 어려우며, 영국의 정치도 많은 문제점을 안고 있습니다.

하지만 10여 년간 그곳에서 살면서 느낀 점은, 영국에는 분명 많은

43) Parliament.UK https://mpsallowances.parliament.uk/mpslordsandoffi-ces/hocallowances/allowances−by−mp/david−cameron/(Retrieved on 4th Oct 2021).

44) BBC News (7th Jan 2011). MP's expenses: David Chaytor jailed over false claims. https://www.bbc.com/news/uk−politics−12127327(Retrie ved on 4th Oct 2021).

45) BBC News (13th May 2011). MPs' expenses: Eric Illsley released from jail. https://www.bbc.com/news/uk−england−south−yorkshire−1339 869 (Retrieved on 5th Oct 2021).

문제가 있지만 그들의 언론이 살아있다는 것입니다. 방송국이나 신문, 잡지 등에 따라 더 보수적이거나 더 진보적인 특성을 가진 곳은 있습니다. 하지만 보수적인 매체라는 이유로 보수 정당이 잘못한 것을 숨기지는 않으며, 진보적인 매체라는 이유로 진보 정당의 잘못을 감추지도 않았습니다. 또한 프리랜서 언론인이 정치인이나 경제인, 왕가와 귀족들의 그릇된 행동들을 집중적으로 조사하여 보도하는 일이 흔했습니다. 그들은 어느 언론사에도 속하지 않으므로 자유롭게 사건을 조사하고 보도했습니다. 위의 사례에서 나온 영국 국회의원들의 편법 행위 역시 처음에는 프리랜서 언론인이 조사하여 보도하고, 뒤이어 여러 언론사에서 대대적으로 보도한 사건이었습니다.

살아있는 언론, 정권이나 권력자의 영향에서 자유로운 언론은 사회의 자정작용을 위해 매우 중요한 역할을 합니다. 언론이 보복을 두려워하지 않고 자유롭게 사회 곳곳에서 일어나는 그릇된 행위나 사건들을 보도하면서 관련된 사람들이 엄중하게 처벌받고, 또 그들의 처벌이 보도되면서 범죄와 비리를 예방하는 선순환과 자정작용이 이루어집니다.

또한 영국을 포함하여 여러 주요국의 언론에서는 그릇된 행동을 저지른 개인이나 조직의 명칭을 실명으로 공개합니다. 우리나라 언론에서 범죄나 비리 행위를 저지른 조직의 명칭이 공개되는 일이 드문 것과는 무척 대조적인 모습입니다. 실명이 공개되기 때문에 언론 보도를 통해 그릇된 행위를 예방하는 효과도 한층 더 커집니다. 언론의 집중 보도 직후, 영국의 국회의원이 청구하는 지원금은 전년도의 60% 수준으로 대폭 낮아졌습니다[46]. 언론 보도와 더불어 엄중한 처벌이 즉각적으로 그들의 비리를 줄이는 효과를 가져 온 것입니다.

기득권층인 국회의원의 비리를 자정할 수 있는 국가라면, 괴롭힘 사

---

46) BBC News (24th Jun 2010). MPs' post−expenses scandal claims published. https://www.bbc.com/news/10403258 (Retrieved on 4th Oct 2021).

건과 관련해서도 유사한 역할을 기대해볼 수 있을 것입니다. 실제로 영국의 학교에서 발생한 학교 괴롭힘이 SNS와 언론의 주목을 받으면서, 학교 측이 나서서 수년간 발생한 학교 괴롭힘 사건을 경찰에 신고했고, 경찰은 조사에 착수했습니다47). 또한 학교 측은 그간 학교 괴롭힘을 겪었던 졸업생과 학생들의 진술을 요청했으며, 그들의 괴로움을 미처 알아주지 못한 것에 대해서도 사과했습니다.

2.4 세상에서 가장 가난한 대통령

우리나라에도 많이 알려진 분이지요. 우루과이의 전 대통령 호세 무히카는 세상에서 가장 가난한 대통령으로 유명합니다. 2010년 처음 대통령이 되었을 때, 그가 소유한 자산은 30년도 더 된 폭스바겐 비틀 자동차 한 대뿐이었습니다. 대통령 임기 중, 월급의 90%를 자선단체에 기부했으며, 대통령궁을 노숙자들의 숙소로 제공하고, 도시 외곽의 사저에서 매일 차를 직접 운전하여 출퇴근했습니다. 또한 대통령 임기 이후 이어진 3년간의 국회의원 생활을 청산하면서 정부가 지급하는 국회의원 연금도 거절했습니다48).

무히카의 대통령 임기 동안 우루과이의 경제는 4%의 높은 성장률과 역대급으로 낮은 실업률을 자랑했습니다. 극빈계층을 위한 교육제도가 정비되어 문맹률도 낮아졌습니다. 또한 무히카는 사람은 원하는 방식으로 살 수 있어야 한다며 동성 결혼을 지지했습니다. 국가라는 거대한 조직의 최상위 의사결정권자로서 '다름'을 존중하는 태도를 보인 것입니다.

---

47) BBC News (10th Jun 2020). Loughborough Grammar School racist bullying allegations investigated. https://www.bbc.com/news/uk−england−leicestershire−52980586 (Retrieved on 5th Oct 2020).
48) BBC News (15th Aug 2018). World's 'poorest' ex−president Mujica turns down pension. From https://www.bbc.com/news/world−latin−america−45195188 (Retrieved on 4th Oct 2021).

무히카는 젊은 시절 과격한 게릴라 활동에도 동참했고, 그런 과거가 정치인이 된 이후에도 종종 그의 발목을 잡곤 했습니다. 하지만 그의 게릴라 활동으로 피해를 겪은 사람조차 정치인인 그가 "본인이 주장하는 것을 스스로도 행하는 사람"이기에 믿을 수 있다며, 대통령 선거 당시 그를 지지했습니다.

호세 무히카는 대통령 당선 후 대통령궁으로 옮겨가지 않은 것에 대해 이렇게 말했습니다 "물질적인 것에 집착하면, 많은 시간을 물질적인 재산을 살피는 데 쓰게 된다. 그 때문에 40년 전부터 살던 집에서 같은 이웃들과 함께, 같은 물건을 쓰면서 살기를 선택했다. 대통령이 됐다고 내가 일반 시민과 다른 사람이 되는 것은 아니다."[49]. 호세 무히카와 함께 일했던 판초 버나자는 호세 무히카를 "40년간 관련된 일을 하면서 만났던 사람 중 가장 유연하며 배울 준비가 되어 있는 사람, 가장 권위주의와 먼 사람"이라고 평가했습니다[50].

호세 무히카의 차에 히치하이킹을 한 근로자의 이야기도 그의 성격을 잘 보여 주는 사례였습니다[51]. 직장에서 쫓겨나 집으로 걸어가던 게롤드 어코스터는 여러 차례 히치하이킹을 시도하던 중, 낡은 폭스바겐 비틀을 운전하는 사람으로부터 도움을 받게 되었습니다. 게롤드는

---

49) The Guardian (18th Sep 2014). Jose Mujica: is this the world's most radical president? From https://www.theguardian.com/world/2014/sep/18/-sp-is-this-worlds-most-radical-president-uruguay-jose-mujica (Retrieved on 4th Oct 2021).

50) The Guardian (18th Sep 2014). Jose Mujica: is this the world's most radical president? From https://www.theguardian.com/world/2014/sep/18/-sp-is-this-worlds-most-radical-president-uruguay-jose-mujica (Retrieved on 4th Oct 2021).

51) Daily Mail (19th Jan 2015). Picked up by the president! Hitchhiker given lift by 'world's most humble leader' after thumbing ride at side of road in Uruguay. https://www.dailymail.co.uk/travel/news/article-2916545/Picked-president-Hitchhiker-given-lift-world-s-humble-leader-thumbing-lift-road-Uruguay.html (Retrieved on 4th Oct 2021).

운전자의 얼굴이 낯익다고 느꼈고, 뒤늦게 호세 무히카임을 깨달았습니다. 경호 차량에 둘러싸여, 기사가 운전하는 차를 타고 다니는 다른 대통령들과는 전혀 다른 모습이었습니다.

주변 사람들의 평가와 더불어 언행이 일치한 호세 무히카의 삶은 그가 대통령의 자리에 올라서도 권위주의를 내세우지 않았고, 유연한 사고로 '다름'을 존중했으며, 안빈낙도(安貧樂道)했음을 보여줍니다. 당선 전후로 바뀌는 여러 정치인과는 달리, 호세는 당선된 이후에도 서민과 함께 하는 삶을 살았습니다. 사회적으로 높은 영향력을 행사하는 리더들이 호세 무히카와 같이 '다름'을 존중하며 언행일치하는 태도를 보일 때, 사회 전반적으로 서로 존중하는 문화가 확산될 수 있을 것입니다. 또한 서로 존중하는 문화를 이룩하는 것은 동시에 괴롭힘을 줄이는 근본적인 해결 방법이 됩니다.

2.5 국민의 빈곤 해소를 위해 대통령 전용기를 판 대통령

말라위 최초의 여성 대통령 조이스 반다(Joyce Banda)의 사례입니다[52]. 반다는 부통령으로 재임 중, 무사리카 대통령이 심장병으로 급사하면서 대통령의 자리에 오르게 되었습니다. 이후에 치러진 대통령 선거에 당선되면서, 대통령직을 연임했습니다.

반다는 정치계에 입문하기 전부터 취약계층 여성과 아이들을 위한 다양한 사업을 운영했으며, 취약계층이 스스로 자생할 수 있도록 하는 풀뿌리 발전(Grassroot Development[53])을 지지했습니다. 또한 대통령이 된 후에도 국민의 삶을 개선하기 위한 많은 정책을 펼쳤으며, 말라위 곳곳에 침투한 부정부패를 뿌리 뽑고자 했습니다.

---

52) Britannica. Joyce Banda: President of Malawi. https://www.britannica.com/biography/Joyce−Banda (Retrieved on 5th Oct 2021).
53) 빈곤층이 스스로 자신들의 사회적, 문화적, 경제적 웰빙을 위해 다양한 노력을 주도하는 것을 의미하는 용어 (출처: https://www.iaf.gov/what−we−do/grassroots−development/, Retrieved on 5th Oct 2021)

반다의 재임 중, 말라위는 세계 최빈국 중 하나였으며 많은 국민이 굶주리고 있었습니다. 반다는 대통령 전용기를 팔아 국민에게 식량과 농작물 종자를 보급했으며, 스스로 자신의 급여를 30% 삭감하기도 했습니다[54]. 국제사회와의 관계를 원활하게 하기 위한 활동도 게을리하지 않았습니다. 이런 노력에 힘입어 국제사회의 후원자금이 다시 말라위에 유입되었습니다. 말라위의 경제 성장률은 반다의 임기 전과 비교할 때 두 배 이상 크게 상승했습니다.

그러나 반다의 의지와는 달리, "캐쉬게이트(Cashgate)" 스캔들이 터졌습니다. 수많은 정치인이 다년간 공적 자금을 횡령했으며, 그 총액이 1억−2억 오천 달러 규모로 추정되는 대규모 비리 사건이었습니다. 반다는 장관 중 여럿이 불법으로 공적 자금을 착복한 것을 알게 되자 그들이 조사에 영향력을 행사하지 않도록 내각 전체를 해임하기도 했습니다. 그 사건으로 인해 결국 정치계에서 영향력을 잃게 되기는 했으나, 국민의 신뢰는 여전했습니다. 긴 망명에서 귀국한 반다를 맞은 민들은 이렇게 외쳤다고 합니다. "엄마가 오셨어. 희망이 돌아올 거야. (Mother is here, the light should come back.)"[55] 반다의 내각이 불미스러운 대형 스캔들에 휩싸였고, 반다가 무려 4년간 해외망명 생활을 했음에도, 반다 본인에 대한 국민의 애정은 흔들리지 않았습니다. 정치인으로서 흔치 않은 사례임은 분명합니다.

조이스 반다는 리더십에 대해 이렇게 얘기했습니다. "리더십은 국민과 사랑에 빠지고, 국민이 나와 사랑에 빠지게 하는 것이다. 사리사욕 없이 스스로를 희생하며 국민을 섬기는 것이고, 사적인 이익보다 모두

54) Forbes. Joyce Banda. President, Malawi. https://www.forbes.com/profil e/joyce−banda/?sh=55265b76803f (Retrieved on 5th Oct 2021).

55) France24 (28th Apr 2018). Malawi's ex−president Banda returns home after 4−year exile. https://www.france24.com/en/20180428−mala− wi−prcsidcnt−banda−returns−home−exile−corruption−cashgate (Retrieved on 5th Oct 2021)

를 위한 최선을 더 중요시하는 것이다."56) 국민을 위한 대통령이었던 그녀다운 정의가 아닐 수 없습니다.

2.6 노예를 해방하고, 시민 자격을 부여한 대통령

공공연히 이루어지던 차별과 학대 행위를 타파하기 위해 노력한 국가의 리더 중 에이브러햄 링컨 대통령을 빼놓을 수는 없을 것입니다. 링컨은 1863년 노예 해방 선언(Emancipation Proclamation)을 통해 모든 노예들이 "영원히 자유로울" 것이라고 선언했습니다. 2년 뒤에는 헌법 개정(the 13th Amendment)을 통해 미국의 노예제도를 영구적으로 폐지했습니다. 링컨의 선언과 헌법 개정을 통해 400만 명의 노예들이 해방되었습니다. 링컨은 그들에게 백인과 동등한 시민권을 부여하기 위해서도 노력했습니다. 해방 노예 중 글을 읽을 수 있으며, 군 복무를 한 사람에게는 투표권을 부여하겠다는 연설을 한 뒤, 반발 세력에 의해 암살당하는 순간까지 말입니다.

링컨의 노예 해방 선언과 헌법 개정을 남북 전쟁에서 승리하기 위한 군사력 확보를 위한 것이었다고 주장하는 사람도 있습니다57). 또한 링컨이 아메리카 원주민들에 대한 차별을 개선하기 위한 노력은 보이지 않았다는 것을 비판하는 시선도 있습니다58). 링컨이 정치적으로 본인에게 이득이 되었기에 노예제도에 반대했으며, 그와 무관한 아메리카 원주민에 대해서는 신경 쓰지 않았다는 것입니다. 그러나 링컨이 개인

---

56) 출처: https://www.quotetab.com/quote/by−joyce−banda/i−learned−that−leadership−is−about−alling−in−love−with−the−people−and−the−people (Retrieved on 5th Oct 2021).
57) Bill of Rights Institute. Abraham Lincoln and the Emancipation Proclamation. https://billofrightsinstitute.org/e−lessons/abraham−lincoln−and−the−emancipation−proclamation (Retrieved on 6th Oct2021)
58) Washington Monthly (Jan/Feb 2013). Lincoln: No hero to Native Americans. https://washingtonmonthly.com/magazine/janfeb−2013/licoln−no−hero−to−native−americans/ (Retrieved on 6th Oct 2021).

적으로 지인과 나눈 편지의 내용을 보면, 그가 군사력 확보를 언급한 것은 노예 해방에 반대하는 백인 시민들을 설득하기 위한 것이었으며, 노예제도 자체를 매우 비도덕적으로 생각하며 반대했음을 알 수 있습니다[59].

링컨은 정치적으로만 노예제도에 반대한 것이 아니라, 아프리카 출신 시민들을 인간적으로, 동등하게 대했습니다. 링컨의 대통령 임기 시절, 아프리카 출신자들은 초대받지 않고도 종종 대통령저를 방문했으며, 그때마다 링컨은 기꺼이 그들을 반갑게 맞이하고, 먼저 악수를 청했습니다. 노예 해방에 찬성하던 정치인조차도 그들과 악수할 생각은 하지 못하던 시절, 링컨은 기꺼이 먼저 손을 내밀었습니다[60].

링컨이 아메리카 원주민에 대한 차별 타파에 상대적으로 적극적이지 못했던 것은 사실인 듯합니다. 하지만 그가 대통령으로 재임하던 몇 년 동안 노예를 해방하고, 남북 전쟁을 종전시키고, 아메리카 원주민 19개 부족과 협약을 맺고, 전국적으로 철도를 조성하는 많은 업적을 남겼음을 고려해야 할 것입니다. 아메리카 원주민에 대한 차별을 큰 문제로 여기지 않았다기보다는, 노예제도로 고통받는 사람들을 해방하고, 보호받을 권리를 부여하는 것에 우선순위를 뒀다는 것이 더욱 타당한 해석이겠지요. 링컨이 남긴 업적 대부분이 단기간에 이뤄질 수 있는 것은 아니니 말입니다.

게다가 링컨은 아메리카 원주민 역시 그와 동등한 사람으로 대했습니다[61]. 그가 아메리카 원주민과 맺은 협약에는 원주민들의 보호 구역

---

59) Smithonian Magazines (10th Feb 2021). Black lives certainly mattered to Abraham Lincoln. https://www.smithsonianmag.com/history/black-lives-certainly-mattered-abraham-lincoln-180976963/ (Retrieved on 6th Oct 2021)

60) Smithonian Magazines (10th Feb 2021). Black lives certainly mattered to Abraham Lincoln. https://www.smithsonianmag.com/history/black-lives-certainly-mattered-abraham-lincoln-180976963/ (Retrieved on 6th Oct 2021)

에 철도와 항구를 설립하고, 화물운송과 통신 시설을 갖추는 것도 포함되었습니다. 아메리카 원주민이 다른 시민들과 활발하게 교류하고, 교역하며 소통할 수 있는 기반을 마련한 것입니다. 링컨의 비판자들이 주장하는 것처럼, 그가 아메리카 원주민을 보호 구역에 두는 것 이상의 지원을 할 생각이 없었다면 부족들과의 협약도, 보호 구역에 기반 시설을 확충하는 일도 없었을 것입니다. 또한 부패한 백인 공무원으로 인해 식량을 지원받지 못하고 굶주리던 다코타족의 무력 시위로 300여 명이 사형선고를 받았을 때도, 재판의 내용을 다시 검토하게 하고 그들 대부분을 무죄 방면하는 일도 없었을 것입니다.

링컨이 대통령에 있던 시절은 백인 외의 사람을 2등 시민 또는 인간이 아닌 존재로 여기던 편견과 관습이 팽배하던 때였습니다. 그런 시기에 공개적으로 노예 해방과 시민권 부여, 아메리카 원주민들과의 협약 체결과 그들의 자립을 도울 기반 시설 확충 사업을 한 것은 링컨에게 분명 큰 부담이 되었을 것입니다. 본인의 정치적인 입지와 지지율만 생각했다면 차라리 백인 중심의 정책을 펴는 것이 훨씬 더 도움이 되었을 테니까요.

대통령 재선의 가능성이 작다고 판단했을 때조차 링컨은 지지율을 높이기 위한 활동보다 노예 해방을 우선시했습니다. 내각의 국무위원들에게 그가 재선에 실패해도 최대한 많은 노예를 해방해달라고 요청하는 편지를 보냈습니다[62]. 지지율을 높이기 위해 상대편 후보에 대한 네거티브 공약을 남발하거나, 음모를 꾸미는 많은 정치인과는 매우 다

---

61) Indian Country Today (19th Apr 2016). Abraham Lincoln: Enigmatic president and full of contradictions. https://indiancountrytoday.com/archive/abraham－lincoln－enigmatic－president－and－full－of－contradictions (Retrieved on 6th Oct 2021)

62) The New Yorker (21th Sep 2020). Why we keep reinventing Abraham Lincoln. https://www.newyorker.com/magazine/2020/09/28/why－we－keep－reinventing－abraham－lincoln (Retrieved on 06th Oct 2021).

른 행보였습니다.

에이브러햄 링컨이 미국의 대통령직에 머물렀던 것은 1800년대, 약 150년 전이었습니다. 그러나 그는 여전히 미국인들이 가장 사랑하는 대통령이며, 또한 전 세계적으로도 존경받는 인물이기도 합니다. 취약 집단을 위한 정책을 펴는 것뿐만 아니라, 그들을 자신과 동등한 사람으로 대한 그의 인간적인 면모는 백인 중심 사회였던 미국을 변모시키는 데 기여했습니다. 다른 피부색을 지닌 사람들도 시민으로서 권리를 누리는 국가가 되게 했습니다. 비록 미국 내에 차별하는 개인들이 남아있긴 하지만, 사회적으로는 그런 차별이 잘못되었음을 인식하고 있습니다. 또한 차별을 줄이고 다양한 문화적 차이를 존중하도록 하는 교육도 학교 단계에서부터 추진되고 있습니다. 한 인간적인 리더가 첫발을 내디디고, 그것이 사회 전반의 변화로 이어진 것입니다.

3. 정리하기

변화는 위에서 아래로 전달될 때 빠르게 진행됩니다. 사회적으로 영향력이 적은 사람보다는 큰 사람이 변화에 동참할 때, 변화에도 가속이 붙지요. 그렇다면 사회적 영향력이 크지 않은 사람들은 변화에 앞장설 수 없을까요? 아니지요. 우리에겐 사회의 리더를 선출하는 권리가 있습니다. 대통령, 국회의원, 도지사, 시장, 모두 우리의 지지로 선출되는 사람들입니다. 우리의 지지율이 없다면 그들의 영향력은 존재할 수 없습니다.

미국의 오바마 전 대통령이 임기 초기에 한 인터뷰에서 그의 아래에 국민을 놓고, 그의 위에는 신(God)이 계시다고 답하는 것을 본 적이 있습니다. 그때까지 알려진 오바마 대통령의 이미지를 생각할 때, 다소 의아한 답이었습니다. 국민의 투표로 선출된 대통령이라면, 그의 위에 국민이 있음을, 그의 권한과 권리는 국민의 지지로 부여된 것임을 잊어선 안 되겠지요.

좋은 리더를 선출하는 것은 매우 중요합니다. 괴롭힘을 예방하는 사회, 구성원들이 서로 존중하는 사회, 선순환과 화합의 사회를 이루기 위해서는 그들부터 그런 사회를 목표로 노력해야 하니까요. 그런데 지금 우리의 리더들은 그런 모습을 보이고 있을까요? 또한 우리는 그런 리더를 선별하는 판단력을 갖고 있을까요? 나에게 이익이 될 정책을 펴는 사람이라는 이유로 그들의 부정부패와 윤리의식 결핍을 외면하고 있지는 않을까요? 또는 우리 자신도 편법과 비리를 저지르면서, 그들처럼 심하게 하지는 않는다고, 또는 그것이 이 사회를 살아가기 위한 '처세술'이라고 정당화하고 있지는 않을까요? 편법과 비리로 큰 이익을 보는 사람들을 욕하면서도, 은연중에 그들의 이익을 부러워하고 있지는 않을까요?

우리가 이기심이나 편법을 정당화하는 동안, 우리의 자녀들 역시 비리와 편법, 불법을 배우고, 정당화하는 사고방식을 학습하게 됩니다. 자녀에게 비리와 편법을 가르치시겠습니까, 아니면 비리와 편법에 저항하는 당당한 부모의 모습을 보여주시겠습니까? 당장 내 눈앞의 이익만 채워줄 그릇된 리더를 지지하시겠습니까, 아니면 우리 아이의 미래를 위해 현명한 리더를 분별하고 선출하기 위해 노력하시겠습니까? 모든 부모가 함께 나선다면 세상이 바뀝니다.

제2부

내 자녀의 미래를 위한
직장 내 괴롭힘 극복하기

내 자녀의 미래를 위한 직장 내 괴롭힘 극복하기

이 글을 읽고 계시는 분들은 대부분 성인이고, 직장을 갖고 계실 겁니다. 과거에 괴롭힘을 겪었거나 목격했다면, 그 경험을 없는 것으로 만들 수는 없습니다. 하지만 앞으로의 괴롭힘 또는 괴롭힘 가능성을 예방하거나 대응할 수는 있습니다. 내가 먼저 행복해야 내 자녀도 행복하게 할 수 있습니다. 자녀에게 괴롭힘의 굴레를 물려주지 않기 위해서라도 여러분 스스로를 직장 내 괴롭힘으로부터 보호할 필요가 있습니다. 여러분이 관리자, 경영진, 사업주의 위치에 있다면 직원을 직장 내 괴롭힘으로부터 보호할 의무도 있고요. 2부의 목적은 바로 그 괴롭힘을 이해하고, 괴롭힘에 대응하는 방법을 알아보는 것입니다.

I. 직장 내 괴롭힘 이해하기

직장 내 괴롭힘을 일컬을 때, 우리가 일상적으로 쓰는 단어는 갑질, 왕따, 태움 등이 있습니다. 하지만 법적인 용어는 괴롭힘입니다. 그럼 직장 내 괴롭힘이란 과연 무엇일까요? 법에 따른 정의는 "사용자 또는 근로자가 직장에서의 지위 또는 관계 등의 우위를 이용하여 업무상 적정범위를 넘어 다른 근로자에게 신체적·정신적 고통을 주거나 근무환경을 악화시키는 행위"입니다.

직장 내 괴롭힘의 가해자 중 다수는 피해자보다 직급이 높거나 '갑' 조직에 속한 사람입니다. 하지만 후임이 넓은 인맥과 뒷배경을 이용해 선임을 괴롭히기도 하고, 하청 측 담당자가 계약시 약속했던 사항을 수행하기를 거부하고 원청 담당자에게 폭언하기도 합니다. 여자 대학생이 남자 교수를 성추행한 사례도 있습니다. 상식적으로는 더 취약한 위치에 있는 사람이 그것을 이용하여 관계상의 우위를 점령하고 가해 행위를 하기도 합니다. 직장 내 괴롭힘은 단순하게 위에서 아래로 가해지는 것이 아니라, 관계자 간에 매우 복잡한 힘의 역학관계가 형성되기도 하는 것입니다.

우리나라에서는 2018년에 직장 내 괴롭힘 금지법이 통과되었고, 2019년부터 시행되고 있습니다. 새롭게 독립적인 법을 제정한 것은 아니고, 기존에 있던 근로기준법이 개정된 것입니다(근로기준법 제 76조).

직장 내 괴롭힘 금지법의 내용

- 직장 내 괴롭힘의 정의
- 직장 내 괴롭힘 발생시 사측에서 조사하고 조치를 취할 의무 명시
- 취업규칙에 직장 내 괴롭힘 예방 조치 사항 기재, 위반시 500만원 과태료

노르웨이나 호주의 법과 비교하면 썩 강력한 법은 아닙니다. 하지만 이런 법이 시행되고 있다는 것도 나름의 의의가 있지요. 법을 잘 활용

해서 나와 다른 직원들을 보호하고, 직장 내 괴롭힘을 줄이는 데도 이바지하려면 어떻게 해야 할까요? 먼저 직장 내 괴롭힘이 어떤 것인지 이해할 필요가 있겠죠? 법적 정의는 포괄적이기 때문에 그것만으로는 어떤 상황을 괴롭힘이라고 볼 수 있을지 모호합니다. 당장 개인 간의 민감성 차이에 따라서도 달라질 수 있고요. 위의 정의 외에도 최소한의 객관성을 보장할 수 있는 세부 기준이 필요합니다.

아직 법적으로는 그런 기준이 세워져 있지 않지만, 제 의견으로는 성희롱과 같은 기준을 적용해보는 것이 어떨까 합니다. 성희롱도 피해자가 성적 수치심을 느꼈는지 여부로 판단하지만, 다음과 같은 세부 기준이 추가됩니다. 피해자와 비슷한 조건을 가진 집단이 같은(유사한) 상황에서 그것을 성희롱(괴롭힘)으로 보는가, 상식적으로 성희롱(괴롭힘)에 해당하는 행위인가.

이런 세부 기준 없이 무작정 신고자의 주장을 수용한다면 또 다른 억울한 피해자를 만들 수 있습니다. 그 점을 악용하여 일반적으로는 괴롭힘이 아닌 것도 괴롭힘으로 과장하여 신고할 수 있으니 말입니다. 실제로 이미 이런 허위·과장 신고가 언론에 보도되고 있고요[1][2]. 상식을 넘어설 만큼 과도한 민감성의 신고가 반복되면 조직 내에선 피해자에 대해 '별것도 아닌 것을 트집 잡아 신고하는 사람'으로 편견을 갖기 쉽습니다. 이런 편견은 조직 내 진짜 피해자들의 입지를 한층 더 취약하게 만듭니다.

그 때문에 신고한 피해자와 같은(유사한) 집단도 그렇게 생각하는가와 같이 최소한의 세부 기준 적용이 필요합니다. 가장 접근하기 쉬운

---

1) 아주경제 (2021.8.31.). "겉만 을입니다" 알바 갑질에 우는 사장님들. https://www.ajunews.com/view/20210831154932434 (Retrieved on 16th Oct 2021).
2) 전남매일 (2020.1.21.) 알바생 '을질' 업주 갑질보다 심하다. http://www.jndn.com/article.php?aid=1579601085293909005 (Retrieved on 16th Oct 2021).

것은 신고자와 같은 직장에서 같은 일을 하던 사람들입니다. 그 사람들이 신고된 행위를 괴롭힘으로 보는가 아닌가를 통해 괴롭힘인지 아닌지를 판단해 보는 것입니다. 이런 정도는 내부적으로 조사하기 쉽기에 어떤 조직이든 마음만 먹으면 충분히 할 수 있습니다.

세부 기준을 세운 다음에도 구체적으로 어떤 행위가 괴롭힘에 해당하는지 알아둘 필요가 있습니다. 스스로 괴롭힘 당하고 있음을 모르는 사람도 많기 때문입니다.

1. 괴롭힘 행위의 유형

1.1 폭력, 폭언, 성희롱 및 성추행

폭력과 폭언, 성희롱, 성추행은 다른 괴롭힘 행위에 비해 상대적으로 알아보기가 쉬운 괴롭힘 행위입니다. 직장 내 괴롭힘 금지법 이전부터 이미 다른 법으로 금지되어 있기도 했습니다.

1) 폭력

폭력은 직접 물리적인 폭력을 행사하는 것뿐 아니라, 폭력을 행사하려는 위협을 가하는 것도 포함됩니다. 몇 가지 사례를 살펴보겠습니다. A씨는 경증의 지적 장애를 갖고 있었습니다. 함께 근무하는 직원들은 친분을 쌓자며 술자리로 A씨를 부르고, 술값을 모두 떠안겼습니다. 게임을 하는 척하며 A씨의 옷을 벗겨 등을 때리고, 옷을 찢기도 했습니다. 가해자들은 같은 남자들끼리 친해지기 위한 것이었다고 주장했지만, 이 사례는 명확하게 강도 높은 폭력 행위에 해당합니다.

약한 강도지만 폭력에 해당하는 사례도 있습니다. A2씨의 상사는 "귀여워서"라는 핑계로 종종 A2씨의 머리나 등을 툭툭 치곤 했습니다. 불쾌감이 쌓인 끝에 A2씨는 목소리를 높여 항의했습니다. 이후 상사는

A2씨가 항의할 때 했던 말을 비꼬며, A2씨의 모든 말과 행동에 트집을 잡았습니다. 마음을 풀어주라는 주변의 조언에 따라 A2씨는 사과했으나 상사의 언행은 더욱 심해져 갔습니다. 엄연히 잘못을 저지른 사람은 상사입니다. 그러나 우리 주변에는 상사(또는 나이가 많은 사람)에게 굽히는 것이 현명하다고 조언하는 사람들이 있습니다. 피해자를 위하는 척하는 이 '조언'은 실상 주변인의 이기심에서 나옵니다. 회사에서 복잡한 일이 생기는 것이 귀찮다는 이기심으로 피해자에게 인내를 강요하는 것이며, 직장 내 괴롭힘을 확산시키는 무책임한 말이기도 합니다.

2) 폭언 및 부적절한 언행

폭언은 욕설, 언성 높이기, 모욕하고 인격을 깎아내리는 발언 등이 포함됩니다. 작성한 서류를 검토받기 위해 제출했을 때, 상사나 선임이 구체적인 피드백도 없이 "이것밖에 못 해? 머리에 든 거 없어? 뇌 속에 쉬리[3]가 살아?" 이런 말을 했다면 엄연히 폭언에 해당하겠지요.

상대방을 존중하지 않는 부적절한 언행, 모멸감을 주는 언행 역시 직장 내 괴롭힘에 해당합니다. 직장 동료나 외부 조직의 직원에게 적절한 호칭을 쓰지 않고 '야', '너'라고 부르는 것, 반말을 하는 것도 마찬가지입니다. 상대가 나보다 어리거나, '나 혼자' 생각하기에 상대방과 내가 친하다고 반말을 하거나 제대로 호칭을 갖추지 않는다는 것은 공사를 구분하지 못하는 행위이며, 상대방을 존중하지 않는 행위이기도 합니다. 또한 스스로를 '나', '내가' 라고 지칭하면서 말끝에만 적당히 '요'를 붙이는 식의 반존대도 결코 적절한 언행이 아닙니다. 상호 간에 친분이 있고, 서로 이런 식의 말투를 써도 된다는 암묵적인 동의가 있다면 모르겠지만요. 이런 말투를 쉽게 사용한다는 건 타인에 대한 존중이나 예의가 부족함을 의미하며, 동시에 그 사람의 낮은 교양 수준을

---

3) 쉬리: 청정수역에서 사는 물고기

보여주기도 합니다.

　나이 드신 분들이 종종 덕담으로 착각하지만 사실상 부적절한 언행도 있습니다. "그래도 결혼은 해야지.", "그래도 애는 낳아야지.", "좋은 사람 생기면 다 (결혼) 하게 되어 있어. 아직 몰라서 그러는 거야.", "이런 일은 모름지기 여자가(남자가) 제격이지." 과거에는 이런 언행이 성 역할을 강요하기 때문에 성희롱이라고 보는 입장도 있었습니다. 직장 내 괴롭힘 금지법이 통과되면서 고용노동부의 관련 자료에서는 이런 언행을 괴롭힘의 한 유형으로 분류하고 있습니다.

3) 성희롱·성추행

　성희롱·성추행을 모르는 분들은 없을 겁니다. 오랫동안 이슈가 되어 왔고, 직장인이라면 누구나 의무 교육을 받아야 하니까요. 하지만 여성에 비해 남성의 민감성은 많이 떨어지는 편입니다. 때로는 본인이 그런 행위를 당하고 불쾌감을 느끼면서도 그것이 성희롱·성추행인지 모를 정도로 말입니다. 남성 직장인 A3씨는 본인보다 낮은 직급의 여성이 반복적으로 본인의 몸을 손바닥으로 툭툭 치거나 더듬는 상황을 경험했습니다. 피해자인 본인이 남성이고, 가해자는 여성이라 성추행으로 볼 수 있는지 혼란을 느꼈습니다. 또한 성추행을 호소했을 때, 받아들여질지도 고민되었습니다. 얼핏 동료에게 언급한 것만으로도 돌아오는 반응은 '남자가 고작 이런 일로.', '만져주니 고마워해야 하는 거 아니야?'였습니다. 피해자와 가해자의 성별이 바뀐다면 결코 이런 반응이 나올 수 없겠지요.

　성희롱·성추행은 같은 성별 간에도 성립됩니다. 혹, 같은 성별이라는 이유로 혼란스럽다면, 성별을 바꾸어 생각해보면 됩니다. 같은 행동을 남성이 여성에게 했을 때, 성추행·성희롱으로 볼 수 있다면 같은 성별 간에 했을 때도 성추행·성희롱으로 성립됩니다. 여성이 남성에게 할 때도 마찬가지고요. 우리나라 근로자 3,000명을 대상으로 한 조사4)에서 6개월간 1회 이상 직장 내 성희롱을 경험한 여성은 34.4%, 남성은 25.0%였습니다. 동성에게 성희롱당한 비율은 남성이 86.4%, 여성이 22.0%였습니다. 성희롱과 성추행이 남성이 여성에게 하는 행위, 이성 간에 발생하는 행위라는 편견을 버릴 필요가 있는 것입니다.

그럼 직접 성희롱 및 성추행을 하진 않지만, 그런 문제가 발생할 상황으로 유도하는 것은 과연 성희롱으로 볼 수 있을까요? 아래 사례를 참고해보겠습니다.

비정규직원인 A4씨는 본인의 인사권을 가진 상사와 함께 갑 조직을 접대하는 회식에 참석했습니다. 상사는 자리에 들어서자마자 A4씨를 갑의 직원 옆에 앉혔으며, 술을 따르고 러브샷을 하게 했습니다. 같은 조직의 정규직이었던 A5씨 역시 조직의 '장'이나 갑의 직원과 회식을 할 때마다 접대부처럼 곁에 앉아 시중을 들어야 했습니다. 거절하면 선임 직원이 눈을 부라리거나 혀를 차는 등 언짢은 심기를 그대로 드러냈습니다. 갑의 직원이 A5씨의 손을 쥔 채 주물러대도 선임들은 상황을 모르는 척했습니다. 오히려 갑 조직의 다른 직원이 함께 화장실에 가자며 A5씨를 불렀고, 대신 사과했습니다. 이후에는 본인이 가해자와 A5씨 사이에 앉았습니다. 물론 이런 행동에는 A5씨의 신고를 막으려는 의도도 포함되긴 했습니다만, 전혀 A5씨를 보호하지 않았던 선임들보다는 훨씬 배려 있는 행동이었죠.

A4씨의 상사와 A5씨의 선임은 성희롱이 발생할 수 있는 상황을 유도했고, 눈앞의 성희롱과 성추행을 방관했습니다. 이런 행위 역시 상황에 따라 성희롱으로 인정되기도 하며, 또한 성희롱으로는 인정되지 않더라도 직장 내 괴롭힘으로 볼 수 있습니다.

---

4) 서유정·이진솔(2017). 남녀 근로자 모두를 위협하는 직장 싱희롱 실태. KRIVET Issue Brief 124호.

1.2 개인 소지품을 뺏거나 망가뜨리는 행위

어린아이나 할 법한 이런 가해 행위가 직장에서 발생하기도 합니다. 해외 학회에서 만난 전문가 중 한 사람은 누군가가 본인의 가방을 가져다가 건물 밖의 대형 쓰레기통 속에 집어넣었던 경험을 얘기했습니다. 가해자는 "장난이었다."며 웃었지만 당하는 입장에선 장난이 아니었죠. 장난은 당한 사람도 즐겁게 웃을 수 있을 때 장난으로 볼 수 있습니다. 그 영향으로 피해자가 괴롭거나 힘들거나 모멸감을 느끼게 된다면 결코 장난이 될 수 없지요.

이런 행위를 통해 피해자가 퇴사하도록 압박한 사례도 있습니다. 일본 최초로 직장 내 괴롭힘 소송에서 승소한 오고시 구미코씨가 경험한 것처럼요. 오고시 씨는 나라대학 재직 중, 교수가 자신의 사무실에 있던 물품을 모두 가져다 버리고, 액체 폐기물을 퍼부었던 경험을 공유했습니다[5]. 교수의 목적은 오고시씨의 자진퇴사였습니다. 명확한 목적성을 가지고 소지품을 망가뜨리는 짓을 한 것이죠.

우리나라에서는 단체 생활을 하는 근로자나 집단 사이에서 비슷한 사례가 종종 확인되고 있습니다. 군대에서 후임이 깨끗하게 손질해 둔 군화를 선임이 마음대로 신고 가는 일이 드물지 않다고 하지요. 또한 직장에서 기숙사 생활을 하던 여성 근로자 B씨도 작업반장에게 아끼는 액세서리를 빼앗기거나, 그와 말다툼한 뒤, 그의 추종자들이 폰을 빼앗아 망가뜨린 경험을 얘기한 적 있습니다.

1.3 트집 및 시비

참 미묘한 괴롭힘 행위입니다. 대응하는 것이 오히려 치졸하게 느껴

---

5) Ault, A. (2000), Female Japanese scientists wins harassment case. Nature Medicine https://www.nature.com/articles/nm1200_1305a re-trieved on 8th Jun 2021.

질 만큼 소소한 트집일 때도 많습니다. 하지만 복싱에서 스트레이트만 타격을 주던가요? 잽도 연타로 맞으면 통증과 피로감이 누적됩니다. 소소한 괴롭힘 행위도 마찬가지입니다.

신입직원인 C씨는 입사하자마자 여러 복잡한 업무를 한꺼번에 지시받았습니다. 정식 가이드라인은 없었고, 상사가 대충 짧게 설명해주는 것이 끝이었습니다. 맡겨진 업무들이 복잡하고, 체계 없이 진행되었기에 C씨가 관련된 절차나 양식을 한 번에 다 기억하긴 어려웠습니다. 다시 질문하는 C씨를 상사는 이미 설명한 것도 기억하지 못한다며 나무랐습니다. 이후 C씨가 하는 일을 모두 트집 잡고, C씨가 스스로 판단할 수 있는 자율성이나 재량권의 여지는 전혀 주지 않았습니다.

장애인 근로자 C2씨도 비슷한 경험을 했습니다. C2씨는 카페에서 비장애인인 매니저와 함께 일하고 있었습니다. 매니저는 C2씨의 일거수일투족을 모두 지적하고, 다소 속도가 늦어지면 떠밀고 호되게 꾸짖었습니다. 보다 못한 카페 고객이 제지를 시키자 고객에게도 목소리를 높였습니다. 복지부의 장애인 사업장 감사는 별로 도움이 되지 않았습니다. 사전에 날짜와 시간이 통보된 이후 감사가 나오기 때문에, 매니저가 C2씨에게 평소 하는 행동이 감사에 걸리는 일이 없었던 것입니다.

의료인들 간의 '태움' 사례 중에도 이런 트집 잡기를 흔히 볼 수 있습니다. 의료인은 불과 몇 분, 몇 초 차이로 환자의 생명이 오가는 상황에서 일하기 때문에, 그 핑계로 트집을 정당화하기가 쉽습니다. 몇 초 단위의 지체가 발생한 것을 질책하면서 환자의 생명을 위해 필요한 일이었다고 주장하면 업무상 필요한 질책인지 괴롭힘인지 판단이 어려워집니다. 그 점을 악용하는 가해자도 분명 있고요.

1.4 상사의 개인사와 관련된 심부름

해외 출장을 다녀오면서 상사와 상사의 가족들을 위해 온갖 선물을 사와야 하는 직원의 사례를 들어보신 적 있나요? 상사의 자녀 하교 시간에 맞춰 차로 데리러 가야 하는 직원의 사례는요? 군대에서 학벌이 좋은 일부 군인들이 강제로 간부의 자녀에게 무료 과외를 해줄 것을 지시받는 것은요? 회사 업무와는 무관하지만, 상사나 선임의 눈 밖에 나지 않기 위해 억지로 해야 하는 일들, 이런 것들을 지시하거나 암묵적인 압력을 행사하는 것도 괴롭힘에 해당됩니다.

관련 사례자인 D씨는 석사 학위를 졸업하고 연구직으로 취직했습니다. 선임이 진행하는 프로젝트에 공동으로 참여하게 됐고요. 선임의 지시는 업무와 관련된 것만 있는 것이 아니었습니다. 선임의 방을 청소하고, 선임이 개인적으로 쓰는 가습기를 매일 세척하도록 했습니다. 병원 진료를 포함한 개인 스케줄 조정을 맡기기도 했습니다. D씨의 선임이 다소 유난스럽긴 했지만, 같이 입사한 다른 신입직원 역시 마찬가지였습니다. 분명 연구직으로 입사를 했는데, 선임의 개인비서처럼 일해야 했던 것입니다.

회사 업무를 위해, 회사의 인건비로 채용한 직원을 개인비서처럼 대하는 건 괴롭힘 행위임과 동시에 회사 인건비를 오용하는 것과 마찬가지입니다. 직접 비용을 지급하며 개인비서를 채용한 게 아니라면 회사 관련 업무만 지시해야 마땅하겠죠.

1.5 뒷담화나 소문

본인에 대한 뒷담화나 소문을 듣게 된다면 대부분 불쾌감을 느낍니다. 그 뒷담화나 소문이 사실이라도 불쾌할 것이고, 헛소문이라면 더욱 그렇지요.

E씨는 비혼주의자였지만, 이혼녀라는 헛소문에 시달렸습니다. 그 소문을 들은 갑 조직의 직원은 회식 자리에서 E씨를 성추행했습니다. E씨는 술에 취해 구토하는 다른 여직원을 보살펴야 한다며 가해자를 피해 화장실로 나왔습니다. 그 여직원이 토하는 동안 내내 옆을 지키고, 토사물을 치웠습니다. 차라리 토사물을 만지는 것이 가해자의 손에 닿

는 것보다 나았다고 합니다. E씨는 가해자를 신고하는 것도 고민했지만, 갑 조직의 직원이었기에 쉽지 않았습니다.

다른 방식의 헛소문 피해를 겪은 E2씨도 있습니다. E2씨의 조직은 건물 내부의 공간을 재배치 중이었습니다. E2씨와 동급 이상의 직급자에게는 독방을, 하위 직급은 2인 1실을 주는 것이 기본 전제였습니다. 사측은 부서장에게 6평의 독방뿐만 아니라, 9평의 부서장실을 추가로 제공하겠다고 했습니다. 2인 1실을 쓰게 될 직원들은 6평의 작은 방을 쓰게 하면서요. E2씨는 이의를 제기했고, 2인 1실을 쓰는 사람들에게 9평의 방을 배정할 것을 요구했습니다. 그 요구는 수용되었지만, 이후 E2씨의 귀에 들려온 소문의 내용은 달랐습니다. 본래 하위 직급도 1인 1실을 쓸 수 있었는데 E2씨 때문에 2인 1실을 받게 되었다는 것이었습니다.

여러 사람의 입을 지나면서 살이 덧붙여지고 또는 삭제되어 실제 사실과는 전혀 다른 내용으로 바뀌게 되는 일은 흔합니다. 이런 점 때문에 소문내기 좋아하는 사람들의 입이 무서운 것이지요. 본인들은 생각 없이 들은 내용을 전달했다고 주장할 수 있겠지만, 그런 무책임함 속에 한 말이 타인에게 피해를 끼치는 가해 행위가 될 수 있습니다.

1.6 음주 · 흡연이나 회식 참석 강요

최근에는 흡연을 강요받은 사례를 듣는 건 드문 편입니다. 하지만 음주나 회식 참여, 주말 등산 참여를 강요하는 사례는 비교적 흔한 편이지요. 해외 학회에서 한국의 회식 참석 강요, 음주 강요에 관한 얘기를 나눈 적이 있는데 다들 무척 놀라더군요. 상사가 무슨 권한으로 퇴근 시간 이후에 집에 쉴 권리를 침해하냐면서요. 우리나라와 주요국의 다른 조직 문화를 보여주는 모습이죠.

원치 않는 회식 자리나 주말 등산에 불려가는 건 고역입니다. 퇴근 후나 주말에도 긴장을 풀지 못하고, 선임이나 부서장들을 '모셔야'하는 것이니까요. 그야말로 스트레스를 쌓이게 하는 '추가 업무'죠. 게다가 다른 형태의 괴롭힘으로 쉽게 이어지기도 합니다.

한 예를 들어보겠습니다. F씨는 원하지 않는 회식 자리에 불려 나갔습니다. 갑 조직의 직원을 접대하는 자리였습니다. 갑 조직의 과장인 가해자는 본인이 쓰던 잔에 소주를 따라 F씨에게 권했습니다. F씨가 거절하자 잔에 입이라도 대라고 강요했습니다. F씨가 잔에 입술을 댄 직후, 가해자는 잔을 가져가서 본인 입에 가져다 댔습니다. 여기서 성희롱이 나왔지요? 저녁 회식, 주말 등산 중의 성희롱 발생률은 높습니다. 술김에 회식자리에서 폭력을 휘두른 사례도 있고요. 이런 점 때문에도 저녁 회식과 주말 등산을 꺼리는 사람들이 많으며, 민간 기업 중에 저녁 회식은 9시 이전 종료, 주말 등산 및 모임 금지를 규정하는 곳도 있습니다.

1.7 개인적 친분 쌓기 및 관련 모임에서 배제

직원들이 개인적으로 친분을 나누는 자리에서 제외되는 것도 고립감을 느끼게 하는 괴롭힘이 될 수 있습니다. 부서원들 전체가 함께 점심을 먹으러 나가는데 한두 명만을 제외한다던가, 여럿이 웃으며 대화를 나누고 있는데 특정 직원이 방에 들어가는 순간 웃음과 대화를 멈춘다던가. 제외된 당사자에게는 무척 괴로움을 주는 행위입니다.

관련 사례자인 G씨는 고등학교 졸업 이후 바로 취업한 뒤, 그 경력을 살려 더 규모가 큰 조직에 입사하게 되었습니다. G씨를 제외하고는 대졸자를 찾아보기 힘든 부서에 배정되었고요. 입사 1년 후, G씨는 신입 직원에게서 '왜 어제 모임에 안 왔느냐'는 질문을 받았습니다. G씨는 전혀 알지 못했던 모임이었습니다. 대졸자 직원들은 정기적으로 만나 함께 식사하거나 문화생활을 하고 있었고, 단톡방에서 함께 소통했지만 G씨를 초대한 적은 없었습니다. 이후 G씨도 단톡방에 초대되긴 했지만, 지속적으로 배제되는 느낌을 받았습니다. 증거를 잡기는 어렵지만, 본인의 발언이 무시되거나, 비꼬임 당하는 느낌이었습니다. G씨는 퇴근 후 공부를 한다는 핑계로 단톡방을 나왔습니다. '그들은 그들, 나는 나'라는 생각으로 할 일만 했고, 이후 고졸자들도 있는 다른 부서로 이동하여 한결 편하게 근무하게 되었습니다. 다만 학력으로 차별당한 첫 부서의 경험은 마음의 상처로 남았습니다.

G2씨는 반대로 학력이 높았기에 직원들 사이에서 고립되었습니다. G2씨는 해외 유명 대학에서 박사 학위를 받았고, 높은 연봉을 제시한 국내 기업에 입사했습니다. 과장급으로 부서에 배정되었으나, 다른 부서원은 모두 국내 대학 출신이었습니다. 부서원들은 신입이면서 부서장으로 발령받은 G2씨를 인정하지 않았습니다. 부서원들이 항상 점심 식사를 함께 하는 분위기 속에서 G2씨만이 제외되었고, 큰맘 먹고 제안한 회식에서도 G2씨를 불편해하는 기색이 역력했습니다. G2씨는 1년도 채 안 되어서 퇴사했고, 외국계 기업으로 이직했습니다.

직장은 돈만 버는 곳이 아닙니다. 친분을 쌓고 인간관계를 만들고 소속감을 만들어 주는 곳이기도 합니다. 직장이기에 공적 관계는 유지되어야겠지만, 기계처럼 업무 관련 애기만 한다면 사회적 동물인 인간으로서는 견디기 어렵습니다.

1.8 힘들고 꺼려지는 직무 요구(과중 직무 요구)

힘들고 꺼려지는 업무를 특정인에게 몰아주는 것은 직장 내 괴롭힘에 해당합니다. 또한 겉으로는 능력을 인정하는 척하며 과중한 임무를 맡기고, 필요한 지원은 하지 않는 것 역시 직장 내 괴롭힘으로 볼 수 있지요.

H씨의 사례를 예시로 들어보겠습니다. H씨는 조직 내에서 드물게 젊은 나이에 강제로 보직을 임명받았습니다. 거듭 거부 의사를 표했음에도 이뤄진 인사조치였습니다. H씨는 과중한 업무와 스트레스에 시달렸습니다. 퇴사한 부서 인력은 몇 달이 지나도 충원되지 않았고, 협력

기관의 갑질과 언어폭력에 시달리기도 했습니다. H씨는 건강 악화로 여러 차례 쓰러졌고, 완치가 없는 병을 앓게 되었습니다. 이 사례는 표면적으로는 젊은 사람이 조직에서 능력을 인정받은 것처럼 보일 수 있습니다. 그러나 그 조직의 문화를 고려했을 때, 과연 실상은 어땠을까요? 그 조직에서는 대부분이 보직을 맡기 싫어했습니다. 또한 보직자 대부분이 연령대가 높았기에 직급이 같아도 발언권은 동등하게 인정받지 못했고, 부서 업무 수행을 위해 필요한 지원을 얻어내는 것도 후순위로 밀렸습니다. H씨의 부서원은 이렇게 H씨를 위로했다고 합니다. '젊은 사람 보직에 앉혀놓고 기대하는 건 입 다물고 조직 메신저 역할 해주는 것이라고, 다들 알고 있으니 너무 애쓰지 말라.'고요.

  '힘들고 꺼려지는 직무 요구'의 범위를 더 넓게 본다면, 근로자의 직무 수행을 어렵게 만들고, 건강마저 위협하는 배려 없는 교대근무제도 포함해 볼 수 있습니다. H2씨의 회사는 3개의 근무조가 오전 8시 출근, 오후 4시 출근, 자정 출근을 돌아가면서 하는 곳이었습니다. 이 근무제에는 큰 문제가 둘 있었습니다. 첫 번째는 근무시간이 바뀌는 마지막 날은 퇴근하고 8시간도 채 지나지 않아 또 출근해야 한다는 점, 두 번째는 5일마다 근무시간이 바뀐다는 점이었습니다. 경영진은 직원에게 충분한 휴식이 필요함을 무시한 채 기계처럼 대했고, 생체리듬을 억지로 바꾸는 것이 어마어마한 스트레스와 건강 악화를 부른다는 것[6][7]을 간과한 것입니다. 배려 없는 근무제의 시행은 근로자에게 쾌적한 근무환경을 제공해야 하는 조직의 의무를 방치하는 것입니다. 또한 고의성이 없다고 해도, 많은 근로자에게 괴로움을 주었다는 점에서 충분히

---

6) WeHser, P. (2021). Jet lag: what Hs Ht, symptoms, preventHon. From https://ro.co/health − guHde/jet − lag/#symptoms − of − jet − lag (Retrieved on 4th Sep 2021).

7) Cho, K., Ennaceur, A., Cole, J.C. & Suh, C.K. (2000). Journal of NeuroscHence, 20 (6) From https://doH.org/10.1523/JNEUROSCH.20 06 − j0005.2000 (Retrieved on 4th Sep 2021).

가해 행위로 볼 수 있지요.

1.9 과소 직무 요구

허드렛일만 시키거나 일을 거의 주지 않는 과소 직무 요구 역시 직장 내 괴롭힘이 될 수 있습니다. 대부분 조직은 인력을 최대로 활용하여 생산성을 높이는 것을 목표로 합니다. 다들 바쁘게 일하는데 나에게만 일을 주지 않거나, 너무 쉬운 일만 준다는 건 결국 나의 업무 능력을 무시하는 것입니다. 하는 일이 없으니 내 업무 역량이 향상될 일도 없고요. 결국 조직이 나를 키워줄 생각은 전혀 하지 않은 채 방치하는 것입니다.

해외로 진출한 국내 기업에 현지 채용된 I씨의 사례에서 과소 요구가 얼마나 큰 스트레스가 되는지 볼 수 있습니다. I씨는 채용 이후 6개월 이상 어떤 업무도 지시받지 못했습니다. 커다란 직무 매뉴얼 하나를 넘겨받고 숙지하라는 요구를 받긴 했지만, 매뉴얼만 반복적으로 읽고 연습해보기에 6개월은 지나치게 긴 기간이었습니다. 담당 업무가 없는 현실은 I씨를 스스로가 쓸모없는 존재라는 우울감에 빠지게 했습니다. 게다가 상사가 통화 중 본인의 업무 능력에 대해 부정적으로 얘기하는 것을 우연히 듣게 된 이후, I씨는 더 이상 그 조직에서 근무할 수가 없었습니다. 능력을 보여줄 기회도 주지 않았으면서 능력이 없다고 자신을 평가하는 상황을 견디기 어려웠던 것입니다.

1.10 차별, 건의 및 의견 무시, 정보 공유 및 의사결정에서 배제

훈련, 승진, 보상, 일상적인 대우 등에서 공정한 기회가 돌아가지 않을 때 우리는 차별을 받는다고 느낍니다. 차별하는 사람들은 흔히 피해자와 본인 간에 다른 점이 있고, 그것을 바탕으로 피해자가 본인보다 '약자'라고 느낄 때 그런 행위를 합니다. 성별, 연령, 소속 대학이나 출신 지역, 신체적 조건 등 차별하는 이유는 참 다양합니다.

승진이나 급여, 연수 기회에서 일어나는 차별은 차라리 알아보기 쉽습니다. 하지만 눈에 띄지 않으면서도 일상적으로 일어나는 차별도 있지요. 조직 내 모임을 구성할 때, 가장 젊은 사람에게 총무 역할을 맡기는 것을 흔히 보실 겁니다. 워크샵을 갈 때도 미리 식당과 숙소를 알아보고 총무 역할을 해야 하는 건 부서의 막내들이죠. 막내는 당연히 이런 역할을 맡아야 한다는 생각부터가 이미 차별에 해당하며, 직장 내 괴롭힘이 될 수 있습니다.

또 다른 사례는 무엇이 있을까요? 회의 중 젊은 여직원이 의견을 제시할 때는 무시하던 상사가 덩치 크고 나이도 있는 남직원이 같은 의견을 말할 때는 경청하는 것. 연령대와 직급이 높은 직원의 말은 끝까지 경청하다가, 젊은 직원의 말은 시간이 없다며 잘라내는 것. 이것도 엄연히 차별이지요. 동시에 정당한 건의나 의견을 무시하는 행위이기도 합니다.

업무와 관련된 중요한 정보나 의사결정 과정에서 특정인을 제외하고 진행하는 것, 이것 역시 차별이 될 수 있습니다. 특히 그 정보나 의사결정이 그 당사자에게 영향을 주는 것이라면 말이죠. 하지만 조직이 정보의 공유를 제한하고, 선 의사결정 후 통보의 방식을 취하는 경우는 꽤 흔합니다. 그만큼 부정적인 조직 문화가 여러 조직에 퍼져있는 것입니다.

1.11 휴가, 휴식시간 및 복지혜택 사용 방해

정당한 휴가와 휴식시간, 복지혜택의 사용은 근로자의 권리입니다. 이런 권리를 사용하지 못하도록 제한하거나, 권리를 사용한 직원에게 인사상의 불이익을 가한다면 직장 내 괴롭힘이 됩니다 (예: 육아휴직 사용자를 승진 대상에서 제외). 휴가를 원하는 때 사용하지 못하고 상사와 선임이 날짜를 정한 다음 남은 날짜에만 쓰도록 하는 것, 휴가를 내는 것은 허용하지만 정작 그날 조직으로 불러서 일을 시키는 것도 마찬가지입니다. 법적으로 보장되는 휴식시간(=점심시간)에 급하게 일을 맡겨 휴식을 취하지 못하게 하는 것도 괴롭힘으로 볼 수 있고요.

만약 조직이 연차와 병가제도, 복지혜택을 직원들에게 제대로 알리지 않았다면 직장 내 괴롭힘이 될 수 있을까요? 고의성이 있다면 중요한 정보 공유를 하지 않은 직장 내 괴롭힘이 될 수 있고, 고의성이 없다면 근로자에게 쾌적한 근무환경과 근무조건을 제공해야 할 의무를 방기한 것으로 볼 수 있을 것입니다.

관련하여 조직이 병가제도를 알리지 않은 탓에 무려 세 번에 걸친 수술을 개인 휴가를 내고 받았던 J씨의 사례가 있습니다. 각각의 수술 자체가 큰 수술인 건 아니지만 충분히 휴식이 필요한 상황이었죠. 연차 일수는 제한되었기 때문에 J씨는 수술받을 때마다 1-2일 정도만 휴식했고, 결국 오랜 후유증을 앓았습니다. 휴가 기안에 계속 수술, 병원 진료가 명시되었으나 인사부서 담당자는 J씨에게 병가에 대해 알려주지 않았습니다. 관련 정보를 알려주어야 할 인사부서의 역할을 방기한 것입니다.

1.12 추가 근무(야근, 주말 출근) 강요

우리나라의 근로자들은 OECD 국가 중 가장 긴 노동시간을 근무합니다. 그 긴 시간이 효율적으로 사용되는 것도 아닙니다. 긴급한 잔여 업무가 없는데도 정시퇴근을 하지 못하게 하거나, 이미 완료된 서류를 다시 수정하게 하다가 끝내는 원래의 버전대로 제출하도록 하거나, 굳이 필요하지 않은 몇년치 자료를 다시 정리하게 하여 제시간에 퇴근하지 못하도록 하는 등 고의성이 의심되는 사례도 있었습니다.

저 역시 추가 근무를 꽤 했습니다. 밤샘 작업을 한 뒤 집에 와서 씻기만 하고 다시 출근한 적도 있고, 퇴근했다가도 다시 연락받고 출근하기도 했습니다. 주말에 약속이 잡혀도 일단 출근했다가 약속 상대를 만나고 다시 돌아와서 일하는 때도 있었죠. 협력 기관이나 제가 속한 조직에서 지시하는 업무의 방향성이 계속 바뀌는 바람에, 때로는 이미 처리한 일에 대한 지침이 뒤늦게 바뀌면서 했던 일을 반복하는 경우가 꽤 많았습니다.

이렇게 무의미한 추가 근무가 발생하는 이유는 무엇일까요? 조직이나 부서장, 프로젝트 리더가 방향성을 제대로 잡지도 않은 채 무작정 업무를 지시하기 때문입니다. 오랫동안 야근하는 직원이 곧 열심히 일하는 직원이라고 착각하는 관리자들 때문이기도 하죠. 또한 상사가 퇴근하지 못하면, 후임도 퇴근하지 못하게 하는 병폐 때문이기도 합니다.

1.13 직무 및 휴식 중의 지나친 감시

지나친 감시는 업무 진행을 위한 것이라고 핑계 대기 쉬운 괴롭힘 행위입니다. 물리적으로 피해자의 뒤에서 일하는 속도를 감시하는 것과 CCTV를 활용해서 감시하는 것 등이 있습니다.

관련 사례자인 K씨의 관리자는 직원의 시간 관리에 매우 많은 에너지를 쏟았습니다. 등 뒤에서, 또는 사무실의 유리벽을 통해 감시하거나, 점심시간 복귀가 1분만 늦어도 근무태도가 불량하다고 나무랐습니다. 물론 근무시간을 과도하게 침범할 정도로 긴 휴식을 하면서 일도 제대로 하지 않는다면 분명 문제가 있습니다. 하지만 1~2분의 차이라면 과연 어떨까요? 각자 가진 시계에 따라서 시간이 다를 수도 있고, 업무로 인해 휴식 시간의 시작이 늦었다면 그만큼의 추가적인 휴식이 주어져야 합니다. 이런 고려 없이 1분 1초도 어긋나지 않는 칼 같은 시간 관리를 요구한다면 과연 적절한 직원 관리로 볼 수 있을까요? 오히려 당하는 사람의 피를 말리는 행위가 되겠죠.

상사만이 이런 행위를 하는 것은 아닙니다. 때로는 민원의 형태로 외부자가 하기도 합니다. K2씨의 부서는 민감한 민원을 다루고 있었는데, 반복적으로 11시 58분이나 59분에 민원 전화를 하는 사람이 있었습니다. 때로는 12시 58분에 전화를 하기도 하고요. 12시 직전에 전화를 받게 될 때, K2씨는 점심을 먹기 어려웠습니다. 민원인이 1시간 이상 붙잡고 놔주지 않았으니까요. 화장실에 다녀오느라 미처 전화를 받지 못한 날은 상부 기관에 민원이 제기되었습니다. K2씨는 상사와 상부 기관의 담당자에게 시달리다가 부재중 전화가 찍힌 시간이 12시 58분인 것을 증거로 제출했습니다. 그러나 민원이 들어왔다는 이유로 상사의 나무람을 들어야 했습니다. 반복적으로 휴식을 방해하거나 작은 행위를 크게 부풀린 민원을 넣고 담당자를 괴롭게 만드는 것도 괴롭힘 행위로 볼 수 있습니다.

1.14 업무능력이나 성과 비인정

아무리 열심히 일해도 업무능력이나 성과를 인정해주지 않는 상사나 선임이 있다면 어떨까요? 최선을 다해서 일했고, 조직에서 진행하는 일에 충분히 기여 했는데도 인정받지 못하고, 근평에도 반영되지 않는다면요? 일은 하지 않으면서 상사의 옆에서 아부하는 직원이 더 근평이 높고, 승진도 빠르다면요? 후임을 배려하면서 최대한 좋은 분위기 속에서 일하도록 하면서 성과를 낸 부서장보다 후임을 함부로 대하면서 성과를 낸 부서장이 더 인정받는다면 그때의 기분은 또 어떨까요? 열심히 일한 직원의 업무 능력이나 성과를 인정해주지 않는 것은 그 직원에게 좌절감과 모멸감, 괴로움을 안겨줍니다. 열심히 일해도 소용없다는 생각에 목표 의식을 잃게 만들기도 하죠.

다른 형태도 생각해 볼 수 있습니다. 전혀 실적을 인정해주지 않는 일을 '조직을 위해서', 또는 '부서를 위해서'라며 요구하는 것이죠. 실무를 하지 않거나, 해본 경험이 없는 상위 직급자들이 특히 이런 요구를 쉽게 생각합니다. 지시는 5－10분이지만 그 지시를 수행하기 위해서는 몇 시간, 며칠, 심지어 몇 달이 걸리기도 한다는 것을 생각하지 못하는 것입니다.

그 예로 L씨의 사례를 한 번 살펴보겠습니다. L씨는 이미 맡은 직무로 부담을 느끼는 상황에서 원청 업체의 행사 운영을 도우라는 추가 요구를 받았습니다. 예산이 따로 마련된 것도 아니고, 지원이 가능한 내부 인력도 없었습니다. 행사 자체는 하루 이틀이었지만, 예산을 따로 마련하고, 지원인력을 채용하여 훈련 시키고, 관련 자료 준비와 장비 대여를 하는 등 최소 한 달 이상의 추가 업무가 필요했습니다. L씨는 사측의 요구를 거절하려 했습니다. 하지만 조직의 경영진들과 선임직원들은 '고작 하루 이틀 사람 잠깐 내보내면 되는 일 아니냐'며 K씨의 거절을 무책임으로 몰아갔습니다. 결국 L씨는 기존 업무의 부담에도 불구하고 장시간 야근을 하며 원청 업체의 행사를 도와야 했습니다. 그러나 그 많은 추가 업무에도 불구하고 L씨의 희생은 전혀 실적으로 인정받지 못했습니다.

1.15 성과 가로채기 및 성과 달성 방해

성과 가로채기는 국내외에서 관련 사례를 흔하게 찾아볼 수 있는 괴롭힘입니다. 유럽에서 박사 과정 중이던 M씨는 세계적으로 명성 높은 교수에게 자신의 데이터를 보내고 검토를 요청했습니다. 그 후 M씨가 보게 된 것은 자신의 데이터로 출간된 그 교수의 논문이었습니다. 논문의 저자 중에 M씨의 이름은 없었고요. 워낙 유명한 교수였기에 M씨는 대응조차 할 수 없었습니다. 유명 교수를 거스르면 그 분야에서 입지를 잃는 것이 유럽 학계에도 존재하는 문제점이기 때문입니다.

제자의 데이터를 훔쳐 실적을 높이는 교수의 사례는 또 있었습니다. 엔지니어링을 전공하는 M2씨는 같은 과의 교수가 종종 졸업생의 컴퓨터를 해킹해서 데이터를 훔친다는 것을 알게 되었습니다. 교수가 직접 연구를 하는 일은 거의 드물었습니다. 하지만 그는 매년 학생에게서 훔친 데이터로 많은 논문을 내고 있었고 빠르게 승진했습니다[8].

우리나라의 사례 중에도 성과 가로채기는 흔했습니다. 1) 학생의 논문을 검토만 했을 뿐, 직접 작성하지 않은 대학교수가 논문 제1저자로 이름을 올리는 경우, 2) 후임자가 작성한 기획안을 상사나 선임이 본인의 이름으로 제출하는 경우, 3) 업무를 후임에게 떠맡겨뒀다가 일이 다 정리된 다음에야 본인의 실적으로 보고하는 경우, 4) 실제 기여도는 미미한 사람이 보고서나 논문에 본인의 이름을 넣도록 압력을 가하는 경우도 있었습니다. 업무 분담이 명확하지 않은 우리나라 조직 문화의 특성상 이런 상황이 발생해도 증명하기 힘들 때가 많습니다.

1.16 안전 수칙 및 장비 미전달, 또는 안전을 위협하는 행위

올해만 해도 안전 수칙 및 안전 장비 미흡으로 인한 안전사고가 있었습니다[9]. 안전불감증이기도 하지만, 동시에 피해자를 위험에 빠뜨리거나 심지어 생명에 위협까지 될 수 있다는 점에서 괴롭힘이 될 수 있습니다.

안전불감증과 배려 부족이 합쳐져 근로자를 죽게 할 뻔한 사례를 살펴보겠습니다. 경증 장애인 N씨는 감염에 매우 취약한 환자였습니다. N씨가 근무하는 기관의 복지사들은 N씨의 고유 업무도 아닌, 감염 위험이 있는 업무를 지시했습니다. 며칠 뒤, N씨는 쓰러져 의식을 잃었고, 패혈증 진단을 받았습니다. 몇 주간 의식이 없었고, 수차례 생명의 위기를 넘겼습니다. 복지사들은 근무하는 장애인의 질병이나 증상에 대한 정보를 사전에 알고 있었음에도 무시한 채, N씨를 위험에 빠트린 것입니다. 이들은 반복적으로 장애인 근로자의 안전을 무시했습니다. 디스크를 앓는 장애인에게 무거운 택배 상자를 위층으로 옮기도록 지시하고, 멀리 떨어진 작업장까지 본인들은 차를 타고 다녔지만, 장애인

---

8) 영국에서는 흔히 교수가 4단계로 나뉩니다. Lecturer → Senior Lecturer → Reader → Professor.

9) 조선일보 (2021.2.5. 최선일 기자). 안전수칙 있으나 마나... 사고 통계조차 없다. https://news.sbs.co.kr/news/endPage.do?news_id=N1006199663&&plink=ORI&cooper=NAVER (Retrieved on 9th Jun 2021)

근로자는 보도 없는 차로를 걸어서 가도록 했습니다. 장애인 근로자를 아랫사람처럼 대하고, 그들의 안전을 살피지 않았습니다. 이들에게는 괴롭힘 가해에 대한 책임뿐만 아니라, 장애인 근로자를 보호해야 할 직무 유기에 대한 책임도 물을 수 있을 것입니다.

안전불감증으로 인한 가해 사례는 또 있습니다. 코로나19로 인해 확진자가 급증하면서 면대면 회의를 자제하고, 온라인 회의 등을 활용하도록 지침이 내려왔습니다. 하지만 N2씨는 갑 조직으로부터 반복적으로 면대면 회의를 추진할 것을 강요당했습니다. N2씨가 우려를 표했지만, 갑 조직의 부서장은 면대면 회의를 강요했습니다. 그는 책임 소재를 피하기 위해, 마치 N2씨의 요청으로 갑 조직 담당자들이 어쩔 수 없이 참여하는 것처럼 조작하도록 요구하기도 했습니다. 또한 방역이 뚫릴 위험이 있는 상황을 무시한 채, 전국에서 수십 명의 인원을 모으는 대규모 회의도 진행하도록 했습니다. 본인뿐만 아니라 다른 사람들의 안전과 생명마저 위협할 수 있는 위험한 '갑질'을 한 것입니다.

1.17 책임 전가 및 부당한 징계

잘못을 저지르지 않았는데도 징계를 받거나, 문제에 대한 책임을 져야 한다면 누구라도 억울하고 화가 날 것입니다. 이런 일이 조직의 책임 회피를 위해, 선임이나 '갑'이 잘못한 일을 감추기 위해, 또는 일을 쉽게 풀어가자는 핑계로 종종 일어나곤 하죠.

O씨의 조직은 외부에서 프로젝트 예산을 따온 뒤, 그 예산 중 일정 비율을 조직 운영비로 넘겨야 하는 곳이었습니다. 이런 비용은 '간접비'로 부릅니다. 간접비 대부분은 프로젝트에 참여하는 사람들의 인건비를 잡는 방식으로 확보를 합니다. 즉, 프로젝트 예산안에는 인건비가 잡혀 있지만, 그 돈을 가져가는 것은 조직인 것입니다. O씨의 조직에는 프로젝트 예산 중 일정 비율 이상의 간접비를 내라는 것 외에는 다른 지침이 없었습니다. 프로젝트에 참여하는 인원수와 간접비의 비율

만 맞으면 참여 기간에 대해서는 신경 쓰지 않았던 것입니다. 기존 외부 감사에서도 그런 점은 지적되지 않았습니다.

그러나 일부 프로젝트 참여자들의 실제 근무 기간과 인건비 산정 개월수 간의 차이점이 외부 감사에서 지적되었습니다. 예를 들자면 프로젝트 기간이 12개월인 경우, 참여한 직원이 10개월을 근무했건, 12개월을 근무했건 모두의 인건비가 12개월치로 동일하게 책정된 점이 지적된 것입니다. 조직에 관련 지침이 없기에 발생한 문제지만, 조직은 그 책임을 직원에게 전가하고 경고장을 발부하는 것으로 감사에 대응했습니다. 경고장에 사용된 표현도 마치 직원이 예산을 개인적으로 운용한 것처럼 작성되었습니다. 이 일은 많은 직원이 상처받고, 조직에 대한 신뢰를 잃었습니다.

1.18 부적절한 의심 및 누명

부적절한 의심이 팽배한 것은 조직 내에 상호간의 신뢰가 없음을 의미합니다. 그런 조직에서는 쉽게 타인에게 거짓된 누명을 씌우기도 합니다. 때로는 책임을 회피하고, 문제를 '쉽게' 해결하기 위해서지요.

행정 담당인 P씨는 종료 직전인 프로젝트의 예산 정리를 하던 중, 일부 영수증이 없는 것을 발견하게 됐습니다. 프로젝트 책임자에게 서류를 요청했지만 이미 제출했으며, P씨가 분실한 것이라고 주장했습니다. P씨는 정말로 영수증을 받은 적이 없었지만, P씨의 부서장은 도리어 P씨를 나무랐습니다. P씨는 프로젝트 책임자에게 허리를 굽혀가며 사과하고, 사유서를 받아 처리했습니다. 몇 주 뒤, 프로젝트를 지원하던 비정규직 직원이 가져온 서류 뭉치 속에 P씨가 찾던 영수증이 섞여 있었습니다. 분실된 줄 알았던 영수증은 그 비정규직 직원이 갖고 있었던 것입니다.

이 사례는 먼저 영수증 관리를 비정규직 직원에게만 맡겨놓았던 책임자에게 가장 근본적인 문제가 있고, 갖고 있던 영수증을 제출하지 않았으면서 P씨가 누명 쓰는 것을 방관한 비정규직 직원에게 2차적인 책임이 있었습니다. 또한 P씨를 믿지 않았던 부서장에게 3차 책임이 있지요. 적당주의, 보신주의에 빠진 조직이 이런 일처리 방식으로 근로자에게 피해를 입히거나, 감정을 상하게 하는 사례는 꽤 쉽게 찾아볼 수 있습니다.

1.19 접대와 상납 요구 또는 비리 동참 강요

갑을 관계에 있는 조직 간에 접대나 상납 요구는 생각보다 흔하게 일어납니다. 접대와 상납 없이 일을 추진할 수 없다는 사람도 있습니다. 비록 '김영란 법'이 시행되고는 있지만, 여전히 한쪽에서는 당연시되고 있습니다.

호텔에서 일하는 Q씨는 개발 사업 추진을 위해 자주 만나는 공무원으로부터 가족과 함께 호텔을 방문할 테니 방을 잡아달라는 전화를 받았습니다. 보통 그런 요청은 방뿐만 아니라 식사, 음료, 기타 시설 사용료 등을 무료로 이용하겠다는 의미라고 합니다. 김영란 법이 시행된지 얼마 안 된 상황이었기에 Q씨는 괜찮으시겠느냐고 물었고, 그 공무원은 '다 알면서 뭘 그러세요?'라며 당당하게 접대를 요구했다고 합니다. 같은 부서의 다른 공무원은 Q씨의 회사에서 직원 워크샵을 갈 때, 함께 가게 해 달라고 요구했습니다. 워크샵 저녁 때, 억지로 새벽까지 직원들을 붙들고 화투를 쳤으며, 젊은 여직원에게 야식으로 라면을 끓여올 것을 요구하기도 했습니다. 공무원의 교통비와 숙식비, 활동비는 모두 Q씨의 회사에서 부담했습니다.

이런 요구는 다른 조직 간에서만 일어나는 것이 아닙니다. 같은 조직의 직원들 사이에서도 일어나지요. Q2씨는 조직에 도움이 되는 건의를 했다는 이유로 상장과 상금을 받았습니다. 선임 직원은 상금을 내놓으라고 요구했으나, Q2씨는 거절했습니다. 이후 선임은 공공연히 기회만 생기면 Q2씨를 내쫓겠다고 이를 갈았습니다.

정기적인 상납을 요구한 사례도 있습니다. Q3씨와 Q4씨는 같은 부서장에 의해 비정규직으로 채용되었습니다. Q3씨는 계약 기간 중 막달의 절반을 출근하지 않는 대신, 막달 급여의 절반을 부서장에게 보내라는 요구를 받았습니다. Q4씨는 계약상으로는 주5일, 실제로는 주4일을 근무하면서 매달 월급의 20%를 부서장에게 보내야 했고요. 채용시장이 불안정한 상황에서 당장 일자리를 유지하는 것이 절박했던 Q3씨와 Q4씨에게는 다른 선택의 여지가 없었습니다.

상납금 요구뿐만 아니라 조직의 자금 횡령이나 개인적 운용에 동참을 강요하는 사례도 있습니다. Q5씨는 행사를 진행하겠다는 부서장의 요구로 행사 예산을 짜서 기안을 올렸습니다. 정작 부서장이 가져온 것은 호텔의 연간 사우나 회원권 영수증이었습니다. 부서장은 '알아서 처리하라'고 했고, Q5씨는 호텔로부터 금액만 같은 허위 영수증을 다시 받아서 행정 처리를 해야 했습니다. 잘못된 지시지만 항의할 수 없었습니다. 일자리를 잃는 것이 두려웠기 때문입니다. 또한 이런 문제들이 감사에서 지적됐을 때, 책임을 지는 것이 지시한 사람이 아니라 기안을 올리고 행정 처리를 한 사람이라는 점도 신고를 주저하게 했습니다.

1.20 비일관적인 업무 지시 및 불안정한 근무 분위기 조성

비일관적인 업무 지시는 이전의 지시대로 진행한 업무에 대해 반복적으로 말을 바꾸어 다른 방식으로 다시 하게 하는 것입니다. 모순되는 지시를 남발하는 경우도 포함됩니다. 불안정한 근무 분위기 조성은 상급자, 선임, 또는 원청 측 직원의 기분에 따라 때로는 쉽게 넘어가던 일을 때로는 매우 심각한 일인 것처럼 호되게 나무라는 등, 근로자들이 그들의 눈치를 살피며 일하도록 만드는 것입니다.

비일관적인 지시와 불안정한 근무 분위기 조성을 겪은 피해자들 중 '피를 말리는 느낌이다'라고 표현을 한 분들이 여럿 있었습니다. '힘'을 가진 사람의 비일관적인 지시와 태도는 업무의 효율성을 크게 떨어뜨

림과 동시에 주변에 있는 사람들에게 큰 불안감을 느끼게 합니다.

상급자나 선임, 원청 측이 업무 방향을 잘 설정하지 못하거나, 공적인 환경에서 감정 조절을 해야 함을 알지 못하고 이런 행위를 할 때도 있습니다. 하지만 때로는 고의적으로 '군기를 잡기 위해서' 이런 행위를 할 때도 있습니다. 본인들의 지시라면 설령 부조리하고 부당하더라도 얌전히 수행하게 하는 한편, 본인들의 눈치를 보도록 '길들이는' 것이 목적일 때도 있는 것입니다. 전자의 경우라면 역량 부족에 해당 되겠지만, 후자라면 다분히 '악의적인' 괴롭힘 행위가 될 수 있습니다.

1.21 부서 이동 및 퇴사 강요

다른 괴롭힘 행위를 통해 피해자가 부서 이동이나 퇴사를 선택하도록 유도하는 경우도 있지만, 직접 강요하기도 합니다. 퇴사에 동의하면 그만큼의 혜택을 주겠다고 하면서요. 그 제안을 받은 사람이 기꺼이 수용한다면 괴롭힘이 되지 않겠지만, 거부하는데도 퇴사시키려는 상황이 된다면 어떨까요?

서유럽 모 대학에 근무하던 직원 R씨의 사례입니다. R씨는 성소수자였습니다. 같은 대학의 직원과 연애 중이었고요. 대학의 정책이 사내 연애를 금지하지는 않았습니다. 하지만 성소수자 간의 연애 사실을 알게 된 대학은 둘 중 하나는 퇴사할 것을 요구했습니다. 보상으로 여러 가지 혜택을 제안하면서요. 결국 더 급여 수준이 낮았던 R씨가 퇴사를 선택했습니다.

국내에서는 한 부서의 비정규직 모두에게 퇴사를 강요한 사례도 있습니다. 다년간 대형 프로젝트에 참여해 왔고, 이듬해에도 계약이 계속될 것이라고 약속받았던 R2씨는 어느 날 갑자기 다른 직원들과 함께 사표를 쓸 것을 요구받았습니다. 그들이 사직서에 써야 했던 퇴사 일자는 고작 3일 뒤였습니다. 현행법상 채용을 연장하지 않을 경우, 고용주는 계약 종료 한 달 전에 그 사실을 통보해야 합니다. 계약서에 마지막 근무일이 명시되어 있는 경우에도 혹 채용을 연장할 가능성을 언급한 적이 있다면 마찬가지로 한 달 전에 통보해야 합니다. 게다가 설령 관련된 법이 없다 해도, 채용 연장을 하지 않는다면 최대한 빨리 알려주는 것이 도의적인 책임이겠지요. 직원이 새로운 일자리를 찾거나 다른 대안을 찾을 수 있도록요.

2. 정리하기

여기까지 다양한 직장 내 괴롭힘의 유형과 사례에 대해서 알아봤습니다. 어떤 것이 괴롭힘 행위인지 이해하는 데 도움이 되셨을까요? 여기에 나온 사례나 유형은 괴롭힘 행위 중 일부일 뿐입니다. 다른 형태의 괴롭힘도 있을 수 있죠. 상식적인 선에서 누군가를 괴롭힌 행위로 볼 수 있다면, 즉 나와 유사한 특성을 가진 사람들도 괴롭힘이라고 동의하는 수준이라면 마땅히 괴롭힘 행위로 인식되어야 할 것입니다. 나와 유사한 특성을 가진 사람이 누구인지 애매하다면, 일단 내 주변에서 나와 비슷한 업무를 하는 같은 직급의 직원들도 마찬가지로 괴롭힘이라고 보는지 참고하는 것도 좋은 방법이 될 것입니다.

II. 내가 피해자라면, 어떻게 행동해야 할까?

1. 왜 피해자는 직장 내 괴롭힘을 신고하지 못할까?

I장에서 본 직장 내 괴롭힘 사례 중에는 범죄급으로 심각한 일도 있습니다. 하지만 피해자 대부분은 신고조차 하지 못한 채 상황을 견뎌냅니다. 피해자 중 피해 사실을 신고하거나 최소한 상담이라도 받았던 경우는 고작 17.5%에 불과했습니다[10]. 상담만 해본 피해자까지 포함해서 17.5%이니 신고하고 공론화한 비율은 훨씬 낮겠지요. 피해자들은 괴롭힘을 신고하지 못할까요? 몇 가지 이유를 들어볼 수 있습니다.

1) 어떻게 신고하거나, 어떻게 신고를 접수하고 처리하는지 몰라서

괴롭힘을 당했을 때, 어떤 경로를 통해, 어떻게 신고를 해야 하는지 모르는 피해자는 꽤 많습니다. 피해자뿐만 아니라 그 조직조차 모르기도 합니다. 때로는 절차는 알지만 각 절차마다 따르는 세부 조치는 제대로 알지 못해서 문제가 생기기도 합니다. S씨의 사례처럼요. S씨는 퇴사 이후 조직에 괴롭힘 피해 사실을 신고했지만, 조직에는 제대로 된 신고 접수서도 없었습니다. 접수한 고충 상담원이 임의로 양식을 만들어 보고해야 했지요. 보고를 공유 받은 인사부서 직원이 기밀유지 원칙을 지키지 않으면서 헛소문이 퍼지기도 했습니다.

조직은 신고를 접수한 고충 상담원을 조사관으로 임명하여 조사를 진행했습니다. 하지만 신고를 접수한 고충 상담원은 조사관 역할을 하기보다는 S씨를 도울 '변호사'의 역할을 하는 것이 더 적합했지요. 게다가 진상조사위원회부터 처벌을 결정하는 인사위원회까지 진행되는 속

---

10) 서유정·이지은(2016). 국내 15개 산업분야의 직장 괴롭힘 실태. KRIVET Issue Brief 109호.

도는 매우 느렸습니다. 위원회의 임원들이 참고할 수 있도록 유사한 사례가 어떻게 처리되었는지 사전에 자료를 수집하여 공유하는 노력도 없었습니다. 결국 가해자는 실질적인 처벌은 받지 않은 채 계약 기간 종료로 퇴사하게 되었습니다. 조직은 그 결과를 S씨에게도, 신고를 접수한 고충 상담원에게도 알리지 않았습니다. 고충 상담원이 뒤늦게, 친분 있는 인사부서 직원에게서 상황을 듣고서야 S씨에게 그 결과가 전달되었습니다.

2) 가해자의 권력 때문에

괴롭힘 가해자 중 대부분은 피해자보다 높은 위치에 있으며, 더 많은 권력을 가진 사람입니다. 조직 자체가 가해자가 되기도 하고, 조직의 장이나 피해자의 인사권을 쥔 상사가 가해자일 때도 있습니다. 가해자의 권력이 클수록, 가해자에 대한 두려움이 클수록 피해자는 신고를 망설입니다. 강한 괴롭힘 행위를 하는 가해자가 오히려 신고되지 않는 이유도 그 때문이지요.

때로는 조직의 장이 가해자의 힘을 더 키워주기도 합니다. 고충신고 접수 후, 조사 진행 여부를 조직의 장이 결정하게 되어 있는 곳은 흔합니다. 가해자가 조직의 장 본인이거나, 본인과 절친한 사이거나, 조직의 장이 보신을 우선시하며 사건을 덮으려고 할 때, 가해자는 더욱 힘을 얻게 됩니다.

S2씨의 사례가 그런 경우였습니다. S2씨는 비정규직 직원을 괴롭히고, 회사 자금을 착복하는 부서장을 신고했습니다. 하지만 부서장은 조직의 장과 자주 술자리를 함께하는 사이였고, 조직의 장은 증거를 무시한 채 추가 조사를 거부했습니다. 그에 힘입어 S2씨의 부서장은 공공연하게 S2씨를 무고죄와 명예훼손죄로 신고하겠다는 말까지 떠들고 다녔습니다.

3) 신고 후의 더 큰 피해가 걱정되어서

피해자가 신고해도, 가해자가 '괘씸죄'로 피해자를 더욱 괴롭히고 더 큰 불이익을 줄 수 있습니다. 가해자와 친한 사람들이 나서서 2차 가해를 할 수도 있고요. 신고 후의 불이익을 두려워하는 사람이 피해자 중 무려 87.5%에 달한다는 통계도 있습니다[11]. 실제로 신고한 사람들이 불이익을 당하는 일은 흔합니다.

관련 사례를 보면, S3씨는 1년이 넘는 기간 동안 부서장으로부터 극심한 괴롭힘을 겪었고, 그 사실을 신고했습니다. 하지만 조직의 장은 S3씨에게 '적을 만들지 말라'며 입을 막고, 다른 부서로 이동시켰습니다. 조사조차 진행되지 않았습니다. S3씨의 부서 이동은 갑작스레 이뤄졌고, 상황을 알지 못하는 다른 직원들 사이에서 온갖 소문이 떠돌았습니다. 가해자와 친한 선임은 공공연히 S3씨를 '엄살을 떠는 사람'으로 몰아가기도 했습니다. 조직 내부의 소문이 잠잠해질 때까지, S3씨는 여러 사람의 손가락질을 견뎌야 했습니다.

4) 신고를 감당할 수 있는 몸/마음 상태가 아니라서

괴롭힘을 신고하기 위해서는 피해자 스스로가 증거를 모아야 합니다. 증거를 모으기 위해서는 고통 받았던 일을 스스로 기록하거나 녹음해야 하면서 그 기억을 되새겨야 합니다. 힘겹게 증거를 모아서 신고한 뒤에도 괴로움은 끝나지 않습니다. 오히려 더 큰 괴로움의 시작이 되는 일이 흔합니다. 배려 없는 조사 과정, 조직의 무책임함, 가해자 및 가해자와 친한 사람들의 2차 가해를 견뎌야 하기도 합니다. 피해 사실이 입증되어 가해자가 처벌되어도 여전히 끝이 아닙니다. 가해자는 여전히 조직 내에서 피해자보다 많은 권력을 차지한 사람이니까요. 본인이 직

---

11) 서유정·이지은(2016). 국내 15개 산업분야의 직장 괴롭힘 실태. KRIVET Issue Brief 109호.

접 나서지 않더라도 다른 사람들을 통해 피해자를 계속해서 괴롭힐 수 있습니다.

오랫동안 심각한 괴롭힘을 당한 피해자일수록 몸과 마음이 피폐해져 있기 마련입니다. 이런 몸과 마음 상태로는 신고를 위해 고충 상담원을 찾아가는 것도, 기억을 되살리는 것도, 조사를 받아야 하는 것도 견디기 어렵습니다. 이미 고통을 겪는데 신고 후 더 악화될 가능성이 있다면 피해자는 차라리 신고하지 않는 것이 낫다고 생각하게 됩니다.

5) 조직에 대한 낮은 신뢰 때문에

직장 내 괴롭힘을 오래, 심하게 겪을수록 피해자는 조직을 신뢰하지 못합니다. 신고를 접수할 고충 상담원은 믿을 수 있는 사람일까, 조직에서 공정하게 조사해주기는 할까, 조사 결과에 따라 제대로 조치해줄까, 신고한다고 괴롭힘이 끝나기는 할까? 끝없이 의심하게 되죠. 괴롭힘을 겪어도 신고하지 못하는 피해자들 가운데는 해봤자 해결이 안 될 것 같아서라고 한 응답자가 50%를 넘었습니다[12].

법적으로 조직은 근로자가 안전하게 보호받으며 일할 수 있는 환경을 마련해줄 의무가 있습니다. 피해자들의 조직에 대한 낮은 신뢰도는 조직이 제대로 역할을 하지 못하고 있음을 의미합니다. 제가 만난 모 근로자는 직장의 표어를 볼 때마다 헛웃음이 나온다고 했습니다. '표어는 인재가 미래라고 하는데, 실제로는 우리를 소모품처럼 다룬다'고요. 곁에 있던 동료 직장인 역시 비슷한 말을 했습니다. '언제부터 우리가 직장에서 사람이었냐?'고요. 왜 '직장'이 이렇게 직장인들의 자존감을 떨어뜨리고, 괴롭게 하는 곳이 되어야 할까요? 왜 소중한 구성원이자 인재로 보호받아야 할 근로자들이 보호받지 못한다고 느끼게 되었을까요?

---

12) 서유정·이지은(2016). 국내 15개 산업분야의 직장 괴롭힘 실태. KRIVET Issue Brief 109호.

6) 일자리에 유지 대한 절박감 또는 어떤 직장이건 마찬가지라는 생각 때문에

고용시장의 불안정과 낮은 고용률은 조직과 근로자 간의 힘의 불균형을 악화시킵니다. 조직은 이런 상황을 악용하여 비정규직 근로자의 눈앞에 채용 연장 가능성을 흔들며 괴롭힙니다. 정년을 보장하는 조직조차 정년이 보장되니 다른 건 다 참으라며 근로자의 자존감과 권익을 짓밟기도 합니다. 일자리가 불안정한 상황에는 이런 부당함을 겪어도 항의하는 것이 쉽지 않습니다. 생존을 위해서는 돈이 필요하고, 돈을 벌기 위해서는 취업을 해서 일자리를 유지해야 합니다. 부당하다는 것을 알면서도, 본인이 괴롭힘 당하고 있음을 알면서도 신고할 생각도 못한 채, 참고 견디는 경우가 많은 것입니다.

괴롭힘이 일상화되면서 현재 직장뿐만 아니라 다른 직장으로 옮겨도 상황은 마찬가지일 것이라는 무력감에 빠지기도 합니다. 또는 괴롭힘을 견디다 못해 다른 직장으로 옮겼지만 새로운 직장에서 더한 가해자를 만나기도 합니다. 그렇다고 직장을 또 옮기면 단기간에 여러 차례 직장을 옮겼다는 점이 문제가 됩니다. 이력서를 보는 심사자들은 괴롭힘으로 인한 이직을 이전 직장의 조직적인 문제로 보지 않습니다. 오히려 개인에게 문제가 있어서 자주 직장을 옮겼다고 생각하지요. 따라서 괴롭힘을 당하면서도, 스스로를 보호할 권리를 행사하지 못하는 근로자들이 많은 것입니다.

7) 신고자를 직장의 조화를 깨트리는 문제아로 보는 풍조 때문에

피해를 신고한 신고자를 오히려 문제아로 보는 조직도 많습니다. 피해자가 괴롭힘 피해를 신고하려면 퇴사를 각오해야 하는 경우도 적지 않습니다. 심지어 피해자가 신고를 결심해도, 주변에서 말리기도 합니다. 소용없을 것이고, 달걀로 바위 치기라며 피해자의 의지를 꺾기도 합니다. 때로는 신고 접수 후, 조사관으로 임명된 직원조차 피해자에 대한 편견에 사로잡힌 채 조사를 진행하기도 합니다.

S4씨는 그런 조직에서도 신고를 결심한 피해자를 조사한 조사관이었습니다. 신고된 가해자는 이전에도 여러 명에게 가해 행위를 한 전적이 있는 사람이었고요. S4씨 외에도 조사관으로 임명된 직원은 피해자를 만나기도 전부터 피해자를 험담하기 시작했습니다. 별것도 아닌 일을 크게 키우는 문제 있는 사람이다, 조직을 갖고 놀려고 교활하게 나온다 등 매우 편견 어린 발언이었습니다. 조사가 완료된 뒤, S4씨는 그 결과를 조직의 장에게 보고했습니다. 조직의 장 역시 '피해자가 악의를 갖고 문제를 키웠다'라며 피해자에 대한 부정적인 감정을 먼저 표현했습니다. 조직의 장이 편견을 가진 상황에 조사 결과는 아무 의미가 없었습니다. 가해자는 전혀 처벌받지 않았습니다.

2. 피해자로서 직장 내 괴롭힘에 대응하기

앞에서 살펴본 것처럼 피해자 중 대다수가 피해 사실을 신고하지 못합니다. 신고를 하는 것은 오직 소수뿐이지요. 소수이기에 조직의 입장에서는 무시하거나, 도리어 피해자에게 문제가 있는 것처럼 몰아가기도 쉽습니다. 하지만 만약 모든 피해자가 신고한다면 상황은 달라집니다. 조직도 더는 피해자를 무시할 수 없게 되지요. 부모들 모두가 나서서 괴롭힘에 항거하고, 직장 동료를 괴롭힘으로부터 보호하는 조직을 만든다면, 우리 아이가 성장했을 때도 조직으로부터 보호받으며 일할 수 있게 될 것입니다.

그렇다면 피해자로서 어떻게 직장 내 괴롭힘에 항거해야 할까요? 해외 전문가들이 쓴 책을 보면 피해자에게 문제가 발생하는 즉시 거절할 것을 권하곤 합니다. 물론 즉각적인 거부를 하고, 그 결과 가해자의 행위가 멈춘다면 그 이상 좋은 결과는 없지요.

하지만 우리나라의 조직 문화를 고려할 때, 피해자가 즉각 대응하기가 과연 쉬울까요? 그건 가해자와 피해자 간의 직급이나 입지의 차이가 크지 않을 때나 가능합니다. 아니면 피해자가 일자리 유지에 대한 절박함이 크지 않거나요. 가해자와 피해자 간의 힘의 격차가 클 때는 어떨까요? 오히려 피해자가 거절하는 순간 주변에서 도리어 '저 사람 왜 저래?' 이런 말을 듣게 되지요. 권력 있는 가해자의 문제 행동을 지적하는 것보다는, 힘없는 피해자가 분위기 깨는 것을 나무라는 것이 훨씬 쉬우니까요. 이런 상황에서 피해자에게 바로 가해자의 행동을 거절하라고 하는 것은 때로는 무책임한 조언이 될 수 있습니다.

그렇다면 피해자는 어떻게 대처해야 할까요? 괴롭힘이 시작된 순간부터 거절하기 어려웠고 계속 진행되고 있다면요? 시간이 지날수록 괴롭힘은 점점 더 심해지기 마련이며, 대응 방법 역시 장기적이고, 전략적으로 되어야 합니다.

1) 직장 내 괴롭힘인가 업무상 필요한 질책인가 구분하기

전략적인 대응을 시작하기 전, 먼저 내가 겪는 것이 괴롭힘에 해당하는지, 업무상 필요한 질책으로 넘어갈 수 있는 문제인지 구분해야 합니다. 성인들의 괴롭힘은 대체로 교묘한 방식으로 이뤄집니다. 문제가 제기되어도 본인이 빠져나갈 수 있는 여지가 남도록 말이죠. 하지만 가해 행위에 대한 증거가 많을수록 가해자가 빠져나갈 구멍은 점점 좁아집니다. 따라서 본인이 겪는 상황을 꾸준히 기록하는 것이 중요합니다. 가해 행위를 입증하기 위한 증거를 위해서도 기록이 필요하지만, 또한 본인이 겪은 일이 괴롭힘인지 아니면 업무상 필요한 질책에 민감하게 반응했던 것인지 돌아볼 기회로 삼기 위해서도 필요합니다.

2) 괴롭힘 피해 사실 기록하기

괴롭힘을 당하고 있어도 신고할 의향이 없을 수도 있습니다. 또한 그 마음이 바뀌어서 신고를 결심하게 될 수도 있지요. 언제 어떤 상황에든 활용할 수 있도록 피해 사실을 기록하는 것은 중요합니다. 동영상을 찍거나, 녹취할 수 있다면 매우 강력한 증거가 됩니다. 피해자 본인이 함께 들어가는 영상이나 녹취는 가해자의 사전 허락 없이 촬영되었어도 불법이 아닙니다. 하지만 쉽지는 않지요. 가해자가 영상 촬영과 녹취를 피하려고 피해자에게 핸드폰을 소지하지 못하도록 할 수도 있으니 말입니다.

그렇다면 다음은 피해 사실을 기록하는 것입니다. 일시, 장소, 행위자[13]의 이름, 구체적인 괴롭힘 행위와 상황, 목격자 유무와 그 이름까지 기록하는 것이죠. 괴롭힘을 증명할 다른 증거도 없을 때는, 일관적인 기록이 법적 증거로도 채택될 수 있습니다. 장기간에 걸쳐 지속적으로, 일관적으로 기록이 되었다면 더더욱 소중한 증거가 됩니다. 주의할 점은 최대한 객관적으로 발생한 상황과 언행을 기록해야 한다는 것입니다. 본인의 주관적인 의견이나 감정은 배제하고, 별도로 기록하는 것이 좋습니다. 하지만 생각보다 많은 피해자가 구체적인 언행을 생략한 채, 그 상황에 느낀 본인의 감정을 중심으로 기록합니다. 그 때문에 긴 기록을 남겼어도 증거로 채택되지 못하기도 하지요. <표 II－1>의 1번과 2번 중 어떤 형태의 기록이 더욱 증거로 채택될 가능성이 클까요?

---

13) 조사를 통해 가해 사실이 확정되기 이전까지는 '가해자' 대신 '행위자'라는 표현을 씁니다.

표 II-1 | 직장 내 괴롭힘 경험 기록 방식의 비교

1. 감정적 기록	2. 행위 중심 기록
김철수 과장이 회의 시간에 난리를 쳤다. 사람들 다 보는 앞에서 그러는 게 너무 민망하고 수치스러웠다. 툭하면 사람 모멸감 느낄 말을 함부로 한다. 내가 당장 조직을 나가버리길 바라는 거 같다. 그냥 확 사표를 던져버릴까?	일시: xxxx년 xx월 xx일 xx시~xx시 사이 장소: 1층 대회의실 행위자: 김철수 과장 행위: xx관련해서 올렸던 기획안에 대해 '쓸데없이 시간만 낭비하고 별 시답잖은 기획안이나 가져왔다.'고 함. 기획안을 바닥으로 던짐. 목격자: xxx, xxx, xxx 느낀 감정: 수치심과 민망함, 모멸감
또 엘리베이터에서 이영수 국상하고 마주쳤다. 시선 강간도 모르나? 옷깃은 고쳐주긴 뭘 고쳐줘. 변태같은 인간.	일시: xxxx년 xx월 xx일 xx시~xx시 사이 장소: B동 엘리베이터 안 행위자: 이영수 국장 행위: 엘리베이터에서 몸을 위아래로 훑어보며 웃었음. 거절하며 몸을 피하는데도 이영수 국장이 계속 다가와서 옷깃을 고쳐준다며 여러 차례 목덜미에 손을 댔음. 목격자: CCTV

이런 기록을 할 때는 법적으로도 문제가 되는 행위 중심으로 하는 것이 좋습니다. 감정적으로 큰 영향을 준 행위를 중심으로 쓰다 보면 결국 감정적인 기록이 되고, 증거로써 객관성을 상실하기 쉽습니다. 가해자가 1) 악수하면서 오랫동안 손을 잡고 놓아주지 않고, 2) 모친이 응급실에 있어서 정시퇴근하겠다는 말에 "너네 엄마가 아픈 게 나랑 무슨 상관인데?"라며 퇴근하지 못하게 했다면, 어느 쪽이 더 쉽게 직장 내 괴롭힘으로 인정될까요? 바로 1)번입니다. 피해자의 관점에서 2)가 더 상처 되는 상황일 수도 있습니다. 하지만 가해자에게 인성 문제가

있음을 보여줄 뿐, 괴롭힘으로 인정받기는 쉽지 않습니다. 급하게 진행해야 할 업무가 있어서 부득이 정시퇴근을 막은 것이라고 변명할 여지가 있으니까요. 1)번은 직접적인 신체적 접촉이 발생했고, 성추행으로 인정되는 행위입니다. 피해자가 느낀 상처는 더 작더라도 1)번과 같은 행위를 중심으로 쓰는 것이 훨씬 더 피해를 입증하기 쉽습니다.

3) 행위자 신고하기

괴롭힘 행위를 기록했고, 공론화할 마음을 먹었다면 신고를 진행합니다. 신고는 조직 내부의 고충 상담원, 옴부즈맨, 노조 등을 통해서 할 수도 있고, 위에서 언급한 외부 신고처(노동청, 갑질신고센터, 국민권익위원회) 등을 통할 수도 있습니다. 보통 일차적으로 조직 내부 창구를 이용해 신고하고, 지극히 소수만이 외부에 신고합니다.

신고할 때 고려해야 할 점이 있습니다. 집단주의 문화가 남아있는 우리나라의 사례에서 보이는 패턴인데요, 바로 한 명의 피해자가 여러 명의 행위자를 신고할 경우, 피해자에게 문제가 있다는 편견이 생기기 쉽다는 것입니다. 반대로 여러 명의 피해자가 한 명의 행위자를 신고한다면 '행위자가 문제 있는 사람이다'라고 생각하게 될 가능성이 크고요. 따라서 신고 대상은 괴롭힘을 주도하는 주 행위자 1인으로 하는 것이 좋습니다. 주 행위자가 처벌을 받으면 대부분 부 행위자도 괴롭힘을 멈추게 됩니다. 영화에서 주인공이 '난 한 놈만 패!'하면서 폭력배 패거리의 두목만 노리는 걸 보신 적이 있나요? 같은 맥락입니다. 두목을 꺾으면 패거리 전체가 꺾입니다. 반대로 두목은 건드리지 못한 채 부하 한둘만을 꺾게 되면 이후 더 심한 폭력이 가해지지요.

'난 한 놈만 패!'에 더해서, '여럿이 함께 한 놈만 패!' 전략으로 나가면 상황은 더욱 유리해집니다. 오랫동안 조직 내에서 우위를 차지한 행위자일수록 피해자도 여럿일 때가 많습니다. 그런 피해자들이 모여서 함께 신고하는 것이 좋습니다.

다만 '여럿이 함께 한 놈만 패!' 전략의 실행은 어렵습니다. 한 명의 피해자가 용기를 내도, 다른 피해자들이 함께 용기를 내 줄 것이라는 보장이 없기 때문입니다. 먼저 용기를 낸 피해자가 다른 피해자를 설득하는 동안, 그 사실을 행위자에게 몰래 알리는 사람이 있을 수도 있습니다. 여러 피해자가 함께 신고하자고 약속해놓고, 정작 한 명만 남긴 채 나머지는 모르는 척 뒤로 빠질 수도 있고요.

'여럿이 함께 한 놈만 패!'의 실행 가능성이 낮은 만큼, 현실적으로 피해자가 집중할 수 있는 전략은 '난 한 놈만 패!'입니다. 여러 가해자가 나를 괴롭히더라도, 가장 주요 가해자 한 사람에게 집중하는 것이 효과적입니다. 물론 다른 가해자들의 괴롭힘 행위도 기록하는 것은 좋습니다. 나중에 부 가해자도 신고할 기회가 생길 수 있으니까요. 부 가해자를 신고한 다른 피해자가 나타났을 때, 함께 동승할 수도 있습니다. 이때 본인이 첫 신고를 했을 때와 동일한 경영진과 관리자가 많이 남아있는지를 살펴야 합니다. 당시의 관리자와 경영진이 많이 남아있다면, 이미 첫 신고를 했었기에 또 괴롭힘을 당한 원인이 마치 피해자인 것처럼 색안경 끼고 보기 쉽습니다. 관리자와 경영진이 다르고, 이전의 경영진과 밀접한 관계도 없다면 동승을 하거나, 두 번째로 신고하는 것에 대한 부담이 훨씬 줄어듭니다.

4) 보호받을 권리와 원하는 조치 주장

신고하면서 동시에 피해자로서 보호받을 권리와 원하는 조치를 주장하는 것도 좋습니다. 신고 이후 가해자와 얼굴을 맞대지 않을 수 있도록 가해자로부터의 격리 등을 요구하는 것입니다. 조직이 복지 차원에서 전문 심리 상담사를 활용하고 있다면, 상담받을 권리를 요구할 수 있습니다.

조사는 공정하게 진행되어야 하며, 조사관 역시 예의를 지켜야 합니다. 만약 조사관의 태도가 문제 된다면 교체를 요구할 수 있습니다. 조사관이 반말하거나, 범죄자 심문하듯 강압적인 태도를 보이거나, 행위자를 옹호하거나, 신고자의 증언을 믿지 않는다는 등의 표현을 한다면 즉시 교체를 요구해야 합니다. 사측은 당연히 그 요구를 들어줘야 하고요. 이런 상황이 발생할 가능성을 위해, 조사의 녹취를 요구하는 것도 가능합니다. 사전 동의 없이 녹취하는 것도 불법이 아닙니다. 본인의 목소리가 함께 포함되기 때문이죠.

조사관이 비상식적이거나 강압적인 행동을 했고, 그 사실을 호소했는데도 사측이 조사관을 바꾸지 않는다면 마찬가지로 신고할 수 있습니다. 조사관이 하는 것은 어떤 일이 있었는지 사실을 확인하는 작업이지, 경찰처럼 심문하는 것이 아닙니다. 피해자뿐만 아니라, 목격자, 행위자 역시 조사관으로부터 공정하고 예의 있는 대우를 받을 권리가 있습니다.

피해자는 행위자에 대해 어떤 조치를 원하는지도 조직에 요구할 수 있습니다. 다만 요구하는 것은 상식적으로 행위의 심각성에 준하는 조치여야 합니다. 예를 들어 행위자가 성역할을 강조하는 농담을 피해자에게 했다고 보겠습니다. 매우 불쾌한 언행이지만, 그 조치로 행위자를 해고하라는 것은 상식적인 요구가 될 수 없습니다. 반면 심각한 괴롭힘 행위에 대해 지나치게 소극적인 요구를 하는 것도 적절치는 않습니다. 만약 모욕적인 언어폭력이 있었고, 피해자가 정신과 치료를 받아야 할 만큼 피해를 본 상황인데 개인적인 사과만 요구한다면 과연 행위자(이 시점에는 가해자)가 제대로 반성할까요? 형식적인 사과만 하고, 이후 또 피해자를 괴롭히거나 아니면 다른 피해자를 찾을 가능성이 크지요. 물론 적절한 수준의 요구를 해도 가해자가 반성하지 않을 가능성은 있습니다. 하지만 적절한 징계를 받는다면 이후의 행동을 조심하게 되지요.

5) 적절한 보호와 조치가 이뤄졌는지 판단 후 추가 신고 여부 결정

피해자의 상식적인 요구가 충분히 수용되지 않을 수도 있고, 충분히 보호받지 못할 수도 있습니다. 내부 신고를 결심하는 것만으로도 큰 용기를 낸 것인데 조직의 조치가 소극적일 때, 피해자는 조직에 대해 실망하고 신뢰를 잃습니다. 조직에 남아있을 의지를 상실하기도 합니다. 하지만 현실은 냉정하죠. 피해자가 그만두건 말건 조직은 개의치 않습니다.

내부 신고로 문제가 해결되지 않으면, 외부의 신고기관을 이용할 수 있습니다. 외부 신고기관은 좀 더 강력한 압박을 조직에 줄 수 있으니까요.

간혹 언론 제보를 고려하는 분도 있습니다. 언론 제보는 사건의 규모를 크게 확산시키고 경영진이 빠르게 대처하게 하는 데는 분명 효과가 있습니다. 하지만 그만큼의 대가도 본인이 치러야 합니다. 공공부문에서 언론 제보를 한 사람은 신고자로서 보호받을 권리를 상실합니다. 민간 역시 비슷한 곳이 많고요. 최악의 경우, 대중매체에 이름이 알려지면서 이직조차 어려워질 수도 있습니다. 우리나라는 내부 고발자를 배신자처럼 여기는 조직이 많으니 말입니다. 따라서 언론 제보는 그야말로 최후의 수단으로 남겨둘 것을 권합니다.

외부 신고처를 이용하는 것은 언론 제보보다 안전합니다. 물론, 이후의 여파가 없는 것은 아니지만 언론 제보에 비하면 그나마 보호받을 권리를 행사할 수 있습니다.

6) 보호받을 권리를 위한 피해자의 마음가짐

직장 내 괴롭힘의 피해자는 엄연히 보호받아야 하며, 주변의 목격자들 역시 피해자를 돕는 것이 윤리적인 행위입니다. 하지만 그것이 당연해지기 위해서는 피해자 역시 해야 할 의무가 있습니다.

① 괴롭힘을 줄이거나 없애기 위한 노력에 동참하기

위에서 '여럿이 함께 한 놈만 패!' 전략이 쉽게 실패하는 이유를 애기했었습니다. 다른 사람이 나서주기를 바라면서, 정작 본인은 나서지 않는 피해자가 있기 때문이지요. 하지만 변화를 바란다면 피해자 역시 변화를 만드는 데 동참해야 합니다. '내가 먼저 나설 필요 있나'라고 생각한다면, 결국 아무도 나서지 않게 되고, 괴롭힘 피해는 묻히게 됩니다. 조직 내부는 점점 커지는 암덩어리와 부패하는 환부로 고통받게 되지요. 그 암덩어리나 환부 속에 우리가 들어가 있을 것이고요.

사실 저는 직장에서 다년간 고충 상담원 업무를 수행했습니다. 그중 일부 면담자들은 본인의 신원은 드러내지 않은 채, 제가 행위자를 멈춰주길 기대하곤 했습니다. 하지만 특정인의 가해 행위를 멈추게 하려면 어떤 행위에 대한 상담이 접수되었는지 알려야 하고, 행위를 말하면 행위자는 면담자의 신원을 금방 알아차립니다. 조직의 규모가 아주 큰 곳역시 마찬가지입니다. 한 명의 행위자가 많은 사람을 괴롭혔을 수는 있지만, 모두에게 동일한 가해 행위를 하는 것은 아닙니다. 고충 상담원으로부터 주의를 받은 순간, 행위자는 가장 최근에 가해 행위를 한 사람부터 의심하고, 끝내는 신고한 사람을 찾아내거나 범위를 몇 명 이내로 좁혀냅니다.

피해자들이 신고자로 나서기가 정말 어렵고 괴롭다는 것은 분명 사실입니다. 특히나 우리나라처럼 지극히 소수만이 피해를 신고하는 곳에서는요. 조직은 효율을 따지기 마련이므로 소수만이 불만을 제기한다면 차라리 그 소수를 없애버리는 것이 낫다고 판단하니 말입니다. 하지만 괴롭힘을 당하는 피해자 모두가 신고한다면 어떻게 될까요? 2016년 우리나라 근로자 3,000명을 조사했을 때, 피해자의 비율은 21.4%였습니다[14]. 2018년 1,506명을 대상으로 한 조사에서는 25.2%였고요[15].

이 많은 피해자가 모두 신고한다면 상황은 어떻게 달라질까요? 과연 조직이 지금처럼 '피해자가 문제인 것처럼' 편견을 갖거나, 적당주의로 신고에 대처할 수 있을까요?

② 엉뚱한 화풀이하지 않기

두 번째는 엉뚱한 사람에게 화풀이하거나, 도움을 주려는 목격자를 난처하게 만들어선 안 된다는 것입니다. 사례 연구를 하다 보면 피해자가 자신을 도우려는 목격자에게 화를 내거나, 과거에 다른 사람에게 겪은 피해를 상대적으로 만만한 사람에게 화풀이한 사례를 흔히 듣게 됩니다.

관련 사례자인 T씨는 회식 자리에서 상사가 후임 직원의 어깨에 팔을 두르며 추근거리는 것을 목격했습니다. 고개를 푹 숙인 채 아무 말 못 하는 후임을 본 T씨는 옆으로 다가가서 상사의 팔을 걷어내고, 농담처럼 '미투'로 신고되시면 어쩌냐고 경고를 주었습니다. 그런데 벌떡 일어난 후임은 오히려 T씨에게 '선배가 뭔데 나한테 피해자 되라고 강요해요?'라고 소리쳤습니다. 후임은 자리를 박차고 나갔고, T씨의 입장을 매우 난감하게 만들었습니다. 상사는 T씨가 좋은 분위기를 깼다고 나무랐고, 다른 직원들도 T씨에게 눈치를 줬습니다.

T씨의 후임은 왜 이런 행동을 한 것일까요? 성추행을 겪는 피해자의 마음속에는 여러 생각과 감정이 스쳐갑니다. 가해자에 대한 미움, 두려움으로 굳어지는 몸, 가해자를 밀쳐내지 못하는 자신에 대한 자괴감과 수치심 등 복잡하고 고통스러운 감정을 느끼게 되죠. 누군가가 성추행

---

14) 서유정·이지은(2016). 국내 15개 산업분야의 직장 괴롭힘 실태. KRIVET Issue Brief 109호.

15) 박은영 (2019). 근로기준법에 '괴롭힘' 조항 들어갔다: 직장 내 괴롭힘 방지법 들여다보니⋯ 7월부터 시행. 대한민국 정책브리핑 (2019.01.29.) http://www.korea.kr/news/policyNewsView.do?newsId=148857909(Retrieved on 27 Aug 2021).

을 중단시켜 준다면, 보통은 그 사람에게 고마움을 느낍니다. 하지만 타인의 도움을 정상적으로 받아들이지 못하거나, 부정적으로 해석하는 피해자는 도와준 목격자를 '본인이 성추행 당하던 사실을 남들도 알게 만든 사람'으로 취급합니다. 결국 화풀이하는 것이죠. 목격자가 본인에게 해를 입힐 가능성이 없다고 판단하고, 가해자에 대한 분노를 대신 풀어버리는 것이니까요.

피해자를 도운 목격자가 오히려 피해자로부터 부당한 분노를 받으면, 그 목격자는 이후 다른 피해자를 봐도 도울 생각을 하지 않을 것입니다. 목격자에게 가해진 부당한 분노를 지켜본 다른 사람들도 마찬가지고요. 피해자로서 보호받기를 원한다면, 본인의 괴로움에 매몰되어 타인에게 피해를 주는 일이 없어야 합니다.

3. 정리하기

여기까지 직장 내 괴롭힘의 피해자가 신고하기 어려워하는 이유에 대해 알아봤습니다. 또한 피해자로서 대응을 하기 위해서는 어떻게 해야 할지, 어떤 마음가짐이 중요할지 등에 대해서도 생각해봤고요. 증거 자료를 확보하고, 신고하고, 조사에 응하고, 조치를 기다리기까지 피해자는 많은 심력을 소모하고, 가해자로부터 더 큰 괴롭힘을 당하거나, 2차 가해에 시달리게 될 수도 있습니다. 때론 힘없는 개인(피해자) 대 조직(조직)의 싸움이 될 수도 있고요.

이후의 상황을 알면서도 신고를 결심하셨다면 여러분은 매우 굳은 의지를 가지신 분들입니다. 여러분의 의지에 여기서나마 고개 숙여 존경을 표합니다. 괴롭힘을 당했지만 차마 신고할 수 없었던 다른 수많은 피해자가 마음속으로부터 여러분을 응원할 것입니다.

III. 내가 목격자라면?

직장 내 괴롭힘 관련 책이나 컨설팅 내용에서 종종 제외되는 것이 있습니다. 바로 목격자의 역할입니다. 1부의 I장에서 봤듯이, 목격자는 피해자와 가해자 사이의 힘의 불균형을 더욱 악화시킬 수도, 또는 균형을 맞추거나 반대로 뒤집을 수도 있는 힘을 갖고 있습니다. 목격자가 가해 행위를 묵인하거나 가해자에게 동조하는 순간, 불균형이 더욱 커집니다. 반대로 목격자가 가해 행위를 말린다면 기울어졌던 저울의 균형이 살아나게 되지요. 목격자 여럿이서 그렇게 한다면 반대로 피해자 쪽으로 더 무게가 쏠릴 수도 있고요.

1. 목격자라면 어떻게 행동해야 할까?

범죄 사건이 발생했을 때, 목격자의 유무는 매우 중요하게 작용합니다. 누가 범인인지, 범인이 피해자에게 한 짓은 무엇인지, 그 일이 발생한 시간과 장소는 무엇인지 등 목격자의 증언으로 용의자를 체포하고, 범행을 입증할 수 있습니다. 때론 목격자가 경찰을 부르거나 범인의 행동을 저지해서 더 큰 범죄가 일어나는 것을 막기도 하고요.

직장 내 괴롭힘에서도 목격자의 역할은 매우 중요합니다. 가해 행위가 일어나는 순간에 피해자를 보호할 수도 있고, 피해자가 신고했을 때 증언에 참여할 수도 있습니다. 그럼 목격자가 지향해야 할 행동에는 어떤 것들이 있을까요?

1) 내 일도 아닌데 하는 태도 버리기

'내 일도 아닌데 뭐.' 하는 태도는 목격자를 방관자로 만듭니다. 처음 타인에게 가해 행위를 목격당하면 가해자는 움찔하게 됩니다. 하지만 목격자가 말리지도, 신고하지도 않는다는 것을 알게 되면 점점 목격자 앞에서도 거침없이 가해 행위를 하게 됩니다. 나중에는 더 많은 목격자 앞에서도 숨길 생각조차 하지 않습니다.

때론 목격자가 본인을 두려워한다고 생각하기도 합니다. 그때부터는 목격자였던 사람이 새로운 피해자가 될 수도 있습니다. 특히나 피해자가 다른 부서로 이동하거나 퇴사하면 목격자 중 하나가 새로운 괴롭힘 대상이 될 가능성도 커집니다. 지금 당장 괴롭힘을 당하는 것이 내가 아니라는 이유만으로, 내 일이 될 수 없다고 착각하는 것은 금물입니다.

2) 피해 상황 발생시 여러 목격자가 함께 피해자 돕기

목격자가 단 한 명만 있어도 힘이 있다면 효과적으로 괴롭힘을 제지할 수 있습니다. 하지만 괴롭힘이 발생할 때는 주로 가해자가 가장 힘 있는 사람이거나, 또는 그런 사람의 지지를 받곤 합니다. 피해자와 목격자는 가해자보다 직급이나 입지가 낮은 사람일 때가 흔하고요. 이런 상황에서 한 명의 목격자만이 피해자를 도울 경우와 서너 명 이상의 목격자가 도울 때의 효과는 전혀 다릅니다.

가해자와 피해자 사이에는 이미 상당한 힘의 불균형이 성립해 있습니다. 단 한 명의 목격자가 상황을 제지하려 하고, 다른 목격자는 가만히 있다면 가해자는 가만히 있는 목격자를 본인과 같은 편, 말리려는 목격자와 피해자를 반대편으로 분류합니다. 숫자와 힘의 우위에 따라 가해자는 가해 행위를 멈출 필요를 느끼지 않습니다. 말리려던 목격자도 이후의 괴롭힘 피해자가 될 가능성도 생기죠. 감히 가해자의 의지를 거역한 사람이니까요.

서너 명, 그 이상의 목격자가 말리면 상황은 반전됩니다. 가해자가 일방적으로 우위에 있던 상황이 흔들립니다. 피해자를 위해 증언해줄 수 있는 사람도 여럿이 되었기에 가해 행위를 지속하는 것은 부담을 남깁니다. 가해자가 가해 행위를 중단할 가능성이 커집니다.

게다가 말리는 목격자가 여럿이라면 피해자가 엉뚱하게 목격자에게 화풀이하는 상황도 막을 수 있습니다. 숫자의 힘으로 목격자는 상당한 힘을 갖게 되니까요. 효과적으로 가해자를 자제시키고, 피해자의 화풀이를 방지하고, 목격자 스스로를 보호하기 위해서라도 여러 명이 함께 나서서 가해자를 말리는 상황이 되는 것이 좋습니다.

3) 조사가 시작된다면 목격자로서 증언 제공하기

신고가 접수되고, 조사가 시작된다면 목격자로서 적극적으로 나서서 증언을 제공하는 것이 좋습니다. 오직 피해자와 가해자의 증언만 있다면 괴롭힘을 입증하기 어렵고, 조직은 입지가 더 탄탄한 가해자의 손을 들어주기 쉽습니다. 그럼 가해자는 가해 행위를 절대 반성하지 않고, 피해자를 더욱 괴롭히거나 다른 피해자를 만들기도 합니다.

많은 목격자가 귀찮은 일에 연루되기 싫어서 증언하기를 기피합니다. 하지만 가해자가 처벌받지 않고, 목격자가 증언을 꺼리는 조직에서는 결국 본인이 피해자가 될 가능성도 커집니다. 내가 피해자인 상황에 아무도 증언을 해주지 않는 것을 상상해보세요. 얼마나 고통스럽고 힘들까요?

여러 명의 목격자가 함께 나설 때 피해자에게도, 목격자에게도 유리합니다. 괴롭힘을 입증하기 쉽고, 가해자도 쉽게 보복행위를 할 수 없습니다. 하지만 단 한 명만이 나서도 피해자에게는 큰 도움이 됩니다. 목격자가 있기에 조직이 섣불리 가해자의 편을 들어주지 못합니다.

직장의 규정에 내부 신고로 인한 조사에서 목격자의 신원을 보장할 수 있는 내용이 포함되어 있다면, 그 권리를 활용하는 것도 좋습니다. 규정에 관련 조항 자체가 없다면 목격자의 신원을 밝혀야 한다는 조항이 없다는 점을 들어서 신원 보장을 요구할 수 있습니다. 목격자가 요구한다면, 조사관이나 관련 행정업무 처리자는 반드시 목격자의 이름을 기밀로 유지해야 합니다. 이름이 공개된다면 조사관이나 행정업무 처리자가 누설한 것이니 그들에게 책임을 물을 수 있습니다.

2. 목격자라면 어떤 행동을 피해야 할까?

목격자에게 권유되는 행동이 있다면, 기피하거나 유의해야 할 행동도 있지요. 몇 가지 예시를 살펴보겠습니다.

1) 괴롭힘 동참 및 2차 가해

우리나라는 학연, 지연 등의 여러 요소로 인한 친분이 무척 강조됩니다. 조직 생활에 잘 적응하기 위해서는 때론 이런 친분 유지도 필요하고요. 하지만 정도가 지나쳐서 가해자와 함께 피해자를 괴롭히는 목격자들도 있습니다. 흔히 보이는 학교폭력과 상당히 비슷하지요. 첫 가해 학생과 친한 다른 학생이 이후 가해 행위에 동참하는 것처럼요. 당연한 말이지만 결코 해서는 안 되는 행동입니다. 성인이면서 해선 안될 행동을 구분하지 못한다면 기본적인 인성교육부터 다시 받을 필요가 있다는 뜻이겠지요.

2차 가해 역시 가해자와 친분이 있을 때 하기 쉽습니다. '그 사람이 그럴 사람이 아닌데.', '(피해자가) 뭔가 잘못한 게 있겠지.' 이런 것들이 얼마나 위험한 말인지 생각해봐야 합니다. 목격자는 지나가는 말로 했다고 할 수도 있겠지만, 피해자를 두 번 죽이는 말입니다.

2) 괴롭힘 소문 전달

생각 없이 본인이 목격한 괴롭힘을 여러 사람에게 떠들고 다니는 목격자도 있습니다. 가해자와 피해자의 실명까지 거론하거나, 또는 실명을 언급하지 않더라도 누구인지도 알 수 있을 만큼 드러내면서요. 신고된 사례도 아닌데 '카더라' 식으로 소문이 나는 것은 피해자에게 결코도움 되지 않습니다. 조사 진행에 방해가 될 수도 있고, 소문의 특성상 사실이 아닌 내용까지 추가되어 진상 규명을 더욱 어렵게 만들 수도있습니다. 또한 가해자가 피해자를 소문의 근원지로 판단하고 더 많이 괴롭힐 가능성도 있습니다. 소문의 근원지가 누군지를 찾아내어 명예훼손으로 신고할 수도 있고요. 우리나라는 사실적시 명예훼손도 인정하는 나라이니 말입니다.

3) 피해자의 괴롭힘 신고 저지

되도록 지양해야 하고, 만약 한다면 조심스럽게 해야 할 행동입니다. 이후 피해자가 겪게 될 괴로움을 알기 때문에, 피해자를 걱정하는 마음에서 신고를 저지하는 것일 수도 있습니다. 또는 단순히 조직의 분위기가 흐려지는 것이 귀찮아서 말리는 것일 수도 있고요. 전자라면 흔히 이런 표현을 사용할 것입니다. '그 끝이 네가 상처받는 걸까봐 걱정돼', '앞으로 미래가 창창하잖아. 그 사람들(가해자)은 고작 몇 년이야.' 이렇듯 최대한 피해자의 마음을 위로하려는 방식으로요. 반면 후자의 경우에는 이런 표현을 흔히 쓰죠. '인생 선배로서 하는 말인데', '좋은 게 좋은 거잖아', '왜 긁어 부스럼 만들어', '쉽게 쉽게 가자'.

오랜 괴롭힘으로 인해 피해자가 정서적으로 불안정하다면 말리는 이유가 두 가지 중 무엇인지 구분하지 못할 수 있습니다. 자칫 신고를 자제시킨 사람을 향해 적대감을 느끼게 될 수도 있죠. 걱정하는 마음에 신고를 말리는 사람을 가해자와 같은 편인 것으로 착각하거나, 또는 가해자에 대한 분노를 그 사람에게로 옮길 수도 있습니다.

또한 피해자의 신고를 말리는 것은 조직의 직장 내 괴롭힘을 방관하는 것과 마찬가지이기도 합니다. 신고가 없는 조직은 괴롭힘이 존재하지 않는다는 착각에 빠져, 개선을 위한 노력을 하지 않게 될 테니까요.

3. 정리하기

목격자는 피해자와 가해자 간의 힘의 관계가 어떻게 설정되는가에 영향을 미칠 만큼 큰 역할을 하는 사람입니다. 물론 목격자가 나서서 가해자를 말릴 때는 큰 용기가 필요합니다. 가해 행위를 입증할 증언을 할 때도 마찬가지고요. 가해자에게 밉보여서 보복당할 위험을 무시할 수는 없으니까요. 하지만 여러 목격자가 동시에 나선다면 가해자를 물러서게 할 수 있습니다. 목격자들이 힘을 합쳐서 피해자도 보호하고, 본인들도 보호할 수 있습니다. 집단주의 영향이 남아있는 우리나라에서는 특히 '머릿수 싸움'이 좋은 전략이 될 수 있습니다.

목격자가 용기를 낼 때, 조직의 변화도 이뤄질 수 있습니다. 더 많은 분이 동참할수록, 그 변화는 더 빨리 오게 될 것입니다. 그 변화에 동참하고 있을 목격자 여러분에게 이 글을 통해서나마 깊은 감사의 마음을 전합니다.

IV. 내가 경영진이라면?

먼 과거로 돌아가 보겠습니다. 척박한 땅, 힘겨운 노동, 제한된 식량과 자원. 치열한 생존 경쟁 속에서 리더들은 손쉽게 갈등을 줄일 방법을 찾아냅니다. 바로 소수의 '괴롭혀도 되는 약자'를 만드는 것입니다. 제한된 음식이나마 다른 사람들은 그래도 제대로 된 음식을 받습니다. 지정된 약자에게는 먹고 남은 찌꺼기를 주거나, 굶기기도 합니다. '난 저 약자들보다 낫네.' 하는 착각은 삶의 만족도를 높여줍니다. 약자 중 하나가 되지 않기 위해, 남은 집단은 서로 똘똘 뭉치고, 리더의 지시를 잘 따르게 됩니다. 조직의 응집력이 강화됩니다. 리더에게는 참 관리하기 편한 조직이 되는 것이죠.

현대 사회에서도 여전히 경쟁은 치열합니다. 더 좋은 일자리에서, 더 좋은 급여를 받고, 더 빨리 승진하기 위해서 말이죠. 조직은 모든 직원에게 높은 대우와 연봉을 보장하지 못합니다. 제한된 자원의 분배를 효과적으로 하기 위해선, 마찬가지로 약자를 만드는 것이 편합니다. '저 '약자'들은 아무리 일해도 저만큼밖에 못 받네? 우린 그보단 낫잖아?'라고 생각하도록요.

이런 점을 악용하는 리더들은 존재합니다. 리더가 지정한 약자가 더 이상 적응하지 못하고 조직을 나간다면 어떻게 될까요? 리더는 또 다른 약자를 지정합니다. 조직 차원에서 직장 내 괴롭힘을 조장하는 것이죠. 하지만 리더들은 알아야 합니다. 단기적으로는 이득을 볼지 모르지만, 결국 그들의 그릇된 리더십이 조직을 쇠퇴시킨다는 것을 말입니다.

1. 직장 내 괴롭힘으로 얼마나 손해 보고 있을까?

몇 년 전 직장 내 괴롭힘에 대해 기업 관리자를 대상으로 강의를 한 적이 있습니다. 그때 받았던 질문이 있습니다. "아는 게 병이지 않습니까? 다들 모르고 지나가면 별문제 없을 텐데요." 이 말은 건강검진을 뭣 하러 받느냐는 말과 같습니다. 병이 있어도 모르고 지나가는 게 더 속이 편할 거라면서요. 괴롭힘은 암과 같아서 방치하면 점점 더 퍼집니다. 모르는 게 약이지 하는 동안 조직을 죽일 거대한 질병 덩어리가 되는 것입니다.

이런 관리자가 착각하는 것이 직장 내 괴롭힘이 개인적인 문제이며, 그 영향도 개인에게만 미친다는 것입니다. 그간 직장 내 괴롭힘의 피해를 분석한 많은 연구가 피해자가 겪는 심리적, 신체적, 업무적 고통 등에 치우친 면이 없지 않았고요.

하지만 직장 내 괴롭힘은 조직에도 막대한 손실을 입힙니다. 2013년도 기준, 직장 내 괴롭힘 1건당 손실 비용을 약 1,550만 원으로 추정되었습니다[16]. 2016년도에는 직장 내 괴롭힘으로 인한 우리나라 15개 산업의 연간 손실이 약 4조 7,835억 원[17]으로 추정되었고요. 이 금액은 순수하게 인건비 손실만 고려한 것입니다. 조직 이미지 악화, 근로자의 건강 악화나 잦은 퇴사로 인한 대체 인력 채용, 괴롭힘 신고시 조사와 처리를 위한 비용 등을 함께 고려한다면 액수는 훨씬 더 커집니다.

다른 나라와 비교할 때, 우리나라의 비용은 과소 추산된 편입니다. 2001년 보고된 호주의 연구를 보면[18], 피해자의 기준을 엄격하게 잡았던 조사에서 피해자 비율이 3.5%로 나왔고, 그 규모를 바탕으로 연간 60 − 130억 호주 달러(약 5 − 12조원)가 손실된다고 추산되었습니다. 덜 엄격한 기준을 바탕으로 15%로 피해자 비율을 산출하고, 추산한 비용

---

16) 서유정(2013). 직장에서의 괴롭힘 실태. KRIVET issue brief 제20호. 2013. 1. 30.
17) 서유정·이지은 (2016). 국내 직장 괴롭힘의 실태 분석 및 대응방안 연구. 한국직업능력개발원.
18) Sheehan, M., McCarthy, P., Barker, M. & Henderson (2001). A model for assessing the impacts and costs of workplace bullying. Paper presented at the Standing Conference on Organizational Symbolism (SCOS), Trinity College Dublin. 30th June to 4th July 2001

은 170-360억 호주 달러(약 14-31조)였고요. 2001년 기준이니 현재의 손실 비용은 훨씬 더 크겠지요.

우리나라는 엄격한 기준을 적용했을 때도 피해자 비율이 20%가 넘게 나왔습니다. 우리나라의 손실 비용이 낮은 것은 호주보다 비용산출에 반영할 자료를 확보하기 어렵고, 인건비가 낮기 때문입니다. 우리나라의 직장 내 괴롭힘이 덜 심각해서가 아니라요. 드러나지 않은 손실의 규모까지 고려한다면, 우리나라의 조직은 매년 얼마나 큰 금액을 잃고 있을까요?

근로자들은 근무시간에는 조직에 속한 구성원이지만, 그 외의 시간에는 조직에서 생산하는 물품이나 서비스를 소비하는 '고객'입니다. 그 '고객'에게 함부로 하는 조직에게 과연 밝은 미래가 있을까요? 단순히 내부 직원에게 할인가를 제공하는 전략에 만족하는 조직도 있겠죠. 직원이 조직을 떠나는 순간 고객층을 잃을 거라는 생각은 하지 못하면서요. 이런 점에서도 직장 내 괴롭힘은 조직에 매우 큰 손실을 발생시킵니다.

2. 잘못된 대처방식 알아보기

경영진은 직장 내 괴롭힘이 발생하지 않도록 방지하고, 문제가 발생하면 피해자 보호와 조치를 위해 노력할 의무가 있습니다. 예방은 어떻게 해야 하는지, 신고가 들어왔다면 어떤 절차로 어떻게 조치해야 하는지 알아야 하며, 공정한 조사와 조치를 보장하고 피해자를 보호할 적절한 담당자를 임명할 의무도 있습니다.

하지만 현실의 관리자 직급은 직장 내 괴롭힘에 어떻게 대처해 왔을까요? 2016년도 조사에서 직장 내 괴롭힘 또는 유사 사건 발생시 대응해 본 경험이 있다는 응답자는 5.4%(98명)에 불과했습니다[19]. 그 중,

---

19) 서유정·이지은(2016). 국내 15개 산업분야의 직장 괴롭힘 실태. KRIVET Issue Brief 109호.

본인이 속한 조직에 관련 규정이나 지침이 있다는 응답은 2/3정도에 불과했습니다. 성희롱 및 성추행, 폭력, 폭언 관련 규정과 지침을 모두 포함한 결과였습니다.

직장 내 괴롭힘은 당장 신고된 것에 대해서만 조치하는 것이 아니라, 근본적으로 예방을 하고 방지를 하기 위한 노력이 선행되어야 합니다. 그런 노력은 과연 어떻게 진행되고 있을까요? 지금은 직장 내 괴롭힘 금지법이 시행되고 있고, 고용노동부에서 매뉴얼을 발간하여 배포했으니[20] 상황이 훨씬 나아졌을 것이라고 기대해 봅니다. 또한 과거에 잘 못했던 점을 참고하여 타산지석 삼아볼 수 있지요. 그런 의미에서 잘못 대처했던 조직들의 사례에 대해 살펴보도록 하겠습니다.

1) 형식적인 고충상담제도 운영

앞서 괴롭힘 피해자가 신고하지 못하는 이유 중 하나로 어떻게 해야 하는지를 몰라서가 포함되어 있었습니다. 형식적으로만 고충상담제도를 운영하는 조직의 수는 적지 않습니다. 2016년 조사에서 조직 내에 고충 상담원이나 부서가 있다는 것을 아는 응답자는 20.8%에 불과했습니다[21]. 나머지는 없거나 모른다고 대답했지요. 그만큼 고충상담제도를 제대로 운영하지 않는 조직이 많은 것입니다.

고충상담제도를 운영하고는 있지만, 신고를 처리하는 역할을 감사부서나 인사부서에 두는 조직도 문제가 되는 것은 마찬가지입니다. 감사부서는 외부 감사에서 조직의 책임을 최소화할 방법을 찾는 역할을 담당하고 있습니다. 감사부서에 고충 신고처리 역할을 둔다는 말은 그 조직이 책임을 회피할 방법을 찾는 것을 우선시한다는 의미가 될 수 있

---

20) 고용노동부 (2019. 2). 「직장 내 괴롭힘 판단 및 예방·대응 매뉴얼.」, https://www.moel.go.kr/policy/policydata/view.do?bbs_seq=20190063 9 (Retrieved on 31 Aug 2021).

21) 서유정·이지은(2016). 국내 15개 산업분야의 직장 괴롭힘 실태. KRIVET Issue Brief 109호.

습니다. 인사부서는 직원의 근평과 계약 연장을 담당하는 부서이므로 직원이 고충 문제로 접근하기 어렵습니다. 즉, 인사 부서에 신고처리 역할을 맡긴다는 것은 경영진이 가급적 신고접수가 되지 않기를 바란다는 의미로 비쳐질 수 있습니다.

2) 신고 처리 절차 미준수

조직이 직장 내 괴롭힘 신고를 접수하는 것부터 시작해서 필수적으로 따라야 하는 절차는 약 11단계입니다. 피해 사실이 입증되어 사후 조치를 하는 경우에는 약 4가지 절차가 추가되어 총 15단계의 절차를 따르게 되고요[22].

1,679명의 관리자 이상 직급자를 대상으로 조사했을 때, 괴롭힘 등의 사건 신고 처리에 참여해본 응답자는 98명에 불과합니다[23]. 15개 조치를 모두 따랐다는 응답은 15.3%에 불과했습니다. 피해 입증 이전까지의 11가지 절차를 모두 따른 것은 20.0%에 불과했고요.

조직의 규정 등에 따라 15개 또는 11개의 절차 중 일부를 누락 하는 경우는 있을 수 있습니다. 하지만 절반도 시행하지 않은 곳이 1/3 수준, 심지어 1-2개 정도의 절차만 따른 곳도 있다는 점이 문제의 심각성을 보여줍니다. 절차를 모른다는 점도 문제지만, 알면서도 형식적으로만 조치하고 있다면 조직의 공정성이나 객관성, 투명성 등을 신뢰할 수 없다는 의미도 되지요.

---

22) 각 절차의 내용은 이후에 다루도록 하겠습니다.
23) 서유정·이지은(2016). 국내 15개 산업분야의 직장 괴롭힘 실태. KRIVET Issue Brief 109호.

표 IV-1 | 직장 내 괴롭힘 신고 접수 이후 시행한 절차 현황 (응답자 수, %)

시행한 절차 수		통합		피해 입증 이전 절차		피해 입증 이후 절차	
피해 입증 여부 무관 필수 절차	1	2	2.0%	3	3.2%	–	–
	2	3	3.1%	5	5.3%	–	–
	3	6	6.1%	6	6.3%	–	–
	4	3	3.1%	6	6.3%	–	–
	5	4	4.1%	5	5.3%	–	–
	6	4	4.1%	13	13.7%	–	–
	7	5	5.1%	10	10.5%	–	–
	8	9	9.2%	4	4.2%	–	–
	9	11	11.2%	10	10.5%	–	–
	10	2	2.0%	14	14.7%	–	–
	11	5	5.1%	19	20.0%	–	–
	무응답	3	3.1%	–	–	–	–
피해 입증에 따른 필수 절차	1	6	6.1%	–	–	11	13.6%
	2	9	9.2%	–	–	17	21.0%
	3	11	11.2%	–	–	25	30.9%
	4	15	15.3%	–	–	28	34.6%
전체		98	100.0%	95	100.0%	81	100.0%

출처: 서유정·이지은 (2016). '국내 직장 괴롭힘의 실태 분석 및 대응방안 연구'의 통계 데이터 재분석.

3) 적당주의, 보신주의 조치

<표 IV-1>처럼 절차가 무시되는 것은 조직 문화가 적당주의와

보신주의에 치우쳐 있음을 보여줍니다. 조사를 어떤 절차로 어떻게 진행해야 하는지도 모르는 조사관을 임명하고, 형식적으로만 조사를 진행하고, 문제가 되면 책임을 개인에게로 전가하고, 조사 내용 중 조직에 불리하게 작용할 수 있는 것은 숨기는 등 조직이 무책임하게 대응한 사례는 다양합니다. 이 과정에서 많은 피해자가 괴롭힘을 인정받지 못하고, 이후 가해자에게 더욱 큰 피해를 당하곤 합니다. 또는 반대로 적당주의와 보신주의로 인해 허위 신고를 조사 없이 그대로 수용하여 개인에게 책임을 전가함으로써 새로운 피해자를 만들기도 하고요.

전자의 경우는 워낙 많은 흔한 만큼, 후자에 해당하는 U씨의 사례만 한 번 살펴보겠습니다. U씨는 본인의 차별적인 언행으로 신고를 당했습니다. 특이점은 다른 유사 케이스와 비교할 때, 신고자의 요구가 과거에 발생한 성추행의 징계를 넘어서는 수준이었다는 것입니다. U씨의 조직은 신고 접수 후 마땅히 해야 할 절차를 대부분 무시했습니다. 조직의 장이 개인적으로 U씨를 면담하여 사과를 요구한 뒤, 신고자가 요구한 징계를 모두 U씨에게 내린 것입니다. U씨는 뒤늦게야 본인에 대한 징계가 과도했으며, 조직이 정식 절차를 하나도 준수하지 않은 것을 깨달았지만 징계는 이미 시행된 뒤였습니다.

처벌 대상이 될 만한 괴롭힘 행위를 했다면 마땅히 처벌받아야 하겠지만, 어디까지나 행위의 수준에 준해야 합니다. 편의점에서 껌 하나를 훔친 사람을 사형에 처한다고 한다면 과연 정당한 조치일까요? 징계 수준이 너무 낮아도 분명 문제가 있지만, 너무 과한 것도 적절치 않습니다. 그때부턴 조직이 가해자, 기존의 가해자는 피해자가 되는 것입니다.

4) 직장 내 괴롭힘을 개인적인 문제로 보는 그릇된 인식

직장 내 괴롭힘을 개인의 인성 문제로 보는 사람은 많습니다. 특히 경영진에게는 괴롭힘을 개인 문제라고 보는 것이 책임을 회피하기 쉬우므로 더욱 그렇게 몰고 가곤 합니다. 실상은 개인보다 조직적인 문제가 차지하는 비중이 훨씬 더 큽니다. 조직이 피해를 주는 행위를 제대로 막지 않고 방관하는 것, 또는 조직의 운영방식 자체가 그 피해를 유발시키는 것 등 조직적인 문제가 더욱 큰 원인에 해당됩니다. 북유럽의 연구에서는 동료들은 직장 내 괴롭힘 유발에 개인적인 문제보다 조직 자체의 문제가 2배 이상 크게 작용한다고 주장된 바가 있습니다[24]. 또한 국내의 연구에서는 개인의 인성보다 조직의 조직적인 문제가 통계적으로 5배쯤 크게 작용한다고 나온 적도 있고요[25].

하지만 직장 내 괴롭힘의 신고를 가해자와 피해자의 문제로 돌리고, 둘이서 알아서 해결하라고 하는 경우는 흔합니다. 특히 남성의 비중이 높을 때, 신고를 접수한 사람이 직속 상사나 선임일 때, 이런 식으로 대응하는 경우가 많지요. 가해자와 피해자를 한 자리에 불러놓고, 둘이 서로 오해가 있는 것 같으니 술 한잔하며 잘 풀어보라 하는 것입니다. 신고를 접수한 사람은 문제에서 빠져버리고, 접수한 신고를 상부에 보고하지도 않습니다. 직장 내 괴롭힘을 '조직의 문제'로 인식하지 못하고, 단순히 '오해'이며 '한잔 술로 풀어낼 수 있는 약간의 개인적인 갈등' 정도로 가볍게 취급한 것입니다. 그 결과는 보통 가해자가 피해자를 괘씸하게 여겨 더 심하게 괴롭히는 것으로 나타나곤 합니다.

5) 2차 가해 및 가해자 옹호

관리자와 사용자가 2차 가해자가 되기도 합니다. '그럴 사람이 아닌데.'라는 말은 흔한 2차 가해 중 하나죠. 참 무서운 말입니다. 아무렇지

---

24) Einarsen, S., Hoel, H., Zapf, D., & Cooper, C. L.(2003). The concept of bullying at work: The European tradition. In .S. Einarsen, H.Hoel, D.Zapf, & C. L. Cooper(Eds.), Bullying and Emotional Abuse in the Workplace: International perspectives in research and practice(1st ed., pp. 3−30). Suffolk: Taylor & Francis.
25) 서유정·이지은 (2016). 국내 직장 괴롭힘의 실태 분석 및 대응방안 연구. 한국직업능력개발원.

도 않게 피해자를 거짓말쟁이로 만들고, 가해자의 편을 들며, 피해자를 좌절하게 만드는 말이니까요.

관리자라면, 경영진이라면, 사업주라면 가해자로 신고된 사람이 '나'에게 잘한다고 해서, 다른 사람에게도 잘할 거라는 착각은 버려야 합니다. 그런데 직급이 높을수록, 권력이 강할수록 쉽게 그런 착각을 하죠. 내 눈앞에서 보이는 그 사람의 행동에는 항상 문제가 없으니까요. 막상 괴롭힘 사례들을 보면, 상위 직급자를 매우 잘 떠받드는 사람이 괴롭힘의 가해자인 경우가 참 많습니다. 이런 점을 고려해서도 경영진·관리자·사업주라면 한쪽으로 치우쳐진 태도를 보여선 안 됩니다.

어떤 신고를 접수했건, 공정한 조사를 통해 사실관계가 확인될 때까지 과거의 경험이나 친분에 따른 주관적인 판단은 금물입니다. 조사관으로서 해야 할 역할을 잘 아는 사람을 조사관에 임명하여 체계적이고 상세한 조사가 이뤄지도록 한 뒤, 그 결과를 바탕으로 공정한 조치를 하도록 해야 합니다.

6) 신고자에 대한 편견

우리나라의 조직에서는 문제를 제기하는 사람을 곧 평화를 깨는 사람으로 인식하곤 합니다. 모두가 문제를 방관하는 가운데, 한두 사람이 이의를 제기하면 곧 그들이 문제라고 생각하는 것이 편하니까요. 개인주의가 강한 서양에서도 다수가 그렇다고 하면 소수가 아니라고 하기 어려운데[26], 집단주의가 강한 곳에선 더더욱 그런 경향이 강해집니다.

게다가 간혹 허위 및 과장 신고가 발생합니다[27]. 무고한 사람이 가해자로 지목되어 고통 받게 되기도 하죠. 이런 경우를 직접 경험했거

---

26) Bond, R. (2005). Group size and conformity. Group Process & Intergroup Relations. (Retrieved from https://doi.org/10.1177/136843020505644 64 on 30 https://doi.org/10.1177/1368430205056464 on 30 Aug 2021)
27) 허위 및 과장 신고에 대해서는 V장에서 다루도록 하겠습니다.

나, 간접적으로 전해 들은 경영진·관리자·사업주는 이후의 신고자에 대해서도 색안경을 끼기 쉽습니다. 모든 신고자가 다 허위·과장 신고 자라고 생각해 버리면 경영진의 마음은 편합니다. 본인은 아무 문제 없이 조직을 잘 경영·관리하고 있으며, 조직의 조직 문화도 문제가 없습니다. 오히려 신고하는 사람들이 이상한 사람인 것이니, 본인은 어떤 일에 대해서도 책임이 없는 것입니다.

하지만 허위·과장 신고자보다는 실제 피해자가 훨씬 많습니다. 특히 나 괴롭힘을 심하게 당한 피해자일수록, 신고를 결심하기까지 어마어 마한 용기와 의지를 필요로 합니다. 경영진이 신고는 곧 허위 신고라는 태도로 대응하면 조직 전체의 분위기가 그렇게 돌아갑니다. 나서서 신 고를 한 사람은 조직의 평온을 깨트린 문제아가 되어버리는 것입니다.

허위 신고를 경험했건 아니건, 경영진·관리자·사업주는 편견이 생 기는 것을 경계해야 합니다. 모든 괴롭힘 또는 관련 사례마다 개별적인 사례로 바라봐야 하며, 직간접적으로 접한 허위·과장 신고 또는 그런 일이 있을 수 있을 것이라는 상상이 판단에 영향을 주지 않도록 해야 합니다.

7) 신고자의 태도 및 신고 매체에 따라 다른 태도로 대응

직장 내 괴롭힘 신고가 접수되면 조직은 최대한 그 책임을 회피하기 위해 이중적인 모습을 보이곤 합니다. 피해자가 내부 매체를 이용해 신 고하고, 조직에 순응하는 모습을 보이면 사건을 은폐하거나, 형식적인 조사만으로 종결시키거나, 가해자의 행위에 비해 매우 과소한 처분으 로 마무리를 하기도 합니다. 심지어 징계 조치를 받은 가해자가 마치 건강으로 인해 잠시 휴직하는 것처럼 보호하기도 합니다.

하지만 내부 매체를 통해 신고하더라도 강하게 나오는 신고자, 외부 창구를 이용한 신고자, 언론 노출을 시사하는 신고자에 대해서 조직은 정반대의 태도를 보입니다. 외부 기관의 압력이 있다는 이유로, 사건이 외부로 노출될 수 있다는 이유로 기꺼이 가해자로 지목된 사람을 희생시킵니다. 실제로 잘못한 것에 비해 과다 처벌을 하거나, 또는 과실이 없는데도 책임을 지도록 합니다. 투명하게, 정직하게, 공정하게 경영되는 조직이라면 누가 어떻게 신고하느냐에 따라서 이렇게 다른 태도를 보이는 일도 없을 것입니다. 내부적으로 문제가 많은 조직, 적당주의와 보신주의에 빠진 조직이 이렇게 일을 처리하곤 합니다.

8) 불만을 말하지 않는 것 = 불만이 없는 것으로 착각

간혹 조직의 장이나 경영진과 일반 직원이 직접 만날 자리를 마련하는 조직이 있습니다. 명목은 소통이지만 실상 직원의 건의사항이나 애로사항을 무시한 채, 조직의 장과 경영진이 하고 싶은 말을 하는 자리가 되기도 합니다. 이런 상황이 반복되면 직원들은 입을 다뭅니다. 해봤자 개선되는 것은 없고, 오히려 불만을 제기하는 사람으로 찍히기 마련이니까요. 무능력한 경영진은 이런 상황이 조직의 분위기가 좋기 때문이라고 착각하곤 합니다.

하지만 거침없이 문제점을 지적하고, 개선 사항을 건의하는 사람이 여럿일 때, 조직의 성장 가능성도 큽니다. 조직의 많은 직원이 개선을 위해 필요한 것들을 생각하고 있고, 그 말을 해도 조직으로부터 불이익을 당하지 않을 거란 신뢰가 있다는 의미니까요.

조직에 정말로 문제가 없어서 불만을 얘기하지 않는 것이라면, 직원들은 소통의 기회가 주어졌을 때, 현재 조직의 상황에 대해 칭찬하는 말을 할 것입니다. 불만을 얘기하지 않고 입을 다문다는 것은 불만이 없다는 뜻이 아니라, 그런 얘기를 할 만큼 경영진을 신뢰하지 않는다는 의미입니다. 경영진이 직원들의 신망을 잃는 경영을 하고있는 것이죠.

9) 조직 문화 자체가 괴롭힘을 유발하는 것을 방관

행위자가 가해 행위를 하는 이유가 항상 본인에게 있진 않습니다.

더 권력 있는 사람의 강요(또 다른 갑질) 때문에, 조직의 일반적인 관행이 그러해서, 업무 수행을 위해서는 피할 수 없어서 등 조직 자체의 문제로 인해 발생하게 되는 경우도 많습니다.

몇 년 전 논란이 있었던 간호사들의 임신순번제를 예시로 들어보겠습니다[28]. 병원에서 근무하는 간호사가 내부적으로 순서를 정해놓고 임신과 출산을 하고, 그 순서를 지키지 않은 간호사를 '태움'하는 상황, 이것이 과연 간호사만의 잘못일까요? 근본적인 원인은 간호사들을 항상 인력부족 상태로 일하게 하는 병원 경영진의 무책임함입니다. 인력부족이 극심하지 않았다면, 출산 또는 휴직자의 대체 인력을 채용해줬다면, 간호사들이 임신순번제 같은 비인간적인 제도를 스스로 만들 필요가 없지요.

조직은 스스로가 괴롭힘 유발자가 되는 것을 경계해야 합니다. 조직의 장이라면, 경영진이라면, 관리직이라면 조직의 문제가 무엇인지 항상 성찰하고 개선하기 위한 노력을 해야 합니다. 본인의 보신과 이익만 생각해서 문제가 발생해도 개인에게 책임을 전가하고, 조직 자체의 문제는 방관한다면, 결국 조직을 죽이는 암덩어리를 키우게 될 것입니다.

10) 타 조직과 과도한 힘의 격차 유발

직장 내 괴롭힘의 범위는 조직 내부뿐만이 아니라 업무와 관련된 모든 상황을 포함합니다. '갑' 또는 '을'이라 불리는 다른 조직의 사람도 가해자나 피해자가 될 수 있다는 의미입니다. 갑을 관계에서 괴롭힘이 발생하는 일은 흔합니다. 관련 사례를 보면, 원청[29]을 대하는 하청[30] 리더의 태도에 문제가 있음을 흔히 볼 수 있습니다. 이런 리더들은 원

---

28) SBS (2016.08.30.) [박진호의시사전망대] 간호사 '임신순번제'…어기면 따돌림에 괴롭힘도 https://news.sbs.co.kr/news/endPage.do?news_id=N1003h757383 (Retrieved on 2 Sep 2021)
29) 또는 예산을 주거나 허가를 내주는 조직
30) 또는 예산을 받거나 허가를 받아야 하는 조직

청의 리더뿐만 아니라 일반 직원에게까지 지나치게 스스로를 낮춥니다. 하청의 리더가 이런 행동을 하면, 하청 직원은 원청 직원에게 한층 더 '만만하고 함부로 해도 되는' 존재가 됩니다.

관련 사례를 보겠습니다. '가'와 '나'는 각각 큰 규모의 조직으로 다년간 협력해 왔습니다. 처음에는 서로 동등한 관계에 가까웠지만, '가'에서 '나'로 넘어가는 예산의 규모가 커지면서 점차 상하관계로 변하기 시작했습니다. '나'의 리더는 '가'의 예산을 놓치게 될 수도 있다는 우려로 '가'의 갑질을 거의 무조건적으로 수용했습니다. '가'의 직원이 '나' 직원에게 반말과 욕설을 하고, 성희롱과 성추행하고, 본인이 해야 할 일을 떠맡겨도 '나'의 리더는 순응했습니다. '나'의 직원이 항의하면, 나서서 갑질을 수용하도록 압력을 행사하기도 했습니다.

'나'의 리더는 전형적인 보신주의자이자 무책임한 리더의 모습을 보이고 있습니다. 직원을 보호하기보다는 문제가 커지지 않도록 직원의 항의를 억누르는 것이 우선이었습니다. '나'의 리더가 해야 할 역할은 직원을 보호하고, '가'와 최대한 동등한 관계를 유지하도록 하는 것이었습니다. 리더는 소속 직원에게 쾌적한 근무환경을 제공하고, 내외부의 갑질로부터 보호할 의무가 있으니 말이죠. 외부의 갑질을 수용하도록 요구하고, 갑질을 신고해도 아무런 조치를 하지 않고, 직원을 보호하지 않는 것은 조직과 리더의 의무를 방기하는 것입니다.

3. 직장 내 괴롭힘, 제대로 대응하려면?

모든 조직과 경영진이 괴롭힘을 유발하거나 방치하는 것은 아닙니다. 적극 대응하는 조직들을 바탕으로 괴롭힘에 예방하고 대응하기 위한 조직의 적절한 태도와 행동에 대해서도 생각해보겠습니다.

1) 상사가 좋아하는 것을 후임도 좋아한다는 착각 타파

많은 상사가 이런 착각을 합니다. 회식에서는 맛있는 음식을 먹게 되니 모두가 좋아할 거야, 내가 좋아하는 등산은 다른 직원들도 좋아할 거야. 다시 말하지만 큰 착각입니다. 회식과 주말 등산은 실상 '상사'의 즐거움을 위해 직원에게 희생을 요구하는 활동일 때가 많습니다. 산행을 좋아하는 상사들은 이렇게 말할지도 모릅니다. 아무도 싫다고 한 적 없고, 스스로 나오는데 왜 괴롭힘이 되냐고요. 스스로 나온다는 것이 기꺼이, 즐겁게 나온다는 의미는 아닙니다. 조직의 주요 의사결정권자들이 모두 나가는 행사, 거기서 잘 보이면 그 '라인'을 탈 수도 있고, 불참하면 이후 주요 의사결정권자들의 눈 밖에 날 수도 있습니다. 그러니 어쩔 수 없이 나가는 것이죠.

착각하는 상사들의 모습은 일반 직원의 생각을 무시한 채, 상위 직급자 중심으로 돌아가는 이기적이고 권위주의적인 조직 문화를 보여줍니다. 다른 형태의 괴롭힘도 발생하기 쉬운 조직 문화가 형성되는 것입니다. 경영진이 표면적인 괴롭힘 예방에만 신경 쓰는 것이 아니라, 근본적인 조직 문화 개선에도 앞장설 때, 실효성 높은 괴롭힘 예방이 될 수 있습니다. 현재 여러 조직이 회식은 저녁 9시까지로 제한하고, 주말 등산이나 워크샵을 폐지하고 있습니다. 우리 주변에서도 변화가 나타나고 있음을 보여주는 것이죠.

2) 사업주나 경영진도 가해자, 피해자, 목격자가 될 수 있음을 인식

표면적으로 직장 내 괴롭힘이 없어야 한다고 주장할 사업주나 경영진은 많습니다. 하지만 정작 본인도 직장 내 괴롭힘의 가해자나 피해자, 목격자가 될 수 있음을 잊고 있는 사람도 많지요. 조직의 규정과 지침에는 성희롱, 폭력, 폭언을 금지하는 조항을 만들게 하면서, 정작 본인은 조직의 직원이나 외부 하청업체 등의 직원에게 그런 행위를 하는 사람도 있습니다.

한 조직의 장인 V씨는 강경한 피해자로부터 성희롱 신고가 접수되자, 신고된 직원에게 과도할 정도의 징계를 내렸습니다. 하지만 정작 본인은 회식 자리에서 젊은 여직원을 옆에 앉게 하고, 술을 따르도록 했으며, 공공연하게 성차별 발언을 하곤 했습니다. V씨는 조직의 장이었기에 신고가 접수되어도 조사 진행 여부를 결정할 수 있는 권한을 갖고 있었습니다. 게다가 조직의 장인 그를 신고할 수 있는 직원은 없었습니다. V씨와 같은 가해 행위는 경영진 사이에서 드문 것이 아닙니다. 더 심각한 가해 행위 사례도 간혹 언론에 보도되곤 하지요[31][32][33].

또한 경영진이 무조건 가해자만 되는 것은 아닙니다. 피해자도 될 수 있습니다. 높은 급여만큼의 실적을 내지 못한다고 회사 밖으로 내몰리는 간부, 원청 측으로부터 직원으로부터 접대·상납금 요구·폭력·폭언에 시달리는 하청의 경영진, 원가를 지키지 않는 원청으로 인해 도산한 사업주, 원청에게 특허를 빼앗긴 사업주 등 경영진 이상급이 피해자가 된 사례도 드물지 않습니다.

직장 내 괴롭힘은 경영진 이상급과는 멀리 떨어진 다른 세상의 일이 아니라, 그들에게도 일어날 수 있는 현실입니다. 경영진은 직장 내 괴롭힘이 본인들의 문제이기도 함을 인식하고, 직장 내 괴롭힘 대응에서 본인들이 제외된다는 착각을 버려야 할 것입니다.

3) 무관용 법칙

직장 내 괴롭힘 금지법 통과 이후, 여러 조직이 직장 내 괴롭힘에 대

---

31) https://www.hankyung.com/economy/article/201904081271Y
32) https://www.chosun.com/site/data/html_dir/2020/05/28/2020052801.html
33) https://news.kbs.co.kr/news/view.do?ncd=4059373

처하기 위한 지침을 만들고 있습니다. 유의할 점은 그 원칙이 '0건 발생'이 아닌 무관용이어야 한다는 것입니다. '0건 발생'을 목표로 하면, 관리 직급은 신고 자체가 위쪽에 보고되는 것을 막기 위해 움직입니다. '0건 신고'로 만들기 위한 추가 가해가 진행될 수 있지요.

무관용 법칙과 함께, 괴롭힘 신고창구를 적극 홍보하고, 신고가 접수되면 최선을 다해 진상을 규명하고, 피해자를 보호하며, 적절한 징계 등의 조치를 해야합니다. 무조건 행위자가 나쁠 것이다, 또는 무조건 신고자가 거짓으로 접수하는 것이라는 일방적인 편견을 버려야 합니다. 신고자와 행위자, 그 둘의 관계를 목격한 제3의 목격자들도 조사가 이뤄져야 합니다. 행위자와 신고자의 증언은 다를 가능성은 큽니다. 거짓말을 해서 그런 것이 아니더라도, 같은 상황을 보는 양측의 시선이 다를 수도 있습니다. 따라서 목격자나 증거자료를 확인해야 하는 것입니다. 또한 신고된 행위가 회사 전반적으로 퍼져있는 관습적인 것은 아닌지, 신고자와 같은 직급의 직원들이 대체로 그 행위를 괴롭힘으로 인식하는지 등도 함께 조사해야 합니다. 이런 조사를 통해 괴롭힘 가해 행위가 입증되면 철저한 무관용의 원칙으로 가야 합니다.

4) 사전 예방을 위한 노력 실행

직장 내 괴롭힘을 방지하기 위한 노력은 사전 예방에서부터 시작됩니다. 우리나라는 보통 사전 예방을 직원 교육으로만 하는 경우가 많죠. 그러나 형식적으로 진행되는 예방 교육은 직원의 집중도가 매우 떨어집니다. 효과를 높이기 위해서는 각 조직의 특성에 맞게 교육 내용을 구성하고, 일반 직원용과 경영진·관리자용 교육을 구분할 필요가 있습니다. 일반 직원용 교육에서는 조직 내외부의 신고 창구와 처리 절차 및 규정, 실제 괴롭힘 사례를 바탕으로 최대 징계 조치가 무엇인지, 피해자로서 또는 목격자로서 어떤 역할을 해야 하는지 설명하는 내용이 들어가야 합니다. 경영진·관리자용 교육은 위의 내용에 더해서 괴롭힘에 적극 대응해야 하는 이유와 경영진과 관리자 역시 가해자, 피해자, 목격자가 될 수 있음을 이해하도록 돕는 내용이 들어가야 합니다.

직원 교육 외에 사전 예방 사례를 보면 ① 전 직원 대상 직장 내 괴롭힘 체크리스트 배포, ② 정기적인 직장 내 괴롭힘 실태 조사, ③ 직장 내 괴롭힘 목격하는 순간 'Stop!' 외치기 캠페인 (목격자 역할 강조), ④ 셀프 교육자료 배포 (관리자용, 일반 직원용 구분) 등이 있었습니다.

5) 체계적이고 적절한 신고 대응 절차 및 조치 시행

직장 내 괴롭힘 신고 접수를 시작으로 취해야 할 절차와 그에 따른 조치들이 있습니다. 피해 사실이 입증된다면 따라야 할 절차가 15가지, 피해 사실이 입증되지 않는다면 11가지입니다.

표 IV-2 ┃ 피해 사실 입증 여부에 따라 취해야 할 절차와 조치

구분	피해 사실 입증	피해 사실 미입증
① 괴롭힘 신고 접수	V	V
② 조사관 임명 및 진상 조사위원회 구성	V	V
③ 피해자(신고자) 조사	V	V
④ 행위자 조사	V	V
⑤ 목격자 조사	V	V
⑥ 진상조사위원회 개최: 조사결과 작성 및 보고, 피해 입증 여부 결정	V	V
⑦ 징계위원회 구성	V	
⑧ 징계위원회 개최: 조사보고서 및 증거자료 검토 및 징계 여부와 수위 결정	V	
⑨ 신고자(피해자)와 행위자(가해자)에게 결과 통보	V	V

⑩ 결과 시행	V	
⑪ 조직 전체에 조사 및 처리결과 공지	V	V
⑫ 사후 조치 I: 신고자 (피해자) 보호 및 지원	V	V
⑬ 사후 조치 II: 경고/징계 이후 가해자 행동 변화 감시	V	
⑭ 예방 대책 마련	V	V
⑮ 조직 전체 예방 교육 실행	V	V

상황에 따라 일부 절차가 생략될 수는 있지만, 너무 많은 절차가 생략된다면 그건 조사와 사후 조치가 제대로 이뤄지지 않았음을 의미합니다. 피해자가 조직에 신뢰를 잃게 하지 않도록 하기 위해서도, 무고한 사람이 허위 및 과장 신고로 경고나 징계를 받는 것을 막기 위해서도 신고 대응 절차를 따르고, 절차마다 요구되는 세부 조치를 충실히 시행해야 합니다.

① 괴롭힘 신고 접수

괴롭힘 신고는 고충 상담원 및 옴부즈맨처럼 조직이 지정한 사람 외에도 피해자의 상사나 노조, 인사부서 등을 통해 접수될 수 있습니다, 피해자의 면담 요청을 받고 대략적인 상황을 파악하면 먼저 피해자에게 정식으로 신고하고 싶은지, 아니면 상담만을 원하는지 확인합니다. 신고할 의향은 없지만 피해 사실을 호소하면서 상담받기를 원하는 피해자도 있기 때문입니다. 만약 상담을 원한다면 상담을 하고, 신고를 원한다면 정식 신고 절차를 받을 수 있도록 돕습니다. 대리 신고를 해주길 원하는 피해자도 있을 수 있습니다만 전달하는 과정 중에 누락되거나, 세부 내용이 잘못 전달되는 상황이 발생할 수도 있으니 가급적 직접 신고할 것을 권하는 것이 좋습니다.

신고를 제대로 접수하는 것부터 정식 절차에 포함됩니다. 고충 상담원과 옴부즈맨, 노조 담당자, 인사부서 직원, 관리직급자는 신고를 접수하고 기록하여 상부에 보고하는 절차와 사용하는 양식([그림 IV-1] 참조)에 대해 충분히 숙지하고 있어야 합니다.

그림 IV-1 ┃ 기본적인 신고 접수서 양식 (예시)

신고 접수서

1. 접수자 및 신고접수 일시:
2. 신고자 및 피해자와의 관계:
3. 신고 내용 (6하 원칙에 의한 괴롭힘 내용)

4. 관련 목격자 (또는 증거자료 목록)[34]

5. 신고자가 희망하는 조치

괴롭힘 상황을 직접 목격한 목격자가 피해자의 동의를 얻어 대리 신고를 하는 것도 가능합니다. 목격자가 판단하기에 상황이 매우 시급하

---

34) 접수서 또는 신고서에 작성된 목격자가 조사 참여를 거부할수도 있습니다. 피해자는 기억할 수 있는 한 최대한 많은 목격자를 제시하고, 목격자 외에도 괴롭힘 피해를 증명할 증거를 확보해두는 것이 좋습니다.

고 위험하다면, 피해자의 동의 없이 바로 신고를 할 수도 있습니다. 피해자 또는 대리인이 직접 신고서의 작성을 원할 때를 대비하여 신고서 양식도 마련되어 있어야 합니다 ([그림 IV-2] 참조).

그림 IV-2 ｜ 기본적인 신고서 양식 (예시)

신고서

1. 신고자 및 피해자와의 관계:
2. 신고 내용 (6하 원칙에 의한 괴롭힘 내용)

3. 관련 목격자 (또는 증거자료 목록)

4. 피해자가 희망하는 조치

정식 담당자(고충 상담원, 옴부즈맨, 노조 담당자, 인사부서 등)가 처음 신고를 접수한다면, [그림 IV-1]의 양식을 작성하여 조직 내부 지침에 따른 보고 절차를 따르면 됩니다. 신고 접수서를 작성하여 보고할 때는 내부 지침에 따라 1) 직속으로 조직의 장에게 보고하거나, 2) 인사부서 담당자에게 전달한 뒤 보고하도록 할 수 있습니다.

신고 접수서를 작성할 때는 피해자가 말하고자 하는 내용이 가급적 상세하게 담기도록 합니다. 보고를 받은 조직의 장이나 이후 조사를 진행하게 될 조사관들이 신고 접수서만 보고도 사건의 내용과 세부 사항을 최대한 정확히 이해할 수 있도록 말입니다. 신고 접수서를 대충 작성하면 피해자는 이후 조사과정에서 했던 말을 여러 번 반복하는 괴로움을 겪게 됩니다. 이미 했던 증언을 다시 묻고, 제출했던 증거를 또 제출하게 하는 것은 담당자들의 무책임함이나 소양 부족으로 발생합니다. 조직이 그들에게 관련 교육을 제공하지 않고 방치했거나, 또는 그 업무를 수행하기에 적합하지 않은 사람에게 맡겼음을 의미하지요.

신고 접수서를 보고받은 뒤, 관련 의사결정권자가 조사의 진행 여부를 결정합니다. 많은 조직에서 이 의사결정이 조직의 장의 단독 권한으로 이뤄집니다. 하지만 가급적 노조 위원장/지부장 등과 함께 논의해서 결정하도록 지침을 세우는 것이 적절합니다. 특정인의 단독 권한이 될 경우, 본인과의 친분 여부 등에 따라 사건을 무마시킬 수 있으니까요.

② 조사관 임명 및 진상조사위원회 구성

조사 진행이 결정되면 조사관을 임명하고, 조사 내용을 검토하여 피해 입증 여부를 결정할 진상조사위원회를 구성해야 합니다. 신고가 접수되기 이전에 미리 담당자들을 지정해두는 조직도 있고, 신고가 접수될 때마다 하는 곳도 있습니다.

조사관을 임명할 때는 공정성과 객관성 확보를 위해 최소 2−3명 이상으로 해야 합니다. 피해자로부터 처음 신고를 접수한 사람(고충 상담원, 옴부즈맨, 인사부서 직원, 상사 등)은 조사관 후보에서 제외하는 것이 좋습니다. 이들은 피해자가 신고를 위해 다가갈 만큼 신뢰감을 느끼는 사람입니다. 신고 이후 많은 심적 고충을 느낄 피해자가 기댈 수 있는 의지처로 남겨두는 것이 피해자에 대한 배려가 됩니다.

진상조사위원회는 보통 10명 이상의 다수 인원으로 구성됩니다. 최대한 조직 내부의 여러 집단에 속한 사람들이 다양하게 포함되도록 구성하는 것이 좋습니다. 조사기록과 증거물을 검토하는 시선이 한쪽으로 치우치지 않도록 하기 위해서입니다. 가급적 외부의 관련 전문가를 포함하는 것이 좋습니다. 일반 직원만으로 구성할 경우, 공정한 의사결정을 위한 관련 지식이나 경험이 부족할 수도 있기 때문입니다. 외부 전문가를 포함하기 어려운 상황이라면, 최소한 신고된 행위에 대해 외부 전문가에게 자문을 구하고, 그 행위가 기존의 사례에서 괴롭힘으로 인정되었는지, 어떤 징계가 이뤄졌는지를 확인하여 진상조사위원회에 공유하는 것이 좋습니다.

③④⑤ 피해자(신고자), 행위자, 목격자 조사

임명된 조사관들은 피해자(신고자)와 행위자, 목격자 등 증인들을 모두 조사해야 합니다. 하나의 절차로도 볼 수 있는 이 절차를 굳이 셋으로 구분한 이유는 간혹 피해자와 가해자만 면담하고, 목격자는 제외하는 일도 발생해서입니다. 때로는 행위자만 조사하고 '아니라더라' 하면서 사건을 종결시키는 일도 있습니다. 피해자와 행위자가 보는 시선이 다른 만큼, 서로의 증언도 엇갈릴 수 있습니다. 그 때문에 목격자나 다른 증인을 조사해야 하는 것입니다. 다만 신고자와 행위자 외에 다른 사람에게 조사 참여를 강요할 수는 없습니다. 거부한다면 조사에서 제외해야 합니다.

조사 시작 전, 조사관들은 신고 접수서를 참고하여 사건의 내용을 충분히 숙지해야 합니다. 사전 준비에 충실함으로써 신고서에 기록된 내용을 피해자에게 다시 질문하는 것을 피합니다. 신고서의 내용이 사실인지 관련 근거를 확인하는 질문을 중심으로 조사를 진행해야 합니다.

또한 신고 접수서를 통해 피해자와 행위자, 기타 조사 대상의 목록을 미리 확인합니다. 기타 조사 대상은 사건 목격자일수도 있고, 평소 행위자와 신고자의 행실을 잘 아는 사람이 될 수도 있습니다. 조사 대상에 포함된 사람에게 각각 연락을 취하고, 언제 어느 장소에서 조사를 진행할지 결정합니다. 조사관의 시간에 맞추도록 요구하기보다는 조사 대상자의 시간에 맞춰주는 것이 더욱 바람직합니다. 조사관은 이미 조직의 장 또는 다른 의사결정권자로부터 사건 조사를 임명받았기에 그 명목으로 쉽게 기존의 담당 업무를 면제받을 수 있습니다. 반면 조사 대상자들은 상사와 선임의 눈치를 봐 가며 조사에 임해야 합니다. 조사를 진행하는 동안, 피해자와 행위자, 목격자의 신원은 엄격히 보호되어야 합니다. 그런 목적을 위해서도 조사관이 조사 대상자의 시간에 맞추는 것이 더욱 적절하지요.

조사 일시와 장소를 정하면, 피해자(신고자), 행위자, 목격자들을 개별적으로 만나 조사를 진행합니다. 조사를 하면서 오고간 대화의 내용은 최대한 상세하게 기록을 해야 합니다. 피해자의 답에 집중하지 않아 잘못 기록을 하거나, 본인의 자체적인 판단으로 조사 내용을 누락해선 안됩니다. 조사기록은 이후 진상조사위원회에게 전달되어 피해 사실이 입증되는지 판단하는 근거가 됩니다. 실수이건 고의건, 기록이 잘못되거나 누락된다면 조사의 신뢰도가 떨어집니다.

또한 항상 최소한 2인 이상의 조사관이 함께 자리해야 합니다. 같은 자리에서 같은 말을 들었어도 조사관들이 서로 다르게 이해할 수도 있으므로 객관성 확보를 위해서입니다. 만약 피치 못할 상황 등으로 조사관들이 따로 움직여야 한다면, 먼저 조사를 실행한 조사관은 반드시 조사한 내용과 받은 증거물을 사실 그대로 기록하거나 녹취하여 다른 조사관과 공유해야 합니다. 이 원칙을 지키지 않으면 조사의 신뢰도를 잃게 됩니다.

조사를 진행할 때, 조사관의 태도 역시 중요합니다. 모든 진행 과정 중 과정에서 객관적이고 공정하며 예의에 어긋나지 않는 태도를 유지해야 합니다. 본인의 개인적인 기준으로 행위의 경중을 일방적으로 판단하여 증언하는 사람에게 거부감이나 부담을 느끼게 하는 언행을 해선 안 됩니다. 또한 증언을 허위로 취급하거나, 허위라고 인정하라고 강압적인 태도를 보여서도 안 됩니다. 피해자(신고자)와 가해자, 목격자 사이에 증언이 다를 땐 추가 조사를 진행하게 됩니다. 이때 어떤 부분에서 어떻게 증언과 증거가 다른지를 분명히 알려주면서 그에 대한 조사 대상자들의 추가 증언을 받아야 합니다.

빨리 조사를 끝내겠다는 생각으로 특정인의 증언과 증거를 허위로 몰아가거나, 다른 조사 대상의 증언 및 증거를 보여주지도 않은 채 무작정 해명을 강요하는 것은 조사과정 중 보호받아야 할 조사 대상자의 권리를 무시하는 것입니다. 동시에 부적절한 의심과 누명을 씌우는 가해 행위이기도 합니다. 이런 상황이 발생하면 조사 대상자는 조사관 교체를 요구할 수 있으며, 의사결정권자는 반드시 조사관을 교체해야 합니다. 교체하지 않으면 의사결정권자가 가해 행위를 방조한 것으로 볼 수 있습니다.

조사 대상자를 강압하는 조사관의 뒤에는 보통 빠른 종료를 종용하는 의사결정권자가 있습니다. 신고된 행위가 조직 내부에서 관습적으로 이뤄지던 일일 경우, 조직의 방조 또는 유도로 발생한 경우, 신고된 사람도 상부 또는 외부 갑질의 피해자로 피치 못하게 그 행위를 해야 했던 경우 등 조직적인 문제로 발생한 사건은 조사도 복잡해질 수 밖에 없습니다. 특히 사건 발생 이후 오랜 시간이 지난 경우나 복잡한 사정이 얽힌 사건이라면 더더욱 그렇습니다. 이런 점을 무시한 채 빠른 종료를 종용하는 것은 괴롭힘을 개인 간의 갈등으로만 보는 1차원적인 시야를 가졌음을 의미합니다.

특히 외부 신고 창구를 통해 신고가 접수될 경우, 일정 기간 내에 대응하라는 압력이 가해지기 때문에 이런 상황이 발생하기 쉽습니다. 조사 일정이 촉박하다고 느끼면 경영진은 빠르고 쉬운 문제 해결과 본인들의 책임 회피를 위해 희생양을 만들게 됩니다. 전문적으로 직장 내 괴롭힘 신고를 접수하는 외부 기관 역시 때로는 직장 내 괴롭힘이 개인적인 문제라는 제한된 시야 속에서 작동하는 것입니다.

투명하고 숨기는 것이 없는 조직이라면 외부 압력과 무관하게 공정하고 객관적으로 투명하게 조사를 진행할 것입니다. 무작정 일정을 맞추려고 하기보다는 조사 진행과 얽혀있는 복잡한 상황이나 관계 등에 대해 투명하게 외부 기관에 공개하고, 필요에 따라 조사 기간 연장 등을 요청하면서 진상을 규명하고, 억울한 피해자가 생기지 않도록 해야 합니다.

⑥ 진상조사위원회 개최: 조사 결과 보고 및 피해 입증 여부 결정

조사가 끝나면 조사관은 조사 결과 보고서를 작성하고, 진상조사위원회에 보고서와 조사기록, 증거물을 제출합니다. 위원회에 소속된 직원들은 제출된 자료를 검토하며, 필요에 따라 조사관이나 처음 신고를 접수한 사람에게 추가 질문을 하여 상황을 명확하게 이해하도록 노력합니다. 진상조사위원회의 결론에 따라 1) 괴롭힘 피해가 입증된다고 보는지, 2) 괴롭힘은 아니지만 이후 상황이 악화하는 것을 위해 조치가 필요한지, 3) 전혀 괴롭힘과 무관한 상황이라고 보는지가 결정됩니다.

⑦ 징계위원회 구성

괴롭힘 피해가 입증된다고 진상위원회가 결정하면 징계위원회가 열립니다. 징계위원회 역시 신고가 들어오기 전에 미리 구성을 해두거나, 신고가 있을 때마다 구성하기도 합니다. 징계위원회의 구성은 조직 내부 규정에 따라, 조직 내 여러 집단의 특성을 다양하게 반영해야 합니다. 조직에 따라 진상조사위원회의 구성원이 그대로 징계위원회가 되기도 합니다. 운영의 효율성을 위해서이기도 하고, 더 많은 사람이 사건이 진상에 대해 알게 되는 것을 막기 위해서이기도 합니다.

가급적 외부의 관련 법적 전문가를 징계위원회에 포함하는 것이 좋습니다. 또는 징계위원회 개최 이전에 관련 행위에 대한 적절한 징계 수위에 대해 여러 전문가로부터 자문을 받고, 징계위원회가 참고하도록 공유하는 것도 좋습니다.

⑧ 징계위원회 개최: 조사보고서 및 증거자료 검토 및 징계 여부와
　수위 결정

징계위원회는 조사 보고서와 조사기록, 증거자료 등을 검토하고, 징계를 하는 것이 적절할지, 그렇다면 적절한 수위의 징계는 어떤 것일지 결정합니다. 경고나 개별 사과에서부터 파면까지 그 수위도 폭이 넓으나, 사건의 심각성에 준하여 결정되어야 합니다. 징계위원회가 징계를 결정한 뒤, 인사위원회를 다시 개최하여 그 결정을 확정하는 절차를 거치는 조직도 있고, 징계위원회가 결정한 징계를 바로 통보하고 시행하는 조직도 있습니다.

⑨ 피해자(신고자)와 가해자(행위자)에게 결과 통보(또한 필요에 따른
　서약서 접수)

조직은 진상조사위원회에서 피해 사실이 입증되지 않는다고 결정된 경우, 신고자와 행위자에게 그 내용을 통보합니다. 진상조사위원회에서 피해 사실이 입증된다고 결정됐고, 이후 징계 등이 결정되었을 때도 피해자와 가해자에게 반드시 통보해야 합니다.

신고자(피해자)가 내부 직원이건, 이미 퇴사한 직원이건 마찬가지입니다. 신고자에게 결과를 통보해야 할 뿐만 아니라, 조치에 만족하는지를 확인해야 합니다. 인사부서가 직접 할 수도 있고, 신고를 처음 접수한 사람을 통할 수도 있습니다. 피해자가 만족하지 못한다면 어떤 조치를 더 원하는지 확인하고, 그 조치가 타당한지 외부 자문 위원에게 검토를 요청한 뒤, 징계위원회를 다시 개최할 수도 있습니다.

피해자가 원하는 조치가 충분히 이뤄졌고 만족한다면, 이후 같은 가해자 및 행위, 조직에 대하여 더 이상의 개인적, 법적 조치를 하지 않겠다는 서약서를 받아야 합니다. 가해 사실이 입증되었다 해도 가해자를 동일한 행위로 반복 신고하거나 처벌하는 것은 부당합니다. 법에도 일사부재리(一事不再理) 원칙이 있지요. 특히 허위 및 과장 신고에 대해

서는 더욱 서약서를 받아두는 것이 필요합니다. 그들은 이미 조치가 끝난 사항에 대해서도 반복적으로, 더욱 과장하며 여러 매체를 통해 신고하기도 하기 때문입니다. 하지만 이런 조치를 게을리하는 조직이 많습니다. 특히, 직원 보호에 대한 인식과 소양이 부족한 조직에서 흔히 발생하는 문제입니다.

다만, 신고된 행위가 형사사건이 성립하는 범죄행위일때는 예외로 둡니다. 예컨대 폭력이나 강간 사건이 발생한 경우, 그에 대한 형사 처벌과 조직의 징계는 별개입니다. 조직은 모든 직원이 안전하다고 느끼는 환경에서 일할 수 있도록 보호해야 할 의무가 있습니다. 이미 다른 직원에게 범죄를 저지른 범죄자로부터 직원들을 보호하기 위해서라도 오히려 피해자의 경찰 신고를 도와주는 것이 배려 있는 행동이 되겠지요.

가해자에게도 결과를 통보하고 결과에 순응하는지 확인해야 합니다. 순응하지 않는다면 가해자는 조직 내부의 양식에 따라 이의신청을 하거나, 또는 법적인 이의를 신청할 수도 있습니다. 내부적인 이의신청을 받으면 상세한 조사 결과와 그에 따른 진상조사위원회와 징계위원회의 결정, 또한 외부 전문가로부터 받은 자문 등에 대해 설명합니다. 어떤 절차에 따라, 무엇에 근거하여 징계가 결정되었는지 알려주는 것입니다. 보통의 가해자는 이 정도 단계에서 순응합니다. 이후에도 순응하지 않는 가해자는 더 이상 내부적으로 해결하기는 어렵습니다. 법적으로 이의신청을 하거나, 할 계획일 가능성이 크니까요.

가해자가 순응했다면 서약서를 받는 것은 가해자에 대해서도 마찬가지입니다. 가해자로부터 피해자나 증인들에게 보복으로 어떤 개인적 또는 인사 관련 피해도 입히지 않으며, 개인적·법적 조치도 취하지 않겠다는 서약서를 받아야 합니다. 물론 이 경우에도 예외는 있지요. 바로 허위 및 과장 신고가 발생한 경우에 대해서입니다. 허위·과장 신고로 인해 누명을 쓴 사람이 그 누명을 벗기 위해 법적 조치를 하는 것을 막는다면 그땐 조직이 누명 쓴 근로자의 권리를 침해하고, 또 다른 가해자가 되는 것입니다.

⑩ 결과 시행

가해자에게 징계가 결정되었다면 징계를 내리고, 경고 조치로 결정되었다면 경고문을 보냅니다. 개인적 또는 공개 사과 조치가 내려졌다면 사과를 하도록 합니다. 개인적 사과 조치가 내려진 경우에는 ㅇㅇ년 ㅇㅇ월 ㅇㅇ일까지 사과를 하도록 일정을 확정하여 알려줍니다. 공개 사과 조치라면 조직에서 사원들이 모이는 일정을 확인하여 사과하도록 안내합니다.

⑪ 조직 전체에 조사 및 처리결과 공지

많은 조직에서 생략하는 절차 중 하나입니다. 신고를 접수했고 조사했고 조치를 했다면, 조직 전체에 조사 및 처리결과를 공지해야 합니다. 쉬쉬하며 숨기려고만 하면 오히려 헛소문이 돌 위험이 큽니다. 악의적인 소문으로 피해자가 2차 가해를 당할 위험도 높아지고, 가해자에 대해서도 실제로 했던 행위에 비해 더욱 심각한 행위를 한 사람처럼 소문이 돌 수도 있습니다. 오히려 신고된 행위가 무엇이었으며, 조사 결과가 어떻게 나왔고, 그 결과 어떤 조치가 있었는지를 투명하게 밝혀야 합니다. 허위 및 과장 신고가 있었던 경우라도, 이후에 또 다른 허위 및 과장 신고로 인한 피해를 막기 위해 공개해야 합니다.

물론 여기서도 예외가 되는 상황은 있습니다. 먼저 허위 및 과장 신고가 있었고, 조직이 '쉬운' 일 처리를 위해 행위자에게 책임을 떠넘긴 경우입니다. 허위 및 과장 신고의 책임을 떠맡게 된 행위자를 마치 진짜 가해자로 증명된 것처럼 통보하는 것은 명예훼손이자 무고에 해당합니다. 또한 발생한 괴롭힘 행위가 피해자에게 매우 고통스럽거나 수치스러운 일이었고, 피해자가 공개하지 않기를 원할 때도 예외로 둘 수 있습니다. 피해자가 받아들일 수 있는 범위에서 제한적인 내용만을 공지하거나, 아예 공지하지 않을 수 있습니다.

⑫ 사후 조치 I: 피해자 보호 및 지원

조직은 신고자(＝피해자)가 이후 인사상의 불이익을 당하거나, 가해자의 보복 또는 2차 가해로 인해 정신적·신체적 피해를 입지 않도록 보호해야 할 의무가 있습니다. 괴롭힘 피해가 입증된 경우에도, 입증되지 않은 경우에도 마찬가지입니다. 입증할 증거만 부족했을 뿐, 실제로 괴롭힘 행위가 있었을 가능성도 배제할 수는 없으며, 가해자나 가해자와 친분이 있는 직원들이 보복이나 2차 가해를 할 가능성도 있습니다.

신고가 접수된 시점부터 신고자와 행위자를 분리조치하는 것이 좋습니다. 부서 이동, 지점 이동 등을 통해 신고자와 행위자가 더 이상 같이 일하는 일이 없도록 해야 합니다. 또한 신고와 관련하여 불미스런 헛소문이 돌지 않도록 막아야 합니다. 피해자(신고자)에게 전문 심리상담 등을 받도록 하는 것도 좋습니다. 심리적으로 불안한 상황을 극복하고, 조직에 무사히 적응할 수 있도록 도와야 합니다.

허위·과장 신고자에 대해서도 마찬가지입니다. 다만 그들은 가해자로 처우해야 합니다. 그들로 인해 누명을 쓰거나 의심을 받았던 사람에게 사과하게 하고, 허위 신고에 대한 경고 및 징계 조치해야 합니다. 그들로 인해 허위로 신고당한 사람을 허위·과장 신고자로부터 분리해야 합니다.

또한 허위 신고자가 왜 허위 신고를 했는지 파악해 볼 필요가 있습니다. 악의적, 고의적으로 그런 행동을 한 것이라면 또 다른 가해 행위를 하지 않도록 지켜볼 필요가 있습니다. 하지만 고의성이 없었으며, 허위·과장 신고자의 심리상태가 매우 불안정한(예: 피해 망상 등) 상태이며 특히 그 원인이 조직 내부의 문제와 관련 있다면 문제 해결을 위한 지원을 해야 합니다. 독립적인 전문 상담 서비스를 제공하는 것도 적절한 지원의 한 예가 될 수 있고요, 신고자의 정신적·신체적 건강 상태에 대한 전문 의료진의 의견을 참고하여, 심신의 안정을 위한 병가나 휴직 등을 사용할 수 있도록 배려할 수도 있겠죠.

⑬ 사후 조치 II: 경고/징계 이후 가해자 행동 변화 감시

가해자에 대한 경고나 징계 조치만으로 상황이 종결되는 것은 아닙니다. 이후에 또 다른 피해자가 생기는 것을 막기 위해 가해자를 요주의 인물로 분류하고, 행동 변화를 지켜볼 필요가 있습니다. 경찰이 용의자 감시하듯 하라는 의미는 아닙니다. 다만 경영진과 관리직, 또는 고충상담 관련 업무를 하는 사람들이 가해자에게 좀 더 관심을 두고 지켜보는 것이 필요하다는 것입니다. 조직이 직원들로부터 신뢰를 얻고 있고, 또한 입증된 괴롭힘 신고 사례와 그에 대한 조치를 공개적으로 공지하고 있다면 굳이 경영진이나 관리직이 나서지 않아도 일반 직원들이 '지켜보는 눈'의 역할을 할 수 있습니다. 경영진과 관리직들은 그런 '지켜보는 눈'이 자칫 감시의 시선이 되지 않도록 주위를 환기시키는 역할을 할 수 있을 것이고요.

⑭ 지속적인 예방 대책 마련

신고 접수 이후, 또 다른 괴롭힘 사례의 발생을 방지하기 위해 지속적인 예방대책을 마련해야 하는 것은 필수입니다. 우리나라의 조직들이 지속적인 예방대책을 위해 흔히 하는 것은 직원 전체 교육 또는 직장 내 괴롭힘 관련 사내 지침 및 매뉴얼을 만드는 것입니다. 하지만 다른 대책도 있을 수 있습니다. 위의 '4) 사전 예방을 위한 다양한 노력'에서 나왔던 예방대책의 사례들을 참고해 볼 수 있을 것입니다.

⑮ 조직 전체 예방 교육 실행

조직 전체에 예방 교육을 실행하는 것은 신고의 접수 여부와 무관하게 필요한 조치입니다. 신고가 접수되었고 그에 대한 조치가 필요했다면 더더욱 그렇고요. 예방 교육에 대해서는 반복적으로 말하는 바이지만, 일반 직원에 대한 교육과 관리자 이상급에 대한 교육이 차별성이 필요합니다. 일반 직원이 받아야 할 교육의 내용은 관리자 이상급도 모

두 받아야 합니다. 다만 관리자 이상급의 교육은 그 내용에 추가하여 직장 내 괴롭힘에 왜 대처해야 하는지, 어떻게 해야 하는지, 대처하기 위해 갖춰야 할 태도가 무엇인지 등을 포함해야 합니다.

4. 직장 내 괴롭힘 설문조사 하기

위에서 예시로 들었던 직장 내 괴롭힘 예방 방법의 사례 중 정기적인 실태 조사가 있었습니다. 조직 차원에서 나서서 실태 조사를 한다는 것은 가해자에게 상당한 압박으로 작용합니다. 본인의 실명이 거론되지 않아도 어떤 행위가 조직 내에서 발생하고 있는지를 상부에서 알게 된다는 의미니까요. 만약 주요 가해자의 이름까지 포함해서 조사한다면 그 압박은 한층 더 강해질 것이고요.

우리나라에선 아직 정기적으로 실태 조사를 하는 조직의 사례가 공식적으로 보고된 적은 없습니다. 서울특별시청에서 2014−15년 사이에 비정규직 근로자들을 편의표집하여 조사한 것이 공식적인 첫 자체 조사가 아닐까 싶습니다. 실태 조사는 접수되는 신고에 의존하지 않고, 조직이 적극적으로 나서고 있음을 보여준다는 점에서도 효과적인 예방 대책이 될 수 있습니다. 다만 조사를 할 때는 응답자에 대한 신원 보호가 확실히 이뤄질 수 있도록, 응답자들이 안심하고 답을 할 수 있도록 하는 배려가 함께 하는 것이 더욱 좋겠지요. 그 배려를 포함하여 조사 방법에 대해서 얘기해 보기로 하겠습니다.

1) 조사의 명칭 설정

직장 내 괴롭힘은 성희롱 및 성추행만큼이나 조사할 때 섬세한 배려가 필요합니다. 조사명칭을 어떻게 하는가에 따라서도 응답자들의 반응이 달라질 수 있습니다. 예를 들어 직장 내 성희롱을 조사할 때, '성희롱'이란 단어를 조사에 사용한다면 남성들은 조사에 잘 응하지 않거나, 건성으로 답할 가능성이 생깁니다. 사회적으로 남성은 성적으로 '강자'의 위치에 있는 사람이라는 고정관념이 있으므로, 남성 스스로 직장 내 성희롱을 본인과 관련된 문제로 보지 않을 가능성이 큽니다. 그만큼 남성의 응답률은 떨어지게 되고, 여성이 과표집 되기 쉽습니다.

개인적으로 '직장 내 괴롭힘 조사' 또는 '성희롱 조사'라는 명칭보다는 '직장 스트레스', '직장 근무환경' 등 중립적인 명칭을 사용하는 것을 추천합니다. 실제로 직장 내 성희롱 조사를 할 때, 저는 '직장인 근무환경 설문조사'라는 제목을 사용했습니다[35]. 그 결과, 기존의 조사에 비해 남성의 피해율이 높고, 성별 간 피해율 차이는 작게 나왔지요. '성희롱'이라는 단어를 설문지 안에서도 최대한 뒤쪽에서 사용하고, 산업별로 실제 근로자의 성별 비율을 반영해서 응답자를 표집하는 것만으로도 이런 차이가 나타난 것입니다.

물론 모든 조사 방법은 다 각각의 장단점이 있고, 제가 사용한 방법이 다른 조사에 비해 우월하진 않습니다. 다만 조사 명칭이나 표집 방식이 바뀌는 것만으로도 조사 결과가 달라질 만큼 이 분야의 조사가 민감하다는 것은 강조하고 싶습니다.

조직이 내부 실태 조사를 할 때는 전수조사를 하긴 하지만, 결국 스스로 응답하는 사람만이 분석 결과에 포함됩니다. 편의 표집이 되는 것이죠. 100% 응답 참여를 강요할 수는 없고, 해서도 안 됩니다. 따라서 조사 명칭 설정을 최대한 중립적으로, 특정 집단에 치우치지 않을 표현으로 사용하는 것을 권하고 싶습니다.

2) 조사의 문항 구성: 응답자 기본 정보

실태 조사를 할 때는 분석을 위해 응답자의 기본 정보를 묻게 됩니다. 하지만 분석을 위한 기본 정보를 너무 세세하게 질문해서 직원이

---

35) 서유정·이진솔(2017). 남녀 근로자 모두를 위협하는 직장 성희롱 실태. KRIVET Issue Brief 124호.

신원 노출을 염려해야 할 수준은 아닌지 고려해야 합니다. 입사 초, 제 직장에서 다소 민감한 설문조사가 진행된 적이 있습니다. 조사 끝에 응답자의 직급, 연령대, 성별을 기록해야 했고요. 그런데 제가 속한 직급에서 20대는 저 하나뿐이었습니다. 성별 없이 연령대, 직급에 답하는 것만으로도 제 응답을 분별할 수 있었던 것입니다. 응답자 입장에서는 무척 부담이 되는 기본 정보의 구성이었지요.

몇 년 뒤에는 성희롱 조사가 진행됐는데, 여전히 제 직급에서 30대는 저 하나뿐이었습니다. 그래도 답을 하긴 했는데, 당시 제게 상담을 신청하신 분 중 신원이 드러날 것 같다는 우려로 응답을 포기했다는 분이 여럿 있었습니다.

저는 이렇게 답을 드렸습니다. "답하기 불편한 응답자 특성은 꼭 기록하지 않으셔도 돼요. 편안한 질문에만 답을 해서 제출하셔도 됩니다." 응답자는 본인의 신원을 보호하기 위해서 설문 문항 중 일부 또는 전체에 답을 거부할 권리가 있습니다. 본인이 생각하기에 조직이 현황 파악을 하는 것이 중요하다는 판단이 선다면, 불편한 질문은 제외하고 다른 질문에만 답을 할 수 있습니다. 자료를 분석할 때는 그런 점을 감안해야겠지요[36].

애초부터 직원들이 이런 고민을 하지 않도록 설문 문항을 구성하는 것이 더욱 적절하긴 합니다. 질문지에 넣고자 하는 응답자 특성별로 사원들의 분포도를 한 번 그려보세요. 1인 또는 소수 인원이 몇 개의 질문만으로 특정 집단에 분류되지 않도록 응답자 특성 문항을 구성하는 것이 좋습니다.

---

36) 미국은 필수 질문에 모두 답하지 않은 케이스를 분석에서 제외하는 경우가 흔하다고 들었습니다. 유럽 쪽은 데이터의 특성에 따라서 무응답이 포함된 케이스도 포함해서 분석하는 여러 기법을 활용하곤 합니다.

3) 조사의 문항 구성

다음은 조사 목적에 적절한 문항을 분별하여 넣는 것입니다. 문항이 조사하고자 하는 것을 조사하고 있는지는 매우 중요합니다. 자칫 조사하려는 것이 A인데 A`나 아예 B가 조사될 수도 있으니 말입니다. 따라서 자체적으로 문항을 만든다면, 관련 전문가와 함께 진행하거나 기존에 개발된 측정도구를 사용하는 것을 추천합니다.

① 직장 내 괴롭힘 조사 문항

직장 내 괴롭힘 조사에서 저는 자체 개발한 KICQ(Korean Interperso-nal Conflict Questionnaire)를 사용하고 있습니다

표 IV-3 ┃ 직장 내 괴롭힘 조사 문항

(질문 예시) 지난 6개월간 아래의 행위를 얼마나 자주 경험하셨습니까?

구분	직장에서의 상황	전혀	6개월에 1-2회	월 1회 정도	주 1회 정도	거의 매일
1	나의 업무능력이나 성과를 인정하지 않거나 조롱했다	①	②	③	④	⑤
2	훈련, 승진, 보상, 일상적인 대우 등에서 차별을 했다	①	②	③	④	⑤
3	나에게 힘들고, 모두가 꺼리는 업무를 주었다	①	②	③	④	⑤
4	허드렛일만 시키거나 일을 거의 주지 않았다	①	②	③	④	⑤
5	업무와 관련된 중요한 정보나 의사결정 과정에서 나를 제외했다	①	②	③	④	⑤
6	내 성과를 가로채거나, 성과 달성을 방해했다	①	②	③	④	⑤
7	나에게 휴가나 병가,	①	②	③	④	⑤

	각종 복지혜택 등을 쓰지 못하도록 압력을 주었다					
8	일하거나 휴식하는 모습을 지나치게 감시했다(예: CCTV를 통한 감시)	①	②	③	④	⑤
9	사고위험이 있는 작업을 할 때, 나에게 주의사항이나 안전장비를 전달해주지 않았다	①	②	③	④	⑤
10	나에게 상사의 관혼상제나 개인적인 일상생활과 관련된 일을 하도록 했다(예: 개인 심부름 등)	①	②	③	④	⑤
11	나에게 부서이동 또는 퇴사를 강요했다	①	②	③	④	⑤
12	누군가 사소한 일에 트집을 잡거나 시비를 걸었다	①	②	③	④	⑤
13	누군가 내 개인사에 대한 뒷담화나 소문을 퍼뜨렸다	①	②	③	④	⑤
14	나에게 신체적인 위협이나 폭력을 가했다.(예: 물건던지기, 주먹질 등)	①	②	③	④	⑤
15	성적 수치심을 느끼게 하는 말 또는 행동을 나에게 했다	①	②	③	④	⑤
16	나에게 욕설이나 위협적인 말을 했다	①	②	③	④	⑤
17	나를 부적절하게 의심하거나, 누명을 씌웠다	①	②	③	④	⑤

18	누군가 내 물건을 허락 없이 가져가거나 망가뜨렸다	①	②	③	④	⑤
19	다른 사람들 앞에서(또는 온라인상에서) 나에게 모욕감을 주는 언행을 했다	①	②	③	④	⑤
20	내 의사와 상관없이 음주/흡연을 강요했다	①	②	③	④	⑤
21	내 의사와 관계없이 회식 참여를 강요했다	①	②	③	④	⑤
22	나를 업무 외의 대화나 친목 모임에서 제외했다	①	②	③	④	⑤
23	나의 정당한 건의사항이나 의견을 무시했다	①	②	③	④	⑤
24	나의 의사와 관계없이 불필요한 추가근무(야근, 주말출근 등)을 강요했다	①	②	③	④	⑤
25	나에게 부당한 징계를 주었다(반성문, 처벌 등)	①	②	③	④	⑤

　　여기서도 직장 내 괴롭힘이라는 단어를 쓰지 않고, '직장에서의 상황'이라는 말로 대신 표현하고 있습니다. '직장 내 괴롭힘'이라는 단어의 직접적인 사용이 응답자의 민감성에 영향을 줄 수 있다는 판단 때문입니다.

　　조직의 상황에 따라 여기에서 제시된 25개 문항 외에 다른 문항을 추가해도 좋습니다. 다만 다른 조사 결과와 비교를 원한다면 이 25개는 꼭 들어가도록 하는 게 좋겠지요. 표에 추가 공백을 남겨서 직원들이 직접 본인이 겪은 괴롭힘 행위를 작성하고, 얼마나 자주 경험했는지를 표시하도록 할 수도 있습니다. 또한 저는 국내외 관련 연구에서 흔히 사용되는 기준에 따라 '6개월간'의 기준을 적용했지만, 조직에 따라 '1년간' 또는 '입사 직후부터 지금까지' 등으로 다르게 적용할 수도 있습니다.

북유럽 등 해외 연구에서는 KICQ와 비슷한 리스트를 사용한 뒤, 한 개 이상의 행위를 주 1회 이상 경험한 사람을 피해자로 분류합니다 (조작적 피해자 정의). 이 방법을 직접적으로 괴롭힘 피해를 당했는지 묻는 방식(주관적 피해자 정의)에 비해 더 객관적이라고 보는 연구자도 있습니다.

여기서 이런 질문이 나올 수도 있을 것입니다. 그럼 국제적인 비교를 위해서 해외에서 개발한 리스트를 사용하는 건 어떻겠냐는 것이죠. 대표적인 것이 북유럽의 버겐(Bergen) 대학의 직장 내 괴롭힘 연구소(이후 버겐 그룹)에서 개발한 NAQ-R(Negative Acts Questionnaire-Revised)로, 24개 문항으로 구성되어 있습니다. 2016년경까지도 NAQ-R이 국제적으로 통용되며, 전 세계에서 적용될 수 있다는 것이 버겐 그룹의 주장이었습니다. 그 주장의 근거 중 하나가 제가 버겐 그룹에 보낸 한국 데이터였고요[37].

하지만 연구 초기 NAQ-R을 사용하면서, 국내 직장인들이 문항 속에 담긴 문화적 차이를 느끼는 상황을 종종 경험했습니다. 우리나라의 피해율이 유럽 국가보다 낮게 나오기도 했고요. 우리나라의 현실을 고려할 때, 피해율이 낮게 나온다는 것은 뭔가 의아합니다. NAQ-R로는 놓치게 되는 우리나라의 괴롭힘 행위가 있다는 합리적인 의심을 해볼 수 있지요.

우리나라는 유교사상과 집단주의 문화가 있고, 서비스업 중심인 유럽 국가에 비해 제조업이 강합니다. 그만큼 자주 발생하는 괴롭힘 행위

---

37) NAQ-R을 쓸 때는 반드시 그 데이터를 버겐 그룹으로 보내는 것이 사용 조건입니다.

의 유형도 다를 수 있습니다. 실제로 2018년도에 같은 학회에 참여했을 때는 분위기가 바뀌어 있었습니다. NAQ–R를 다른 국가에서 적용한 연구가 버겐 그룹의 기대만큼 성공적이지 못했고, 문화 차이가 존중되어야 한다는 의견이 나오기 시작한 것입니다. 이때는 제가 자체 개발한 KICQ를 사용하고 있음을 발표했어도 비판이 나오지 않았습니다. 국제적으로 통용되는(universal)한 도구보다는 각 국가의 문화나 특성에 적합한(indigenous) 도구의 필요성에 대해 해외의 학자들도 인정하기 시작한 것입니다.

따라서 국내 적용 타당성 여부에 논란의 여지가 있으며, 조사한 데이터를 버겐 그룹에 보내야 하는 NAQ–R보다는 국내에서 개발되었으며 무료로 사용할 수 있는 측정 도구의 사용을 추천드립니다. KICQ가 그 한 예가 될 수 있겠죠[38].

② 직장 내 성희롱 조사 문항

성희롱 역시 비슷한 형태로 조사가 가능합니다. <표 IV–4>의 13개 문항은 다년간 성희롱 연구를 하셨거나, 현장에서 성희롱 상담을 하신 전문가분들의 의견을 참고하여 구성되었습니다. 성차별에 해당되는 문항이나 성추행도 포함이 되었습니다. 편의상 이 문항들을 통합적으로 '성희롱'으로 보는 방식으로 조사를 했습니다. 그 외에도 다른 형태의 성희롱이 있을 수 있습니다. 여기서도 표 아래쪽에 추가 공백을 남겨서 직원이 직접 겪은 행위를 작성하고, 얼마나 자주 경험했는지 표시하게 할 수 있습니다.

---

38) KICQ는 무료로 개발자(저와 동료 연구자)의 허가 없이 사용 가능합니다. 문항 구성과 분석을 직접 하는 것에 어려움을 느끼는 기업이나 기관에선 저에게 문항 구성과 분석을 요청하실 수 있습니다.

표 IV-4 | 직장 내 괴롭힘 조사 문항

(질문 예시) 지난 <u>6개월간</u> 아래의 행위를 얼마나 자주 <u>경험하고 불쾌감을 느끼</u>
<u>셨습니까?</u>

구분	직장에서의 상황	전혀	6개월에 1-2회	월 1회 정도	주 1회 정도	거의 매일	불쾌감 경험 유무
1	몸통과 비교적 먼 부위에 대한 부적절한 신체적 접촉 (손, 어깨, 무릎 등)	①	②	③	④	⑤	Y / N
2	몸통에 근접한 부위에 대한 부적절한 신체적 접촉 (팔뚝, 가슴, 엉덩이, 허벅지 등)	①	②	③	④	⑤	Y / N
3	성적인 관계를 강요하거나 회유하는 행위	①	②	③	④	⑤	Y / N
4	귀하 본인을 성적 대상으로 삼는 음담패설	①	②	③	④	⑤	Y / N
5	귀하의 부부관계나 연인관계에 대한 성적 질문	①	②	③	④	⑤	Y / N
6	귀하의 개인적인 성생활에 대한 소문을 퍼트리는 행위	①	②	③	④	⑤	Y / N
7	귀하의 외모에 대한 성적인 비유나 평가	①	②	③	④	⑤	Y / N
8	음란한 내용의 농담, 전화통화, 문자(카톡 등) 포함	①	②	③	④	⑤	Y / N
9	외설적인 그림, 낙서, 사진, 동영상 등의 음란물을 귀하에게 보여주는 행위	①	②	③	④	⑤	Y / N
10	신체 부위를 고의적으로 노출하여 귀하에게 보여주는 행위	①	②	③	④	⑤	Y / N
11	귀하에게 이성인 상사,	①	②	③	④	⑤	Y / N

	동료, 고객 등에게 술을 따르도록 하는 등의 접대 강요						
12	성별과 관련하여 귀하의 업무능력 비하 (예: 남자/여자라서 일을 잘 못한다)	①	②	③	④	⑤	Y / N
13	기타 귀하의 여성성/남성성을 비하하는 언행 (예: "사내자식이 그 정도도 못 참아서", "여자는 모름지기 집안에서 살림이나 해야")	①	②	③	④	⑤	Y / N

<표 IV-4>에서 '경험하고, 불쾌함을 느꼈느냐는' 이중 질문을 쓴 것은 연구적으로는 매우 적절한 방법이 아닙니다. 하지만 실용성과 효율성을 고려할 때 그런 질문을 넣게 됐지요. 다만 그 표에 경험 여부와 불쾌감을 느꼈는지 여부를 따로 분류해서 이중 질문에 따른 문제점을 다소 완화시키고자 했고요.

여기서도 '성희롱'이나 '성적 수치심'이라는 단어는 사용하지 않았습니다. 단어를 통해 응답자의 민감성에 영향을 주지 않기 위해서이죠. '성희롱' 또는 '성적 수치심'이라는 단어를 보는 순간 성희롱 조사임을 깨닫기 쉽습니다. 성희롱의 개념을 말할 때, 성적 수치심이라는 표현이 함께 사용되는 일은 흔하니까요. 게다가 그간 조사에 참여한 분들을 인터뷰한 결과, '불쾌감'은 명확하게 이해를 하지만, 성적 수치심은 어떤 것인지, 얼마나 구체적으로 다른지 잘 이해하지 못하는 분들도 계셨습니다. 그 때문에 응답자가 쉽게 이해할 수 있도록 '불쾌감'이라는 표현을 사용한 것입니다.

③ 추가 정보 문항: 가해자, 목격자 등

어떤 행위가 얼마나 자주 발생했는지 조사하는 것도 의미가 있지만, 그 행위가 발생한 주변 정황까지 조사한다면 더욱 가해자에게 경각심을 심어줄 수 있습니다. 또한 문항의 구성과 조사 상황에 따라 실태 조사만으로 가해자를 밝히고, 가해 행위를 입증할 수도 있습니다.

내부 조사이므로 응답자에게 가해자와 목격자의 이름과 직급을 직접 쓰게 하는 것도 고려할 수 있습니다. 데이터 분석을 외부에 의뢰할 때는 가해자와 목격자의 실명은 비공개 처리해서 데이터를 보내면 됩니다. 여러 명의 응답자가 한 가해자를 지목한다면 그 사람이 ① 실제 가해자일 가능성, 또는 ② 여러 명의 응답자가 한 명에게 누명을 씌우려고 하고 있을 가능성, 양쪽을 모두 고려하며 진상 조사를 진행합니다. 보편적으로 ①번이 많지만, 조사 결과 ②번으로 드러난 사례도 없지 않습니다.

실명을 설문조사에서 거론하는 것이 부담된다면, 가해자의 성별과 직급을 묻는 정도까지는 조사할 필요가 있다고 생각됩니다. 특정 가해자를 지목하는 것은 아니지만 주요 가해자 직급 및 성별에 해당하는 집단이 좁혀지므로, 가해자에게 심리적 압박감을 줄 수 있기 때문이죠.

그 외에도 조직이 상황이 따라 필요하다고 판단되는 문항들을 넣을 수 있습니다. 조직의 상황마다 다르니 관련 외부 전문가의 자문을 받거나, 관련 전문성을 가진 노조원의 의견을 참고하는 것도 좋은 방법이 될 수 있을 것입니다.

4) 문항 난이도 사전 체크

문항 구성이 완료되면, 모든 직원이 모든 문항을 쉽게 이해할 수 있을지 문항 난이도를 사전 체크하는 것이 좋습니다. 검수받는 방법은 여러 가지지만, 조직에서 최저 학력을 가진 직원을 기준으로, 동일한 학력 수준과 연령대에 속하는 외부자에게 검수를 받는 것이 가장 쉬운 방법 중 하나입니다. 검수자들이 어렵다고 판단하는 표현을 좀 더 쉽게, 같은 뜻이 되도록 수정하면 문항이 최종적으로 확정됩니다.

검수를 받는 것은 조사의 타당도와 신뢰도를 높이기 위한 중요한 절차입니다. 응답자가 질문을 제대로 이해하지 못하면 그 응답은 '오염'되기 쉽습니다. 문항을 이해하지 못할 때, 응답자가 흔히 하는 방법은 아무것에나 답을 표시하거나 또는 답을 전혀 하지 않는 것입니다. 차라리 답을 하지 않는다면 낫습니다. 분석에도 포함되지 않을 테니 말입니다. 하지만 아무 답이나 표시한다면 그 데이터로 인해 전체 결과가 영향을 받을 수 있습니다.

5) 조사의 주체

문항이 완성되면 누가 조사를 하는 주체가 될 것인가를 결정해야 합니다. 사측이 진행할 수도 있고, 노조 측의 주도로 진행할 수도 있습니다.

조사를 하는 주체가 누구인가에 따라 같은 조직에서도 직장 내 괴롭힘의 조사 결과가 달라질 수 있습니다[39]. ① 조직 경영진의 공문으로 직장 내 괴롭힘 조사를 진행될 때와 ② 노조가 진행할 때, ③ 연구자가 독립적으로 같은 직종을 조사했을 때 나온 세 가지 결과를 비교한 적이 있습니다. 결과가 참 흥미로웠는데요, 스스로 괴롭힘 피해자라고 하는 응답자의 비율은 세 경우 모두 큰 차이가 없었다는 점입니다. 하지만 KICQ를 통해 어떤 행위를 얼마나 자주 경험했는지 조사한 결과에선 ②와 ③이 ①에 비해 2-3배 이상의 피해율을 보였습니다. 즉, 이미 스스로 괴롭힘 피해자라고 생각한다면 어떤 조사 방식을 하건 피해자라고 답하지만, 다른 응답자들은 경영진이 관여하는 조사에서 피해 경험을 축소하려 할 가능성이 크다는 것입니다.

---

39) Seo, Y.N. & Park, Y. (2018). Administrator effects on victim rates in workplace bullying surveys. Journal of Secretarial studies, 27(2), 55-75.

왜 피해 행위 경험을 축소하려고 할까요? 조직 내에서 약자로 보이고 싶지 않은 마음 때문입니다. 조직에서 유사한 수준의 힘든 일을 겪는 두 근로자가 있다고 가정해 보겠습니다. 한 사람은 본인이 겪는 모든 일에 대해서 구구절절이 털어놓고 괴롭다고 말합니다. 또 한 사람은 입을 다물다가 드물게, 짧게 힘들다고 한두 마디 표현합니다. 조직 내부에서는, 특히 관리자들은 두 사람을 어떻게 받아들일까요? 힘든 일을 모두 토로하는 사람은 '엄살 심한 사람', '툭하면 힘들다고 투정 부리는 사람'이 됩니다. '저 사람은 왜 저리 불만이 많나, 문제가 있나?' 할 수도 있고요. 반면 입을 다물다가 가끔 표현하는 사람은 운이 좋으면 '과묵하게 일 잘하는 사람', 보편적으로는 '딱히 힘든 일 없는 사람'이라고 인식됩니다. 직원이 힘든 상황을 알아주지 않는 점은 안타깝지만, 그나마 '문제 있는 사람'으로 생각되지는 않지요.

실태 조사에서 직원의 신원이 보호된다는 신뢰가 있다면, 가해 행위를 축소하려는 경향도 줄어들 것입니다. 따라서 결과의 신뢰성 및 응답자에 대한 배려를 위해, 노조 또는 외부 전문가를 통해 조사를 추진하는 것을 권하고 싶습니다. 경영진이 조사를 진행할 경우, 보통 인사부서에서 추진하게 됩니다. 입지가 취약한 응답자일수록 인사고과에 불이익을 얻을 수도 있다는 두려움을 느끼고, 응답을 회피할 가능성이 커지지요.

6) 설문조사 진행 방식 결정

문항이 최종 확정되면 조사 진행 방식을 결정합니다. 흔히 온라인 설문과 지필 설문, 둘 중 하나 또는 두 가지를 병행합니다. 온라인 설문은 응답자가 원할 때 자유롭게 응답하고, 응답지 제출이 타인의 눈에 띄지 않기 때문에 민감한 조사에서 흔히 활용됩니다. 응답자의 데이터가 자동으로 엑셀 파일 형태로 입력된다는 장점도 있고요. 구글 설문, 서베이멍키 등 무료 온라인 설문 구축을 돕는 온라인 사이트도 있습니다. 온라인 설문을 만들고 나면, 링크를 사원들에게 문자나 메일로 전달하는 방식으로 손쉽게 설문지를 배포할 수 있습니다. 물론 1인이 여러 번 응답해도 확인할 수 없다는 단점은 있지만, 그 점은 경영진과 일반 직원 간의 상호 신뢰가 얼마나 깊은가에 따라 큰 문제가 되지 않을 수 있습니다.

지필 설문은 온라인 설문 활용을 어려워하는 직원, 특히 고령자도 응답할 수 있다는 장점이 있습니다. 다만 종이에 표시한 답을 분석하려면 다시 엑셀이나 다른 분석 프로그램의 파일로 옮겨야 하는데, 그 과정에서 오류가 발생할 수도 있지요. 또한 응답자가 설문지 제출을 목격당할까봐 우려할 수도 있습니다. 특히 이미 괴롭힘을 당하는 직원이라면 그 두려움이 더욱 크지요. 이런 문제를 해소하려면 설문지의 배포와 제출이 모두 타인의 눈에 띄지 않도록 배려하는 것이 좋습니다.

제가 생각해 볼 수 있는 방법은 새 설문지가 담긴 상자와 설문지를 제출할 상자를 모든 화장실의 분리된 칸에 두는 것입니다. 어떤 층의 어떤 화장실의 어떤 칸으로 들어가건 그 안에 새 설문지가 담긴 상자와 제출 상자가 하나씩 있도록요. 제출 상자는 열어볼 수 없도록 자물쇠로 잠겨 있다면 더욱 좋겠지요. 조직마다 활용할 수 있는 공간이 다르니 그 점을 감안하여 지필 설문지의 배포와 회수 방법을 결정할 수 있겠지요.

7) 조사의 진행

이제 조사 일정을 결정합니다. 조직 규모가 크면 한 달 이상 기간을 갖고 하기도 하고, 그렇지 않으면 2−3주 정도로 진행하기도 합니다. 조사 일정과 설문에 응답하고 제출하는 방법을 전체 이메일이나 게시판, 문자, 카톡 등을 통해 공지합니다. 특히 온라인 설문을 진행할 때는 문자로 링크를 전달하면 핸드폰으로 바로 답할 수 있다는 장점도 있습니다.

응답률이 저조하면 상황에 따라 조사 기간을 연장하기도 합니다. 조사 기간 연장이 결정되면 역시 전체 공지를 해야 합니다. 또한 조사가 완료되기 하루 이틀 전에 재공지하는 것도 좋습니다. 바쁜 업무, 개인사 등으로 참여를 잊었던 직원도 있을 테니까요

8) 데이터 분석 및 결과 공지

조사가 종료되면 분석을 위해 응답을 모두 엑셀(또는 다른 통계 프로그램)에 데이터로 옮깁니다. 온라인 설문을 했다면 이 작업을 할 필요가 없지만, 지필 설문을 진행했다면 수작업으로 진행해야 합니다. 다음은 데이터를 통계적으로, 또는 질적으로 분석하고, 해석하여 보고서를 작성합니다. 데이터 분석 및 해석에 대해 잘 아는 직원이 진행하거나, 또는 외부 전문가에게 의뢰할 수도 있습니다. 분석된 결과의 해석은 최대한 객관적, 데이터가 의미하는 사실 그대로를 전달하는 방식으로 이루어져야 하며, 특정인이나 경영진의 개인적인 의견으로 결과 해석의 방향성이 뒤틀려서는 안 됩니다.

보고서가 작성되면 전 직원에게 결과를 공지합니다. 상부에 먼저 보고하고, 경영진이 분석 결과를 공지할 수도 있습니다. 하지만 다른 조사에서 나온 결과와 비교하면서 직원들의 이해를 돕는 것도 좋은 방법입니다. 결과에서 보이는 문제점을 축소하거나 과장하는 표현의 사용은 피하는 것이 좋습니다. '다른 조직에서도 이런 정도의 피해율은 나온다'라고 하거나, '~조사 결과에 비해 우리 조직의 결과는 참담한 수준이다', 이런 식의 표현들 말입니다.

5. 정리하기

조직이, 경영진이 직장 내 괴롭힘에 대해 잘 이해하고, 적극적으로 대응하려는 의지를 가지면 조직 문화 전체가 빠르게 변합니다. 가해자

의 입지는 좁아지고, 피해자와 목격자, 다른 직원들은 조직으로부터 보호받을 수 있을 것이라는 신뢰가 생깁니다. 조직을 신뢰하는 직원은 조직을 위해 더 많은 노력을 하게 되므로 생산성이 증가하고, 조직도 발전하게 됩니다.

'모르는 게 약이야' 하면서 조직 속에 숨어있던 암덩어리를 방관하고 키우시겠습니까? 아니면 좀 귀찮고 손이 가더라도 조직이 자정작용을 할 수 있도록 '운동'시켜서 더 건강하고 신뢰받는 조직으로 만드시겠습니까? 자녀에게 괴롭힘을 방관하고 '나만 아니면 돼'라고 생각하도록 가르치시겠습니까, 아니면 자녀가 행복하게 일할 수 있는 조직 문화를 구축하시겠습니까?

V. 직장 내 괴롭힘 허위·과장 신고도 있다?

피해자 대부분은 괴롭힘을 당하고도 쉽게 신고하지 못합니다. 그 이유를 2부의 II장에서 살펴봤었죠. 하지만 오히려 쉽게 신고하는 사람들도 있습니다. 특히 허위·과장 신고를 하는 사람들이 그렇지요. 이런 사례가 한두 건만 되어도 진짜 피해자들에게 미치는 악영향은 심각합니다. 한 번 허위·과장 신고를 겪은 조직이나, 그 사실을 전해 들은 사람들이 이후의 실제 피해자의 신고에 대해서도 색안경을 끼고 볼 가능성이 크기 때문입니다.

북유럽의 직장 내 괴롭힘 금지법에 따르면 신고한 사람은 피해 사실을 증명할 필요가 없지만, 지목된 행위자와 조직은 신고가 사실이 아님을 증명해야 합니다. 이 점을 악용해서 허위·과장 신고를 하고 보상을 요구하는 사건이 발생하고 있습니다. 우리나라 역시 최근 근로자의 허위 신고 사례가 언론에 보도되고 있지요[40].

1. 왜 허위·과장 신고를 할까?

실제 피해자들은 2차 가해에 대한 두려움으로 좀처럼 신고를 하지 못하는데 쉽게 허위·과장 신고를 하는 사람도 있는 이유는 무엇일까요? 통계적으로 분석한 데이터는 흔치 않지만, 그간 국내외 전문가들이 접한 사례들을 통해 몇 가지 목적을 확인해 볼 수 있었습니다.

1) 물질적인 이익을 위해

가장 흔히 확인된 목적은 바로 물질적인 이익이었습니다. 현재 국내

---

40) 아주경제 (2021.08.31.). "겉만 을입니다" 알바 갑질에 우는 사장님들
https://www.ajunews.com/view/20210831154932434 (Retrieved on 16th Oct 2021)

에는 충분히 휴가를 사용할 수 있었고 권고를 받았음에도 고의로 사용하지 않고 퇴사한 뒤, 노동청 등에 갑질로 신고하여 보상을 요구하는 사례가 자주 보고되고 있습니다. 미사용 연차 배상 제도가 없는 직장에 다녔어도, 퇴사 후에는 배상금을 요구할 수 있다는 법을 악용한 것이죠. 또는 허위로 가해 행위를 신고한 뒤, 합의금을 요구하기도 합니다. 신고된 피해자들은 조사에 끌려다니느라 일하지 못해 손실되는 비용이나 변호사 선임비보다는 합의금이 적기 때문에 차라리 합의금을 줘 버리는 일이 많습니다.

우리나라는 산재 신청이 까다로운 편이라 허위로 산재 신청을 하는 사례는 드물지만, 해외에서는 허위 산재 신청을 하고, 승률 높은 변호사를 선임하여 거액의 배상금을 받아내는 사례도 발생하고 있습니다.

2) 만만한 사람에게 화풀이

다음 확인된 목적은 화풀이였습니다. 진짜 가해자에 대한 두려움이 클 때, 업무와 유·무관하게 쌓인 스트레스나 부정적인 감정들을 풀어버리기 위해서 상대적으로 만만한 사람을 허위·과장 신고하는 것입니다. 주 가해자를 신고하기에는 두려우니, 화풀이로 본인을 괴롭히지 않은 사람이나, 가해자 집단의 꼬트머리에서 따라다니는 사람을 신고합니다. 그들이 자신의 신고로 마음고생하는 것을 지켜보며 스트레스를 해소하는 것이죠. 심리학적 용어로 이런 행위나 심리상태를 치환 또는 전위(Displacement)라고 합니다. 우리나라 속담에 있는 '종로에서 뺨 맞고, 한강 가서 화풀이 한다'는 표현이 그 상태를 매우 적절하게 묘사해주지요.

아예 가해 행위를 하지 않았던 사람이나 부 가해자만 신고하는 피해자들의 행동은 직장 내의 괴롭힘 개선에 전혀 도움이 되지 않습니다. 피해자가 만만한 사람만 공격하며, 주 가해자는 건드리지도 못할 만큼 두려워하고 있음을 주 가해자가 깨닫게 되니까요. 주 가해자는 그간의 행위에 대해서도 아무런 처벌을 받지 않았고, 피해자의 두려움도 알고 있으니 더욱 거리낌없이 가해 행위를 이어갈 것입니다. 피해자 스스로 악순환의 고리를 만드는 것이죠.

3) 타인의 부추김을 받아서

주로 허위 신고보다는 과장 신고의 사례에서 확인되는 경우입니다. 신뢰하거나 의지하던 다른 사람으로부터 부추김을 받고, 행위자가 했던 일을 부풀려서 신고하는 것입니다. 신고를 부추기는 사람은 약 두 부류로 나뉩니다. 1) 신고로 인해 발생할 상황을 흥밋거리 정도로 생각하는 사람, 2) 과거 행위자와 갈등을 겪었거나, 행위자에게 악감정을 가진 사람.

부추기는 사람은 신고자가 신고를 결심하고 실행할 때까지, 곁에서 많은 도움을 줄 것처럼 행동합니다. 상담자가 되어주기도 하고, 격려자가 되어주기도 하고, 인간적으로 의지할 수 있을 것처럼 행동합니다. 하지만 막상 신고가 이뤄지고 나면, 이후는 전혀 책임지지 않습니다. 신고자와 거리를 두기도 합니다. 이미 원하는 것을 얻었으니 굳이 신고자와 가까이 지낼 필요는 없으니까요. 본인에게 책임이 돌아올 여지도 없고, 사건은 알아서 진행될 것입니다. 행위자의 가해 행위가 입증되지 않아도, 신고로 심적 고충을 겪도록 하는 데는 성공했고요. 신고를 부추긴 사실이 드러나도 딱히 문제 되지 않습니다. 신고자를 걱정해서 한 말이라는 핑계로 충분히 넘어갈 수 있으니까요. 부추긴 사람이 겪을 수 있는 최악은 '기왕이면 다른 조언을 했으면 좋을 텐데' 정도의 말을 듣는 것뿐입니다. 이후에 2차 피해를 걱정해야 하는 것은 신고자뿐입니다.

4) 피해망상 때문에

실제로는 발생하지 않은 가해 행위를 상상하여 신고하는 사람도 있습니다. 피해의식에 사로잡혀 있거나, 피해망상을 앓고 있을 때, 그런 행동 패턴을 보이죠. 이런 신고자는 머릿속에서 실제로 발생하지 않은 상황을 만들어내고, 사실이라고 믿어버리곤 합니다. 시간과 장소, 사건 속의 등장인물조차 허위로 만들어내고, 그에 대해 질문을 받을 때마다 상황을 점점 더 구체화시킵니다. 혼자서 본인이 겪었다고 상상하는 일에 대해 반복적으로 생각하면서 사건에 살을 붙이고, 스스로를 더욱 극심한 괴롭힘의 피해자로 만드는 것입니다.

피해자의 머릿속에서만 일어난 피해이기 때문에 조직이 공정하고 상세한 조사를 할 의지만 있으면 진상을 밝혀내는 것은 어렵지 않습니다. 하지만 신고자는 본인이 피해를 당했다고 굳게 믿기 때문에 조사를 통해 허위 신고임이 밝혀져도 인정하지 않습니다. 도리어 그 조사가 허위라고 주장하거나, 또 다른 피해를 망상하고, 반복적으로 신고를 하기도 합니다.

이들에게 허위나 과장 신고 자체에 대한 조치를 취하는 것 외에도, 관련 전문가의 도움을 받도록 하는 것이 필요합니다. 신고자 본인의 정서적 안정과 건강을 위해서 뿐만 아니라, 다른 직원들이 누명을 쓰고 괴로움을 겪게 되는 것을 방지하기 위해서도 말입니다.

5) 관심을 받기 위해서

관심을 받기 위해 허위 신고를 하는 사례도 보고된 바 있습니다. 직장 내 폭력, 성범죄 등을 겪을 뻔했거나 실제로 겪은 것처럼 꾸며내어 주변으로부터 동정과 관심을 얻고자 하는 것입니다. 피해자를 보호하려는 의지를 가진 사람들의 마음을 악용하는 것이죠. 우리나라에서는 아직 관련 사례가 드물었지만, 유럽에서는 간혹 확인되는 사례였습니다.

6) 기타 사적인 목적으로

때로는 전혀 생각지도 못한 사람이, 전혀 의외의 이유로 허위 신고를 하기도 합니다. 국내에도 부적절한 연애 감정을 품은 사람이 그 마음을 거절당하자 허위로 상대방을 성희롱으로 신고한 사례가 있었습니다. 신고한 사람이 회사 측에 상당한 영향력을 행사하는 사람이었기 때문에 회사 측은 빠르게 사건을 종결하고자 했고, 신고된 사람에게 억울한 누명을 씌워 징계를 내렸습니다. 이런 사례들은 대중매체에 좀처럼 보도되지 않습니다. 회사 측이 외부에 알리지 않기 위해 사건을 최대한 덮기 때문이지요.

2. 허위·과장 신고자는 어떤 특징을 보일까?

국내외 사례를 바탕으로 허위 및 과장 신고자의 특징적인 행동 패턴을 다음과 같이 확인해볼 수 있었습니다.

1) 처음부터 외부의 신고창구를 이용하거나, 사건을 외부에 공개하겠다는 암시

일반적인 피해자들의 경우, 신고가 아닌 상담을 결심하기까지도 오래도록 갈등하며, 신고를 할 때도 주로 조직의 내부 소통창구를 통해 신고합니다. 하지만 허위·과장 신고자는 곧바로 외부의 신고창구를 통해 신고하는 경우가 많습니다. 외부를 통해 신고하면 쉽게 문제를 부풀릴 수 있고, 빨리 문제를 해결하라는 외부기관의 압력도 조직에 작용하기 때문입니다. 게다가 언론 제보를 암시하면, 더욱 큰 압박을 행사할 수 있습니다.

물론 사건 자체가 워낙 심각하고, 조직을 믿기 어려워서 바로 외부 신고를 하는 피해자도 있습니다. 이런 진짜 피해자와 외부 신고의 맹점을 악용하는 허위 신고자는 엄연히 구분되어야겠지요.

2) 한두 건의 작은 일을 부풀려서 신고

진짜 피해자의 경우, 신고를 결심하기 전까지 많은 피해를 겪습니다. 최소 몇 달 이상, 반복적인 괴롭힘 행위를 겪은 뒤에야 신고를 결심하기 때문에 신고서에 작성할 수 있는 괴롭힘 사례도 건수가 많아집니다. 하지만 허위·과장 신고자는 실제로 괴롭힘을 당하지 않았거나, 애매한 사례만 몇 번 경험했기 때문에 신고할 수 있는 사례가 적습니다. 대신 각각의 사례를 매우 감정적이거나 강한 언어를 사용하여 신고하곤 합니다. 같은 상황을 마치 다른 상황처럼 표현을 바꾸어 여러 차례 신고하기도 하고요. 피해를 과장하기 위해서지요.

허위 신고자들의 거짓말은 CCTV나 주변 인물들을 대상으로 한 상세한 조사를 통해 진상을 밝혀낼 수 있습니다. 체계적으로, 정석으로 조사하면 결국 허위나 과장으로 인해 진술의 비일관성이 드러나기 때문입니다.

하지만 우리나라 경영진은 보통 상세하게 조사하는 것을 선호하지 않지요. 시간과 노력이 필요할 뿐만 아니라, 여러 사람을 조사하게 되면 사건의 내용이 외부로 유출될 가능성도 커지기 때문입니다. 사건을 아는 사람을 최소화하고, 빠른 처리를 하기 위해 진실을 외면하는 것이 경영진에게는 쉽고 편합니다. 허위·과장 신고자들은 이런 경영진들의 특성을 매우 잘 악용하고 있는 것입니다.

3) 근로자 권익 보호를 위한 제도, 정책, 법에 대한 지식

냉철하게 관련 지식을 악용하는 허위 신고자도 비교적 흔합니다. 일반적인 근로자들은 본인이 직접 관련된 업무를 담당하지 않는 한, 근로자의 권익 보호를 위한 제도나 정책에 대해 잘 알지 못합니다. 하지만 허위·과장 신고자 중에는 담당 업무가 아님에도 관련 제도나 정책에 대해서 잘 아는 사람이 흔한 편입니다. 전체적인 제도나 정책을 다 알지는 못하더라도, 본인에게 이익을 줄 수 있는 제도와 정책에 대해서만큼은 빠르게 파악하고 악용하곤 합니다.

4) 상상으로 만들어낸 상세한 세부 사항

피해망상이 있는 허위 신고자에게서 흔히 보이는 패턴입니다. 물론 피해망상이 없는 허위 신고자 중에도 이런 행동을 하는 사람이 있고요. 마치 진짜 피해를 겪은 것처럼 세부적인 사항을 상상으로 만들어내는 것입니다. 사건에 대한 정보가 상세할수록 진실로 받아들여지기 쉽다는 점을 악용하는 것이죠. 때론 그 상세함 때문에 허위 사실이 더 쉽게 발각되기도 합니다.

5) 반복적으로 짧은 기간만 근무

한 조직에서 짧은 기간만 근무한 뒤, 바로 이직하면서 이전 조직을 신고하는 것도 허위 신고자에게서 흔히 보이는 패턴입니다. 장기적으로 그 조직에서 근무할 마음이 없으니 2차 가해를 신경 쓰지 않고, 거리낌 없이 신고하는 것입니다. 짧게는 하루 또는 유휴수당을 받을 수 있는 기간만큼만 일한 뒤 그만두는 허위 신고자부터 한두 달, 두어 달 간격으로 퇴사하는 허위 신고자도 있었습니다.

3. 그들은 어떻게 허위·과장 신고를 할 수 있을까?

허위·과장 신고자들이 이렇게 거리낌 없이 관련 제도를 악용하고, 없었던 일을 만들어 신고할 수 있는 이유는 무엇일까요? 크게 두 가지를 들 수 있습니다.

1) 대충, 빠르게 사건을 종료하려는 조직

국내의 경영진들은 괴롭힘 신고가 들어왔을 때, 최대한 빠르고 조용하게 처리하는 것을 선호하는 경향이 있습니다. 시간이 걸리더라도 정석으로 공정하게, 조사하고 관련 자료를 확인한다면, 관련자들을 최대한 확보하여 증언을 확인한다면 진실을 밝혀낼 가능성은 큽니다. 경영진이 조직의 구성원을 소중하게 생각한다면 당연히 이런 정석적인 대처를 하겠지요. 하지만 많은 경영진이 그 시간과 비용, 노력을 쓸데없이 소모되는 것으로 보고, '적당히', '대충', '경영진이 책임 회피할 수 있을 정도로만' 처리하곤 합니다.

이런 점이 허위 및 과장 신고자에게는 매우 파고 들어가기 쉬운 틈새이고 취약점입니다. 상세한 조사가 이뤄지지 않을 것을 알고 있으니, 거짓을 섞어 넣어도 눈에 띄지 않을 테니까요. 또 경영진이 문제를 크게 만드는 것을 두려워한다는 것을 알고 있으니, 상황을 크게 만들 가능성을 시사하는 것만으로도 그들을 흔들 수 있고요.

2) 명확하지 않은 괴롭힘 행위의 정의와 범위

법에서 명시하는 '직장 내 괴롭힘'의 정의는 현장에서 직접 적용하기엔 다소 모호한 편입니다. 우리나라뿐만 아니라 직장 내 괴롭힘 금지법을 가진 다른 나라의 정의도 마찬가지입니다. 앞에서도 언급했지만, 법적 정의만 봤을 때, 직관적으로 무엇이 괴롭힘이다 라고 깨닫기는 어렵습니다.

특히 우리나라는 직장 내 괴롭힘 금지법이 시행된 지 얼마 되지 않았습니다. 직장 내 괴롭힘의 신고를 받고 처리한 경험이 있는 조직들이 사례를 공유하는 일도 드뭅니다. 충분한 사례나 판례가 확보되지 않았다 보니, 어디까지가 일반적으로 수용할 수 있는 갈등 상황 수준이며, 어디서부터가 괴롭힘이고 갑질인지 경계선을 잡는 것이 매우 어렵습니다. 고용노동부가 2019년에 발간한 매뉴얼이 기준을 제시하곤 있지만, 그 기준 역시 아직은 적용할 때 혼란이 따르고 있습니다.

또한 신고가 접수되었다는 이유만으로 곧장 괴롭힘 또는 갑질 등으로 수용해 버리거나, 의사결정권자의 개인적인 판단으로 가벼운 행위로 보며 무마시키는 일이 있다는 점도 문제입니다. 최소한 그 행위가 기존의 다른 사례에서, 또는 신고자와 유사한 집단(같은 조직에서 같은 직급으로 일을 하는 직원 등)에서 괴롭힘이나 갑질로 인식이 되는지 정도는 확인할 필요가 있습니다. 현재까지는 이런 세부 조치가 별로 이뤄지지 않고 있습니다.

그 때문에 허위 및 과장 신고자가 '갑질', '폭력적', '고의적', '악의적' 등 감정적이고 자극적인 단어를 붙이면 우선 그 자극적인 단어에 집중하기 쉽습니다. 실제 행위의 경중이 무시된 채, 마치 정말로 큰일이 발생한 듯한 인상을 남기고, 괴롭힘으로 인정될 가능성이 큰 것입니다.

4. 내가 허위 · 과장 신고의 대상이 된다면?

전혀 생각지도 못하게 내가 허위 및 과장 신고의 피해자가 될 수도 있습니다. 많은 사람이 허위·과장 신고의 대상이 되면 충격을 받습니다. 본인이 하지 않은 잘못이 허위로 만들어져서, 또는 일상적으로 오고 갈 수 있었던 대화 내용이 악의적으로 부풀려져 신고당하기 때문입니다. 이렇게 허위 및 과장 신고의 대상이 되었을 때는 과연 어떻게 대응할 수 있을까요?

일단은 조직에 접수된 신고의 내용이 정확하고 구체적으로 무엇인지 알려달라고 요구해야 합니다. 신고된 내용은 알지도 못한 채로 일방적인 조사만 당하게 된다면 신고된 사람의 입장에선 매우 당황스러울 수밖에 없습니다. 일단 본인에 대한 신고가 무엇인지 알아야 본인도 그에 맞서서 내가 결백하다는 증거를 모을 수 있습니다. 조직이 알려주지 않는다면 요구하세요. 신고 내용을 정확하게 알려달라고, 신고자가 신고한 내용 전체를 공유해달라고요.

그다음에 취해야 할 행동은 1) 조직이 상황을 제대로 공정하게 조사하면서 본인을 허위 및 과장 신고로부터 보호해줄 것인가, 아니면 2) 기꺼이 허위 신고자에게 희생양으로 내어주려 할 것인가에 따라 달라집니다.

1) 조직이 공정성/객관성을 유지하는 경우

이런 경우는 그나마 안심입니다. 내가 하지 않았다는 것을 증명하는 증언과 자료만 확보해서 제출하면 되니까요. 조직이 굳이 본인을 보호하려는 태도를 보이지 않아도, 그저 어느 쪽에도 치우치지 않는 태도만 보여도 충분합니다.

허위 및 과장 신고자가 외부 창구를 통해 이루어졌어도 마찬가지입니다. 어쩌면 외부에 신고된 것이 더 나을 수도 있습니다. 조직의 내부적인 조사가 이루어지는 경우, 전문성 없는 사람이 조사를 진행할 위험이 크니까요

외부기관에 신고가 들어간 상황이라면 당당하게 그곳의 전문 조사관과 직접 소통하며 조사 받고, 증언하면 됩니다. 조직이 다른 담당자를 지정하여 외부기관과 대신 소통하게 되는 경우가 있는데, 차라리 직접 소통하겠다고 하는 것을 추천합니다. 사실을 가장 잘 아는 것은 본인입니다. 한 다리를 건너서 증언이 전달되면 누락되거나 잘못 설명되는 일들이 발생하기 쉽습니다. 특히나 조직이 지정한 담당자가 전문성이 떨어지는 사람이라면 자칫 작은 일도 큰일로 악화시킬 수 있습니다.

조직의 잘못된 조치와 전문성이 떨어지는 내부 조사관으로 인해 피해를 겪은 W씨의 사례를 살펴보겠습니다. W씨는 외부로부터 신고가 들어왔다는 말만 들은 채로 조직으로부터 조사를 당했습니다. 구체적인 신고 내용이 무엇이며, 누가 신고했는지조차 알려주지 않았습니다. 신고자가 누구인지 알게 된 것은 조사가 시작되고 며칠 뒤, 정확한 신고 내용 전체를 알게 된 건 조사가 끝나고 결론이 지어진 다음이었습니다. W씨의 입장에선 피를 말리는 일이었죠.

왜 이런 상황이 발생했을까요? W씨 조직은 조사에 대한 전문성이 없는 직원들에게 진상 조사를 진행하도록 지시했습니다. 조사관 역할을 한 직원들은 각자 따로 W씨와 소통을 했습니다. 조사하면서 오고

간 대화나 증거를 기록하지도, 다른 조사관에게 전달하지도 않았습니다. 또한 조사에 있어 객관적이고 공정한 태도를 유지하지도 못했습니다. 결국 W씨는 똑같은 질문에 수차례 다시 답하고, 똑같은 증거를 또 제출해야 하는 등 조사관들에게 시달림을 당했습니다. 이후, 조사한 내용을 외부 담당자에게 전달할 때도, W씨가 한 증언과 제출한 증거 중 상당 부분이 누락 되었습니다.

결국 W씨에게 책임이 돌아왔습니다. 상황이 이상하게 된 것을 느낀 W씨 측은 신고를 접수한 근로감독관과 직접 소통했습니다. 그 결과 자신의 증언과 증거가 전달되지 않은 것을 직접 확인하게 되었습니다. W씨의 증언과 증거가 전달됐다면 W씨에게 책임이 돌아갈 일도 없었다는 점도요. 오히려 신고자가 허위 및 과장 신고를 했음을 충분히 밝힐 수 있었죠.

조직 내부 담당자의 역량 부족으로 이런 상황이 발생할 수도 있지만, 때로는 조직에서 숨기고자 하는 무언가와 연관이 있어서 고의로 내용을 누락시킬 수도 있습니다. 따라서 이런 신고를 당한다면 직접 대응하는 것이 좋습니다. 만약 조직에서 직접 나서지 못하게 하거나, 일부 내용에 대해서 입막음하려고 한다면, 그땐 조직에 명백한 문제가 있는 것입니다.

2) 조직이 쉬운 문제 해결을 위해 희생양을 만들려고 할 경우

만약 접수된 허위 및 과장 신고에 대해 대응하는 부서가 감사부서라면 조직이 자신의 책임을 줄이기 위해, 신고된 사람을 희생양으로 만들려고 하고 있을 가능성이 큽니다. 감사부서는 기본적으로 외부의 질타로부터 조직의 책임을 최소화하려는 성향을 갖고 있으니까요. 때로는 인사부서가 담당할 때도 마찬가지입니다.

이런 경우라면 상황은 훨씬 복잡해집니다. ① 허위·과장 신고자가 외부 창구를 통해 신고했을 때, ② 언론에 퍼뜨리거나 그렇게 하겠다는 위협을 가할 때, ③ 신고자가 힘이 있는 사람일 때, ④ 진상 규명 중 조직 내부의 비리나 부조리 등이 드러날 수 있는 상황일 때 등의 상황에 쉬운 해결책을 위해 기꺼이 희생양을 만들려 하는 경영진은 흔합니다. 공연히 설레발을 치며 작은 문제를 큰 문제처럼 만들기도 합니다. 억울하게 누명을 쓰게 될 수도 있으므로 마음을 크게 먹고, 최악의 상황에서도 스스로를 지킬 준비를 해야 합니다.

조직이 희생양을 만들고자 한다면, 그 직원이 가해 행위를 했다고 인정하게 만드는 것이 가장 쉽습니다. 따라서 조사를 명목으로 직원에게 압박을 가할 가능성이 큽니다. 그나마 조직의 상황이 어렵게 될 수 있으니 당신의 책임이었던 걸로 하자고 회유하는 수준이라면 상황이 아주 조금이나마 나은 편입니다. 보통 회유를 위해서는 조직에서 뭔가 보상을 제시하기 마련이니까요. 하지만 그 회유를 받아들이는 것은 현명하지 않습니다. 일시적으로는 보상을 해주는 듯하지만 끝내는 책임을 모두 덮어씌우려고 할 테니까요.

그래도 회유를 받아들이기로 선택했다면, 조직에서 누명을 쓰도록 회유했던 증거들(녹취, 이메일, 보상을 해주겠다는 내용을 담은 문자 등)을 반드시 확보하고 안전한 곳에 보관해야 합니다. 최대한 많은 대화와 통화를 녹취하는 것이 좋습니다. 그만큼 증거가 늘어나니까요. 만약 처음 회유를 당할 때의 상황을 녹취하지 못했다면, 다시 관련 대화를 나누면서 상대방이 회유했음을 인정하는 말이 포함되도록 합니다. 매우 힘들겠지만 이렇게 모은 증거는 언젠가 본인이 쓴 누명을 벗는 데도 도움이 될 것입니다.

상황이 더욱 좋지 못하다면 어떨까요? 조직이 강요하거나, 조사를 빌미로 마치 경찰이 용의자 취조하듯 압박한다면요? 내 증언을 모두 거짓말로 몰아가면서 멘탈을 흔들려고 한다면요? 이런 때, 약자가 되는 것은 피해야 합니다. 아무런 잘못을 하지 않았으니 스스로에게 당당해야 합니다. 조직의 압박에 진다면 결국 그 피해는 고스란히 자신에게 돌아오게 됩니다. 힘들겠지만 마음가짐을 강하게 하고, 당당하게 나가야 합니다.

또한 조직의 압박, 강압적인 언행 등을 녹취하거나, 언행의 내용과 일시, 장소, 행위자, 목격자, CCTV 등의 증거를 기록하고, 관련된 이메일이나 영상 등의 증거를 확보해야 합니다. 희생양을 만들려고 할 때는 그 증거가 반드시 남기 마련입니다. '희생양'이 될 사람에게 누명을 쓰라고 강요하는 말을 할 수도 있고, 제출된 증거를 조작할 수도 있으니까요. 그런 말을 할 때는 반드시 녹취하고, 사건과 관련하여 본인이 어떤 자료를 어떻게 제출했는지 그 증거도 반드시 남겨둡니다. 또한 조직이 본인을 '희생양'으로 만들려고 함을 알기 이전에 했던 증언들도 가급적 녹취나 서면 증거를 남겨두도록 합니다.

본인이 원하는 것이 누명을 씌우려는 조직의 행동을 멈추는 것만이라면, 그런 증거자료가 있다는 것을 은연중에 알리는 것으로 어느 정도의 효과를 볼 수 있습니다. 다만 문제 많은 조직일수록 증거를 수집했다는 자체를 조직에 대한 배신행위처럼 취급할 수 있습니다. 따라서 이후에는 언행을 매우 조심해야 하며, 근무태도나 실적 등에 있어서도 문제가 없도록 노력해야 합니다. 조직에 꼬투리를 잡힐 빌미를 주지 않도록요.

이렇게까지 노력했는데도 결국 누명을 쓰게 되는 상황도 오게 될 수 있습니다. 그럼 그에 대한 선택은 ① 희생양을 만든 조직을 신고하거나, ② 당장은 '생존'을 위해 누명을 쓰지만, 내가 쓴 누명의 책임이나 심각성을 최소화하기 위한 노력을 하는 것입니다. 장기적으로는 결백을 증명할 기회를 노리면서요.

① 희생양이 되길 강요한 조직 신고

강제로 희생양이 된 사실을 신고하기로 결심했고, 확보한 증거가 있다면 관련된 내부 및 외부 신고기관에 신고할 수 있습니다. 조직이 가해자인 상황이므로 내부적인 신고가 무의미할 수도 있습니다. 하지만 사측과 비교적 독립되어있는 노조 등을 통해 먼저 내부 신고를 하는 것도 좋은 선택입니다. 그 신고를 했음에도 조직의 태도가 바뀌지 않았다거나, 또 다른 가해 행위가 발생했다거나 하면 신고할 내용은 더욱 늘어나고 조직의 책임도 커지게 되니까요.

그 후에 외부 기관에 신고합니다. 누명을 씌우려 했던 것과 함께, 내부 신고를 했음에도 조직이 어떻게 대응했는지를 신고하는 것입니다. 신고 후에는 조사가 이뤄지고, 조직에 그에 대한 조치가 요구될 것입니다. 최악의 상황에는 조직이 외부 신고기관의 권고를 거부하고, 도리어 소송을 걸고 나올 수도 있습니다. 진흙탕 싸움이 되는 것입니다. 또한 조직이 소송을 하지 않고, 요구된 조치를 시행한 경우에도 ①번 직원은 결국 조직 내에서 '찍힌 사람'이 되기 쉽습니다. 진짜 괴롭힘을 신고한 피해자들처럼 조직 내에서 배제되거나, 2차 가해를 당할 가능성도 무시할 수 없습니다. ①번을 선택한 직원 중 결국 퇴사를 선택한 사례가 흔한 편입니다.

따라서 ①번을 선택했다면, 어떤 상황에서도 흔들리지 않도록 본인의 마음을 굳게 다잡아야 합니다. 잘못한 것이 없는 만큼 조직에서도 당당할 자격이 있으며, 그렇게 행동해야 합니다. 조직을 상대하고, 본인이 억울하게 본 피해를 입증하는 데 집중하면 됩니다. 그 이후는 조사나 소송 결과에 따라 대처하면 됩니다. 외부기관에 신고했으나 조직이 무혐의로 나온다면, 무혐의로 인정된 사유를 함께 파악합니다. 그 사유가 상식적이지 않거나, 공정하지 않다면 그 외부기관도 다른 외부기관에 신고하면 됩니다.

② '생존'을 위한 와신상담

②번을 선택한 뒤에는 와신상담하는 처세술의 발휘가 요구됩니다. 당연히 '희생양'이 된 당장은 억울하고 치욕스럽습니다. 극단적 선택이라도 하고 싶은 충동을 느낄 수도 있고요. 하지만 감정적으로 대처하는 것은 결코 도움이 되지 못합니다. 조직은 직원이 유서를 남기고 자살을

한다 해도 잠시 대중매체에 오르내리는 것 이상의 피해는 겪지 않습니다. 홍보 부서에서 부지런히 움직여 최대한 기사 보도를 막을 것이고, 누명을 씌우는 데 참여한 사람 중 가장 직급이 낮거나, 입지가 좁은 사람 한둘을 쳐내는 것으로 위기를 모면하겠지요.

누명을 벗는 것은 나중의 일이고, 일단 '생존'을 위해 ②번을 선택했다면 억울하게 누명을 쓴 것이 아니라 차라리 조직을 위해 기꺼이 희생한 것으로 상황을 만들어 가는 것도 미래를 위한 처세술이 될 수 있습니다. 다만 이번의 '희생'이 이후의 더 큰 '희생'으로 이어지는 것을 방지하기 위해, 조직의 노무사나 변호사 등으로부터 법적자문을 받게 해달라고 요청할 수 있습니다. 만약 조직이 그런 요청조차 거절한다면 그것도 기록해둡니다. 직원의 권익을 보호해야 할 조직이 자신의 역할을 제대로 하지 않았다는 증거이니까요.

조직의 노무사나 변호사를 믿기 어려울 때도 있습니다. 그때는 같은 조직에 근무하지 않으면서, 신뢰할 수 있고 처세술도 뛰어난 사람을 찾아 자문받는 것이 좋습니다. 어떤 상황이건 같은 조직에 근무하는 사람과 상담하는 것은 피할 것을 권합니다. 그 사람의 입에서 소문이 시작될 수도 있으니까요.

강제로 누명을 쓰게 된 것에 대한 증거 확보도 게을리해선 안 됩니다. 나 자신을 보호하기 위해서, 언젠가 누명을 벗기 위해서 또는 누명을 씌운 가해자가 처벌되게 하기 위해서 말입니다. 무엇보다 누명을 쓰더라도 실질적인 징계를 받거나 법적 책임을 지는 상황은 피해야 합니다. 조직 측은 언제든 정말로 잘못해서 징계를 내린 것처럼 증거를 조작할 수 있습니다. 누명을 쓰더라도 용납하는 최대의 징계는 서면 사과 수준에서 그쳐야 합니다.

서면 사과는 사과문과는 다릅니다. 사과문은 신고자가 허위로 주장하는 행위를 정말로 했다고 인정하는 서류입니다. 이후 신고자는 그 사과문을 근거로 법적 책임을 묻고 물질적 보상을 요구할 수도 있습니다.

서면 사과는 인간적으로 어떤 부분에 대해 미안한 마음을 갖는다, 본인의 부덕으로 인한 것이다 정도로 쓰는 것이며 법적 책임은 따르지 않습니다.

서면 사과를 작성할 때 유의할 점은 반성한다, 사죄한다는 표현을 결코 쓰지 않아야 한다는 것입니다. 또 서면 사과를 통해 도리어 본인의 결백을 입증하는 내용을 남길 수도 있습니다. 신고자의 허위 신고를 바로 잡으며, 신고자가 ~부분에 대해 오해한 것 또한 본인의 부덕이라고 작성하는 것입니다. 이를 통해 신고자의 허위 신고 사실을 명시할 수 있습니다.

허위로 누명을 쓴 다음에도 조직에 꼬투리가 잡히지 않도록 언행과 근무태도를 조심하고, 실적에 신경 써야 하는 것은 마찬가지입니다. 토사구팽이란 단어는 괜히 있는 것이 아니죠. 이미 이용이 끝났고, 조직을 걸고넘어질 빌미를 가진 직원이라면 빨리 쳐내고 싶은 것이 조직의 심리일테니 말입니다.

우수 직원으로 보이도록 일한다면 더욱 좋습니다. 누명으로 먹칠 되었던 이미지 관리도 될 수 있으니까요. 몸이 부서지도록 일하라는 의미는 아닙니다. 조직 내부에서 일을 잘하는 것으로 평가받는 다른 직원들을 한 번 생각해보세요. 그들 모두가 희생적으로 일하며 실적을 쌓고 있을까요? 실제로 많은 일을 하진 않지만, 일을 열심히 하는 것처럼 보이게 하기도 합니다.

양심은 저버리지 않으면서, 일 잘하는 것으로 인정받는 직원들을 참고해서 행동 방향을 결정하고, 또한 내 편이 되어줄 사람들을 만드는 처세술을 발휘해야 합니다. 비슷한 연령대, 비슷한 직급, 비슷한 취미, 비슷한 뭔가를 가진 사람들과 친분을 쌓아가는 것으로 시작합니다. (그들 앞에서도 언제나 언행은 조심해야 합니다. 소문은 언제 어디서 누구에 의해서든 시작될 수 있으니까요.) 비슷한 점을 가진 사람들을 중심으로 '내 사람'들을 확대해가다 보면 나이 차이가 큰 사람들, 상위 직급자들과도 친분을 쌓을 기회도 옵니다. 부담스럽다고 그 기회를 회피하는 것은 현명하지 못합니다. '내 편'이자 '내 사람'인 사람의 범위가 넓고 다양한 집단을 포함할수록 좋습니다.

왜 골프 모임이 성행할까요? 긴 시간 공을 치며 천천히 움직이기 때문에 함께 대화하며 친분을 쌓기도 쉽고, 다른 사람을 소개받기도 쉽습니다. 술을 많이 마시며 취할 필요도 없이, 말짱한 정신으로 소통하며 인맥을 만들고, '내 편'을 만들기에 매우 좋은 조건입니다. 각자 개별 장비로 개별 공을 치니, 경쟁심이 과도하게 불타올라 잘 쌓여가던 호감을 무너뜨릴 위험도 적고요. 인맥 관리를 위해 꼭 골프를 해야하는 것은 아니지만, 할 수 있는 것 중에 골프처럼 활용할 수 있는 것을 찾아보는 것은 좋은 방법입니다.

물론 처세술을 발휘하고, 내 편을 만들라는 것은 말로는 쉽고, 실제로 하기는 어렵습니다. 하지만 '생존'을 위해서는 필요합니다. 몇 년간 처세술을 발휘하며 일을 하다 보면 어느새 조직 내부에서 본인에 대한 이미지도 바뀌어 있을 것입니다. 어쩌면 이전에 참고했던 처세술 뛰어난 직원보다 본인이 더 인정받는 사람이 되어있을 수도 있죠. 축하합니다! 당신은 생존했고, 승리했습니다. 억지로 씌워진 누명 따위로 당신을 건드리려는 사람도 없을 것입니다. 있어도 그때는 누명이었다는 증거를 내밀어줄 수 있고, 조직 내부에서 본인의 입지도 탄탄해진 만큼 증거가 무시되지 못할 것입니다.

당장 눈앞의 승리를 잡아채는 것만이 승리하는 것은 아닙니다. 빠르게 승리를 쟁취하려면 그만큼 큰 희생이 요구됩니다. 서서히 긴 시간을 기다려서 최소한의 희생으로 승리자가 된다면, 그만큼 기다릴 가치가 있지요. 그동안 내 커리어도 차곡차곡 쌓여갈 테니까요.

여기서 멈추지 않고, 누명을 씌운 주 가해자의 처벌까지 원한다면 적절한 시기를 잡아야 합니다. 누명 씌우기를 지시할 만큼 권력이 강한 가해자와 당장 싸움을 벌이려 하는 것은 달걀로 바위치기 하는 것이나 마찬가지입니다. 때론 달걀이 되는 정의감이 필요할 때도 있지만, 내 선택이 '생존'이라면 잠시 마음을 내려두는 것이 필요합니다. 내가 더 이상 달걀이 아니고, 주 가해자가 더 이상 바위가 아니게 될 때까지 기다리는 인내심을 발휘하는 것입니다.

누명을 씌우는 일을 지시할 정도라면 보통 직급도 높고, 연령대 역시 높을 가능성이 큽니다. 은퇴 연령이 가까워질수록 그 사람의 입지는 좁아지기 마련입니다. 더 젊고, 더 적은 연봉으로 계약 가능한 인재들이 끝없이 치고 올라오니까요. 주 가해자가 쥐고 있던 권력은 줄어들기 시작할 것입니다. 상대해도 될 만큼 권력이 축소되었다고 느낀다면, 그때 모아뒀던 증거로 신고할 수 있습니다. 이제 주 가해자는 조직이 반드시 보호해야 할 만큼 중요한 사람이 아니기 때문에 적절한 처벌이 이뤄질 가능성이 커집니다. 직장 내 괴롭힘은 발생 이후 몇 년 이내에 신고해야 한다는 규정이 없으며, 10년 이상 지난 다음에 신고한 사례도 있습니다.

5. 정리하기

수년 전, 직장 내 괴롭힘에 대해 강의를 하다가 신고당한 행위자를 구제할 방법에 대해 질문받은 적이 있습니다. 그때까지만 해도 저는 피해자조차 보호받지 못하고 있는데, 행위자 구제를 생각해야 하는 것인가 하고 생각했습니다. 허위로 신고당할 수도 있다는 건 상상도 못했기 때문입니다. 하지만 사례 연구를 계속하면서 실제 허위·과장 신고 사례를 접하게 되었습니다. 특히 직장 내 괴롭힘 금지법이 통과한 이후, 그런 사례를 접하는 빈도가 증가했고요. 법이 처음 통과되고 시행되면 항상 혼란 속의 과도기를 겪습니다. 지금이 바로 그런 때인 것이죠.

허위·과장 신고는 그 자체로 누군가에게 누명을 씌우고 괴롭히는 가해 행위임과 동시에 단 한 건만으로도 실제 피해자마저 허위·과장 신고자일수도 있다는 편견을 전파시키는 행위입니다. 경영진은 모든 직장 내 괴롭힘 신고가 허위·과장 신고라고 생각할 때 마음이 편해집니다. 머리 아프게 조사를 진행하거나, 조치 방법을 생각할 필요도 없고, 또 그들의 경영에 아무 문제가 없다고 눈 가리고 아웅 할 수 있으니 말입니다. 마음이 편해지는 쪽으로 생각이 기우는 것은 당연한 이치입니다. 이미 불붙을 준비가 된 경영진의 마음에 불씨를 날리고 기름마저 퍼붓는 것이 허위 및 과장 신고의 파급력입니다.

경영진이 직장 내 괴롭힘 신고자를 편견 어린 시선으로 보기 시작한다면 이후의 상황은 어떻게 될까요? 경영진의 태도는 조직 전체의 분위기에 큰 영향을 미칩니다. 자칫 직장 내 괴롭힘 금지법이 통과되기 이전, '모르는 게 약이지.', '다 큰 사람들끼리 괴롭힘은 무슨…' 하던 수준으로 사고방식이 퇴행할 수도 있습니다. 근로자를 보호하기 위해 존재하는 법과 제도를 개인적인 이익이나 화풀이 등으로 악용하는 사람들은 이 점을 반드시 기억해야 합니다. 그들로 인해 직장이 다른 근로자들에게 더욱 일하기 힘든 곳이 될 수 있다는 점을요.

또한 억울하게 허위·과장 신고를 당한 피해자들은 이 두 가지를 기억해주시기 바랍니다. 호랑이에게 물려가도 정신만 바짝 차리면 살 수 있으며, 피치 못하게 누명을 쓰게 되는 상황이 온다 해도 선택할 수 있는 조치가 있다는 것을 말입니다. 본인이 결백하다는 사실을 절대 잊지 마시고, 당당해지시길 바랍니다.

마치며

2005년 11월 처음으로 괴롭힘 연구에 발을 들여놓은 뒤, 만 16년이 지났습니다. 그간 양적인 연구에 더 높은 비중을 뒀왔지만, 사례 조사와 관련 자료 수집도 잊지 않았던 것은 언젠가 이 책을 쓰기 위해서가 아니었나 하는 생각이 듭니다.

통계 연구의 결과는 화려합니다. 수천 명의 사람을 대상으로 한 조사를 바탕으로 나오는 것이니 특정한 한 사람의 사례가 아니라, 수많은 응답이 모여서 어떤 패턴을 그리는지를 보여줍니다. 언론에 보도자료를 내기도 쉽고, 사례 조사보다 더 많은 신뢰를 얻기도 합니다. 하지만 자칫 그 안에 든 '사람'을 잊게 되기도 쉽습니다. 우리의 눈에 보이는 것은 숫자와 표, 눈에 잘 띄게 그려진 그래프이니까요.

사례 조사는 그만큼의 '화려함'은 없을지 모릅니다. 하지만 그 안의 '사람'을 볼 수 있지요. 사례를 통해 통계조사로는 알 수 없었을 것들을 얻게 되기도 합니다. 바로 이 책에서처럼요. 책에 담긴 사례는 지면상 또는 특성상 보고서에 담을 수 없었던 사례들, 보고서용이 아닌 개인적으로 연구하거나 접한 사례들, 고충 상담원으로 일하면서 알게 된 사례들, 다른 연구자와의 교류를 통해 알게 된 사례들, 대중매체에 공개적으로 알려진 사례 등을 포함하고 있습니다. 알려지지 않은 사례에 대해서는 개별적으로 허락을 받았으며, 허락해 주신 분들의 신원이 최대한 드러나지 않게 편집하도록 노력했습니다. 언론에 알려진 사례의 피해자분들께는 개별적인 허락을 받지 못했지만, 관련 기사의 출처를 포함하였습니다.

책에 담긴 사례 속의 피해자나 목격자, 가족 중에는 상처와 충격에서 오래도록 벗어나지 못한 분들도 계시고, 노력 끝에 극복해낸 분들도 계십니다. 내용의 특성상 실명을 언급할 수는 없지만, 본인의 힘겨웠던 사례들을 책에 담을 수 있도록 허락해 주신 분들에게 진심으로 감사의 말씀을 드리고 싶습니다.

책을 쓰는 동안 저의 정신적 지주가 되어주셨던 저의 부모님, (고) 최양업 신부님, 도미니코회 봉쇄 수도원의 수녀님들과 이우갑 신부님, 도움을 주신 전문수 아저씨, 이 책이 출간될 수 있도록 성심과 성의를 다 해 주신 출판사와 관계자 분들, 그 외 지면상 다 언급하지 못하지만, 의지가 되어주신 많은 분께 감사와 사랑의 마음을 전합니다.

저자소개

서유정

2005년 9월: 영국 University College School 심리학 학사 취득
2006년 9월: 영국 University of Manchester 조직심리학 석사 취득
2010년 7월: 영국 University of Nottingham 응용심리학 박사 취득
2010년 10월~현재: 한국직업능력연구원에서 재직 중
2019년 2월~2020년 1월: UNESCO Bangkok 파견 근무
*2005년 11월부터 괴롭힘 현상 연구 중

내 일생을 흔드는 학교 괴롭힘, 내 가정도 흔드는 직장 내 괴롭힘

초판발행   2022년 1월 14일

지은이   서유정
펴낸이   노 현

편 집   김윤정
기획/마케팅   조정빈
표지디자인   이현지
제 작   고철민·조영환

펴낸곳   ㈜ 피와이메이트
            서울특별시 금천구 가산디지털2로 53, 210호(가산동, 한라시그마밸리)
            등록 2014. 2. 12. 제2018-000080호
전 화   02)733-6771
f a x   02)736-4818
e-mail   pys@pybook.co.kr
homepage   www.pybook.co.kr
ISBN   979-11-6519-226-6   03330

정 가   16,000원

박영스토리는 박영사와 함께하는 브랜드입니다.